Egyptian Mythology

埃及神話

創造·毀滅·復活與重生的永恆循環

龔琛 著

前言

埃及文明是古代世界中最具規模的文明體系，當他們創造出氣勢恢宏輝煌燦爛的金字塔、神廟和文字的時候，同時代的其他民族大多還處在茹毛飲血刀耕火種的狀態。甚至當胡夫在尼羅河邊建造大金字塔之後的數百年，中華民族傳說中的夏文化都還沒有開始……

往事溯千年，古代埃及人以充滿了誇張想像力和淳樸生命力的神話故事來反映自己的生活，闡述自己的價值觀。

埃及的神不僅活在埃及的神話世界裡，也活在古代埃及人的生活中。

那是一個真正的神話時代，神話故事和宗教傳統指導約束了埃及人從生到死的全部過程。宗教思想滲透到埃及社會的各方面，人們的一舉一動都具有濃厚的宗教色彩。

時光流轉斗轉星移，在時代洪流的衝擊下，金字塔坍塌、神廟廢棄、象形文字無人可識，古埃及文明消失殆盡，古埃及的種族血脈也不復存在。

埃及文明的興起衰亡，與埃及神話和宗教的發展歷程緊密交織在一起，要揭開埃及文明的神祕面紗，就必須瞭解埃及神話的點點滴滴。

這一切正如威爾·杜蘭說過的那句話：「你不瞭解埃及的神，便休想瞭解埃及的人。」

目錄

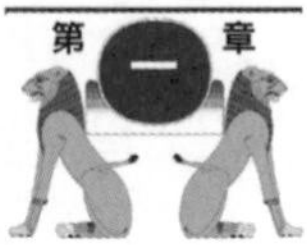

尼羅河的贈禮 009

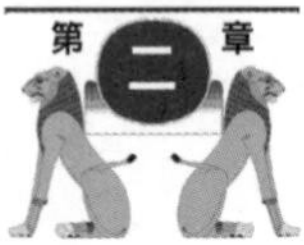

兩土地的生活 193

赫爾摩坡利斯系統　八神團

（Hermopolis）

努恩——努涅特
（Nun）　（Naunet）
（原初之水）

哈赫——哈烏特
（Huh）　（Hauhet）
（永恆）

庫克——庫克特
（Kuk）　（Kauket）
（黑暗）

阿蒙——阿蒙奈特
（Amun）　（Amaunet）
（空氣）

底比斯三柱神

（Thebes）

阿蒙（Amun）——穆特（Mut）

孔蘇（Khonsu）

孟斐斯系統三神

（Memphis）

普塔（Ptah）——塞赫麥特（Sekhmet）

奈夫圖（Nefetum）

赫利奧波利斯系統　九柱神
（Heliopolis）

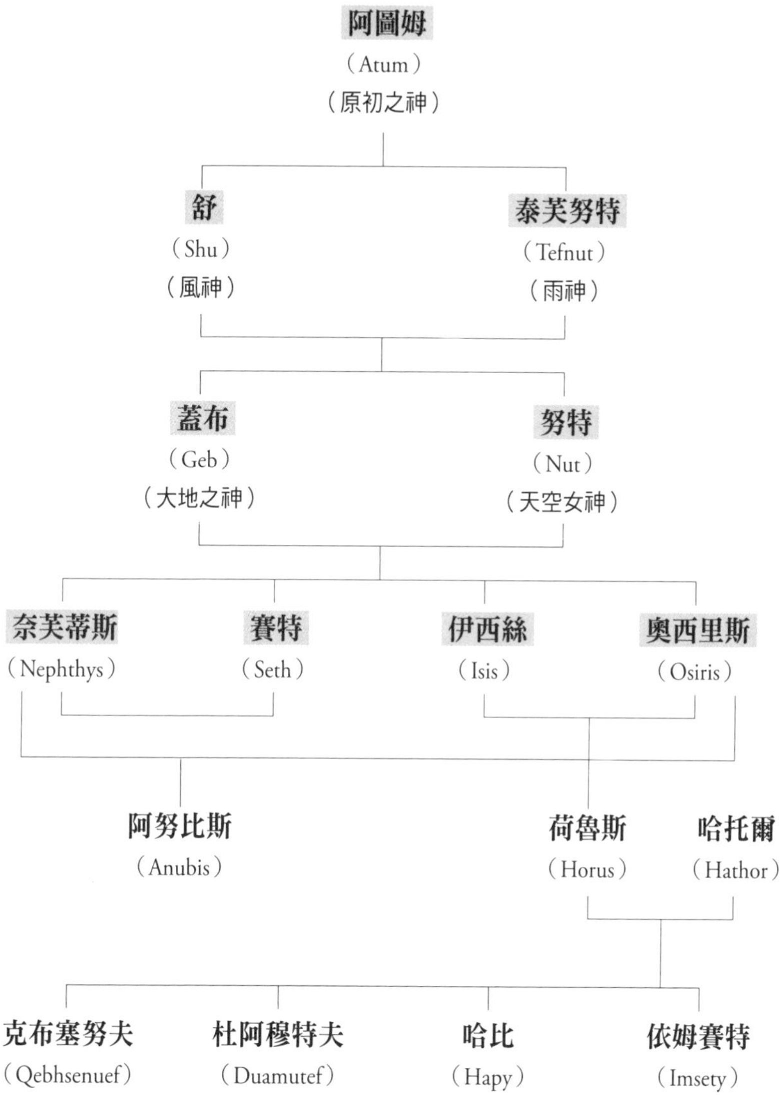

第一章

尼羅河的贈禮

兩千五百年前，古希臘人希羅多德乘船環遊地中海世界。

希羅多德出生於小亞細亞西南海濱的古城哈利卡納蘇，他生在一個名門望族之家，自幼受到良好教育。自從因為捲入城邦政治漩渦被放逐之後，希羅多德開始了一段跨越歐亞的漫長遊歷。他一邊經商一邊旅行，並將自己的所見所聞一一記錄下來。希羅多德寫下的這部著作名叫《歷史》，書中生動地敘述了西亞、北非以及希臘等不同文明區二十餘國度的山川河流、奇風異俗。

這部著作宛如古代地中海世界的「百科全書」，希羅多德記錄下自己遊歷過程中見識到的各民族生活圖景，書中提及的地理環境、民族分布、經濟生活、政治制度、歷史往事、風土人情、宗教信仰和名勝古跡等內容，成為後世瞭解過去的一面魔鏡。正是在這部書中，他曾提及一個奇妙的夢幻國度：「我們今日乘船旅行的埃及是……尼羅河的贈禮。」

寫下這段話的時候，希羅多德正坐在首尾兩頭上翹的橫帆船上，自北向南遊歷尼羅河，一種方位感上的上下顛倒令他產生了奇妙的錯覺。與世界上其他地區地理方位的上北下南不同，希羅多德來到的這個地方卻是上南下北，他腳下的尼羅河正是從南向北流淌，令希臘旅行者感覺自己如夢幻般脫離了現實。

埃及是一個位於非洲東北部的偉大古國。它占有亞洲西南角的西奈半島，東隔紅海與阿拉伯半島相望，西接利比亞，南連努比亞，雖然埃及的疆域廣闊，但大部分國土都是不毛的沙漠地帶，只有希羅多德遊歷的尼羅河河谷才算是真正的埃及。早在希臘人抵達之前四千五百年，埃及的文明就在蜿蜒狹窄的尼羅河河谷中興起。當希羅多德遊歷埃及時，那些壯麗的神廟、雕像、方尖碑和金字塔已經傲然屹立了很長時間。

與今天旅遊者見到的殘破古跡不同，希羅多德目睹了一個「活著的」埃及。當他抵達埃及時，祭司僧侶每日鄭重清洗神廟裡的神像，貴婦化好濃妝戴上假髮優哉出門，書吏盤腿坐在碼頭上飛快地記錄貨物資料，防腐作坊裡的工匠念著咒語，製作將踏上永生之路的木乃伊……

正是經由希羅多德等古希臘學者之筆，埃及的一切才在西方世界如此聞名。

但我們所熟悉的關於埃及的一切，大都是希臘人等外來者的稱呼：尼羅河的名字來源於希臘神話中的河神內羅斯，埃及人對自己母親河的質樸稱呼是「伊特魯」，含義就是河流。同樣，埃及這個名字來自希臘名詞「埃及普托司」，埃及人將自己的國家稱為「凱麥」，意思是黑土地。

埃及人眼中的世界分成兩部分，尼羅河谷低地中那塊狹窄肥沃的黑土地部分是「凱麥特」，而上游鋪滿淡紅色沙礫的沙漠高原稱為「戴什瑞特」，意思是紅土地。埃及人認為自己是住在低地中的居民，所以將外來者泛稱為高地居民。對他們來說上行意味著離開尼羅河谷，而下去則表示返回親愛的故鄉。

悠悠尼羅河萬古奔流，現在讓我們沿著河水一路「下去」，觸摸這片美麗神祕的黑土地吧。

第一節 撲朔迷離——三十四個王朝

不同概念中的埃及

就地理概念而言，埃及是由一些因尼羅河而生的沙漠綠洲組合而成的。

這個國家總體而言嵌在一條長長的峽谷之中，尼羅河以及週邊的沙漠構成了一個抵禦異族入侵的天然屏障：尼羅河西岸是廣袤無垠的撒哈拉大沙漠，尼羅河東岸是乾燥荒蕪的連綿山地，尼羅河南段在努比亞形成連續六個讓人無法通行的大瀑布，尼羅河北面便是地中海的一片汪洋。

這是一個在地理環境上無比安全的文明搖籃，當埃及的先民開始在這裡定居的時候，尼羅河流經的狹窄河谷以及河口三角洲，構成了埃及的兩土地：「上埃及」和「下埃及」。

上埃及又稱為「塔—舒穆」，意思是狹窄的土地，這是一處寬度在十六至四十八公里不等的石灰石峽谷。尼羅河水氾濫時會淹沒上埃及十一萬平方公里的土地，當洪水退去後就留下了乾燥肥沃的氾濫平原，這裡是埃及的糧倉。

下埃及是尼羅河三角洲那綿延兩萬兩千平方公里的扇形沼澤區域，它叫作「塔—麥胡」，意思是充滿水的土地。古代的下埃及被尼羅河的五條大支流和十六條小支流分割得支離破碎，其中最有名的地區是開滿蓮花、遍布紙莎草的法尤姆，這裡是埃及的濕地天堂。

就年代概念而言，埃及是一堆以數字表示的王朝序列。要介紹埃及，那簡直只需要受學齡前教育就足夠了：第一王朝、第二王朝……一直到第三十四王朝，再加一個早王朝和古、中、新三個王國——基本上只要智商保證能數到五十，就可以說出埃及的朝代順序。

如此的朝代分法並非是因為埃及人特別愛好數學，而要怪這個國家的歷史實在太悠久，以至於它的朝代劃分或年代紀元，後人從來沒徹底搞清楚過！而這種「一二三四」的王朝排列方式，根本就是古代歷史學家為了理清埃及歷史而進行的簡單粗暴但有效的劃分方法。

尼羅河兩岸的沙丘。

這位古代歷史學家並不是篇首提到的希羅多德，事實上他的《歷史》自從創作出來以後，便一直在歷史事件的可靠性上飽受詬病，以至於在古希臘「歷史之父」的頭銜後面又被追加了一個「謊言之父」，因為希羅多德記載了很多未經考證的傳說和荒誕奇聞，讓後人搞不清楚他寫的是歷史還是聊齋……

距希羅多德到訪埃及之後兩百年，統治埃及的托勒密一世指示埃及高等祭司和書吏曼涅托

（Manetho）用希臘文寫成三十卷的埃及史，其中附有諸王年表。曼涅托堅持批評希羅多德的《歷史》中充滿了為了取悅讀者的杜撰，他還專門寫了一本小冊子怒罵那位古希臘前輩是個歷史大騙子。可惜曼涅托這部被稱為《曼涅托編年史》的莎草紙原著已毀於亞歷山卓的大火，流傳下來的只是一部分古代史學家抄錄引述的片段。

曼涅托將埃及史劃分為三十一個王朝，自大約西元前三千一百年時上、下埃及第一次統一開始，至西元前三三二年亞歷山大大帝入侵埃及為止，他整理出了一份完整的王名表，記載了每個王朝的發祥地名。雖然《曼涅托編年史》的一些細節後來遭到質疑和修正，但曼涅托的偉大貢獻在於制定了埃及朝代的排列標準。我們認為他對諸王朝的劃分基本上是正確的——因為一直到現在也沒有更科學的劃分方法能夠取而代之。

埃及亞斯文的尼羅河風光。

曼涅托雖然也算是埃及人，但他所處的時代距離真正的埃及盛世王朝已經過去了差不多一千五百年，距離埃及文明的起源更是相差了近三千年。在這漫長的歲月中，埃及並沒有留下關於歷史事件發生時間的準確記錄，曼涅托及其助手旁徵博引才完成了整理（當時的）三十一個王朝的偉大學術工程，他的斷代方式是將埃及諸國王分成一系列持續統治很多代的統治家族，基本上一個家族就是一個王朝。

老實說，在西元前六六四年這一時間節點之前的所有埃及歷史年代，都是估計出來的。

至於為何西元前六六四年開始可以不算估計，全賴希羅多德的那本「歷史聊齋」中的記載可做參考……正如埃及學家勞埃德所評價的那樣：「希羅多德是西元前六六四年至西元前五二五年的埃及歷史唯一連續記載者，儘管記述有誤，但仍是現代研究這一歷史時期的基礎。」

埃及學的一切成果，自始至終都充滿了夢幻色彩。

三十四個王朝

那麼曼涅托等人是如何推斷埃及所發生的一切呢？當然並不只是坐在神殿裡拍腦袋，但需要他們拍腦袋的次數也不會太少。

在歷史上有一些古代埃及人留下的不同時代以及不完整的王名表，但這些資料並不能直接參照使用，因為古代埃及的國王有個更改銘文清除自己之前統治者紀錄的壞習慣，有些時候是出於政治原因抹殺，有些時候是出於虛榮要霸占前人成就，所以看著這些歷史紀錄的殘片，並不能確信埃及歷史上都有誰統治過，以及他們在位時究竟做了些什麼。事實上今天的埃及學家與兩千多年前的曼涅托所用的手段差不多，都是依靠其他古代民族的記載或透過考古挖掘、天文學紀錄來旁證古代上下埃及所發生的一切。

例如第一王朝的傑特，他的統治時期可能接近十年。其證據來自「傑特統治了五年」，「傑特第一次遠征努比亞之後的第二年」這樣記錄重要事件的隻言片語，以此為基礎進行計數。此外第六王朝時期國家對牛的統計大概每兩年進行一次，那麼關於珀辟一世的統治時間便參考「珀辟國王第六次統計牛之後的那年」這樣的文字記錄來進行了。

以上是早期年代的王名表編制方法，從中王國時代開始，經常出現幾位不同的國王偏偏使用同一名字的現象，這樣就非常容易造成判斷出錯。到了新王國時代，史料逐漸增加，但內容衝突也越發多了。不同來源的史料對同一國王的重大歷史事件描述可能相差二十至五十年之多，所以埃及學對於歷史年代的修正非常頻繁，隨著新資訊新證據的出現，埃及的王朝和年代多次修改。

現代的埃及學家將埃及劃分為三十四個朝代，主要是在曼涅托的基礎上增加了馬其頓王朝、托勒密王朝和羅馬王朝，此外還創造出零王朝這個概念，用以囊括幾位早期的國王。但無論如何，三十四個王朝這個數目也太過誇張，為了降低人們對埃及歷史的認知門檻，現代學者又將埃及的王朝按照共同的政治、經濟和社會因素等條件，進一步將這些王朝歸納為數個時代。

前王朝時代，包括了上下埃及統一之前的一千八百五十年的歷史。這是埃及農耕技術和文化體系快速發展的啟蒙期，象形文字就在這一時期出現，時間跨度大約在西元前五千年至西元前三一五〇年。

早王朝時代，埃及的首都孟斐斯開始建立，治理國家的龐大政府體系和分類細緻的管理部門快速發展。

古王國是一個大金字塔時代，生活在大約西元前二六二五年至西元前二一三〇年的埃及國王只關心永恆的來世，他們動用舉國之力興建金字塔。

第一中間期大約發生在西元前二一三〇年至西元前一九八〇年，這是一個被天災人禍持續打擊一個半世紀之久的戰亂年代。

中王國是一個穩定繁榮的復興時期，它持續的時間大約在西元前一九八〇年至西元前一六三〇年，在這一時期的埃及統治者小心翼翼地維持了長達三百五十年的富強穩定。

第二中間期大約發生在西元前一六三〇年至西元前一五三九年，埃及遭遇到饑荒戰亂的摧殘，並且在歷史上第一次亡國——帶有閃族血統的希克索人奪取埃及王位達一個世紀之久。

新王國將埃及帶入了帝國時代，它大約發生在西元前一五三九年至西元前一〇七五年，這段歷史是埃及最輝煌燦爛的階段，埃及成為世界史上第一個超級大國。而「法老」這個誕生於古王國時代的古老詞彙，也自新王國第十八王朝圖特摩斯三世起，成為埃及國王的尊稱。

第三中間期大約發生在西元前一〇七五年前至西元前六六四年，埃及帝國崩潰了，混亂中來自殖民地的努比亞人控制了埃及政權達百餘年之久。

從西元前六六四年開始，埃及終於有了相對可靠準確的紀年。但從這一時期開始，它也徹底陷入了可悲的長期衰弱之中。在經歷了兩次波斯入侵和馬其頓征服之後，西元前三〇年，羅馬的軍隊兵臨城下。托勒密王朝的末代女王克麗奧佩脫拉七世自殺，從某些方面來說，她的死亡基本上也為整個古埃及的歷史畫上了句號……

第二節　前王朝——史前埃及

史前埃及

遠古時代，尼羅河谷是一整片沼澤地帶。這裡是野生動物的天堂：魚群在水面下游蕩，鳥類在密集的紙莎草叢中歌唱，羚羊、牛羚、瞪羚、野牛和河馬在峭壁附近的草地上攝食。大量的獵物自然也吸引了獵手前來：尼羅河道中有大量凶殘的尼祿鱷巡遊，這種鱷魚最大可以長到六米長；岸上的土地被非洲獅、獵豹和豺狼等猛獸瓜分。

不過此時的尼羅河谷還不是一個宜居之地，這裡全年氣溫濕冷，夏季時洶湧的尼羅河水沿著狹窄的下游河谷奔騰入海，洪水吞沒了峽谷中的一切。但氣候一直向著更乾更熱的方向變化，尼羅河谷中的溫度越來越高，逐漸出現了全年乾燥的區域：農業生產的條件出現了。

在九千年前，人們已經開始在尼羅河谷中定居。

從古代埃及留下來的大量雕刻和繪畫可以看出，埃及人的體貌特徵是：黑色皮膚，黑頭髮，寬肩膀，身材高 魁梧，寬闊的臉盤上有著直挺挺的鼻子和黑眼珠，低低的額頭下是濃密的睫毛。這種體型外貌與古利比亞人和努比亞人大不相同，也與古亞細亞人不一樣，顯然具有埃及人自己的特徵。一般來說，埃及人被認為是由北非土著和西亞移民融合而成的。至於他們何時開始融合，至今尚無定論，不過這種融合顯然開始得很早，且經歷了很長一個歷史過程。

尼羅河谷中的艾爾卡布和卡倫遺址表明當時的居民以採集和狩獵維生，以艾爾卡布先民為例，他們在乾旱季節進入尼羅河谷捕魚狩獵，當尼羅河氾濫時轉移到附近沙漠中的乾河谷採集狩獵。

到了七千年前開始的法尤姆文化時期，儲存糧食的坑穴遺址成群出現，這一現象可以判斷這些先民實行集體耕作，農作物有大麥和小麥。學者推測其耕作技術可能來自日出之地黎凡特，大致上包括今天的敘利亞、黎巴嫩、約旦、以色列、巴勒斯坦等區域的東地中海地區文明帶。另一個史前遺址梅里姆達位於尼羅河西岸，時代在六千八百年前。這裡的居民種植大麥和小麥，放牧牛、羊、豬等家畜，同時也維持著漁獵的傳統。

在遙遠的過去，埃及先民將家安置在河岸附近乾燥的高地上，他們組成小規模自給自足的村落。這些居民建立起自己的捕魚場、狩獵場，他們馴養動物，用紙莎草和蘆葦編織籃子、筐子、席子，這些蘆葦席子的一個重要用途是充當地穴穀倉的圍牆。每年當洪水退去以後，先民走下山崗開墾田地種植大麥和小麥。他們用磨石和碾石把穀物加工成麵粉，還懂得了釀造啤酒解渴的妙處。

荒蕪的山丘，河邊的綠洲和河水構成尼羅河谷中的經典地形。

人生不能只是勞作和吃喝，這些先民有原始信仰和物質與精神的追求。他們中有些人崇拜動物，為狗、豺狼、綿羊和母牛修建墳墓，將動物屍體用亞麻或蘆葦席子包裹後細心埋葬。他們從蓖麻中壓榨出植物油，在石板上混合礦物製成眼部按摩油，並相信這種濃厚的黑色眼影可以幫助他們抵禦強烈的陽光，並且使他們免受疾病的困擾。雖然後世的科學家證明這種含鉛的化妝品實際上毒性不小，但這並不妨礙埃及人繼承並發展了這種「煙熏妝」的化妝概念。能夠保持淚腺發達的按摩油，後來成為工人的勞動福利之一，甚至在拉美西斯三世時期因為拖欠按摩油和穀物報酬，發生了有史以來第一次罷工事件。埃及人在石板上調製化妝品，這種石板一般被稱為調色板，其中最著名的一塊用於儀式的大型調色板——那爾邁（Narmer）調色板——就是埃及統一的證明。

最重要的一點是，這些先民相信有來世。

他們把死者的遺體擺放成面向西方向左側蜷縮躺臥的姿勢，使其膝蓋接觸到下頜，用蘆葦或獸皮包裹後，埋葬在橢圓形的沙坑墓穴中。正是在灼熱陽光的作用下，很多屍體變成了天然不腐的木乃伊，並給予先民很多聯想和啟示。

那爾邁調色板（正面）。

那爾邁調色板（反面）。

儘管史前文化的居民沒留下文字紀錄，但他們的存在有很多考古挖掘的成果證實——雖然埃及的母親河每年都要氾濫的洪水清洗大地上的生存痕跡，但先民知道把死者埋葬在洪水無法威脅到的高處。數千年後，考古學者在尼羅河谷峭壁附近的高地上找到了很多史前墓穴，裡面的陶器、武器、工具和首飾等隨葬品，證明了埃及文明並不是忽然從石頭裡蹦出來的，它有著正常的發展途徑。

事實上，在尼羅河谷中發掘史前文化遺址並不容易。幾千年來尼羅河逐漸改道，淹沒了很多可能存在的文化痕跡，一年又一年氾濫帶來的泥沙又將較低處的遺址深埋地下。再加上先民的建築大多用泥磚建造，當他們放棄一個聚居點後，建築物很快就被風雨侵蝕成了有機物殘骸「賽巴克」——這可是埃及農夫眼中的肥料！

雖然前人的遺址很容易被後人拆了肥田，但尼羅河谷中的人間煙火長存不熄。隨著時間推移，尼羅河谷中的人們逐漸聚集在一起。前王朝時期的文化在不斷發展，社會結構在逐步分化。

從酋邦到國家

在七千年前的巴達里文化時代，尼羅河谷中生活著大約十萬居民。從這個新石器時代文化遺址的不同墓室出土隨葬品來看，百分之八的墓穴隨葬品數量，等同於其餘百分之九十二的墓穴，可見貧與富的懸殊差異程度。

在六千年前的阿姆拉特文化時期，尼羅河的子民數量超過了二十五萬。更多的人口意味著更多的糧食需求，而尼羅河始終有著洪水水位高低變化的老大難問題，隨之而來的洪澇或乾旱災害始終是埃及人面臨的嚴峻挑戰。

想要發展自己對抗自然，就需要產生行為規則和社會組織來領導先民，幫助他們進行農業生產和食物分配。於是零散的村莊逐漸聚集起來，形成了稱為諾姆的區域聚落。這些諾姆逐漸發展成為埃及的常設行政區，而它們的領導者稱為諾馬爾赫。

在同一時期奧馬里文化的一個男子墓穴中，考古人員在墓主骸骨邊發現了一根棍棒。這根棍棒是首領用的權杖，它充分表明了當時存在社會地位差別，也標誌著不同社會階層已經形成。階層差異還表現在墳墓的位置上，在涅迦達文化三期就出現了權貴專用墓地——即使是在五千年前，官員也已經不屑於和農民並肩長眠了。諾馬爾赫這類權貴被埋葬在由泥磚砌成的、越來越大越來越複雜的長方形墓室內，而普通人依舊躺在淺淺的沙坑裡。

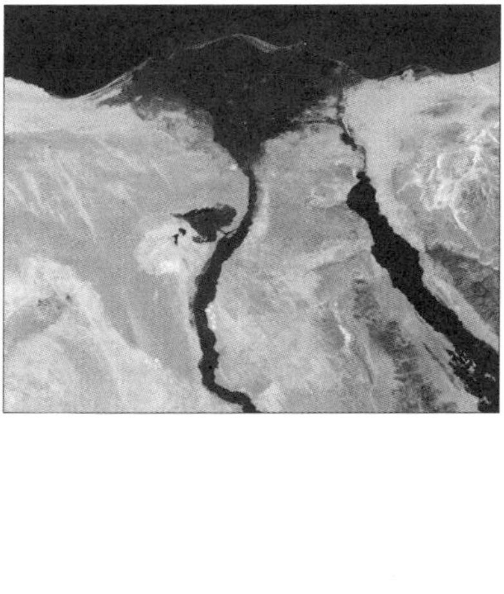
衛星圖下的上、下埃及。

正是在這一時期，埃及歷史上的零王朝時代開啟了。以諾馬爾赫為核心的史前居住區域稱為酋邦，不同酋邦之間的相互聯繫和競爭為建立統一國家開闢了道路。

終於在約西元前三四〇〇年，尼羅河谷中出現了上埃及和下埃及這兩個國家。上埃及的首都是涅亨，它的國王戴著被稱為「海潔特」的圓錐體形狀的白冠，它的守護神是禿鷲女神穆特，它以莎草與荷花為國徽。下埃及的首都是培爾，它的國王戴著被稱為「戴什瑞特」的紅冠，它的守護神是眼鏡蛇女神埃德佐，它以莎草與蜜蜂為國徽。

上、下埃及之間，以及它們內部的諾姆之間，始終處於爭戰不休的狀態。

總體而言，上埃及擁有農業技術和商品貿易的優勢，以阿比多斯和希拉孔波利斯為代表的上埃及城市發展起來，在這兩處遺址中發現了非常專業化的陶器工坊，顯露出精湛的技術能力和發展優勢。考古學家在阿比多斯等地發現了來自南黎凡特的銅礦石、銅、松木、松脂和裝運葡萄酒的陶罐，與此同時產自阿富汗的天青石和安納托利亞出產的黑曜岩進入上埃及，努比亞和努比亞以南的非洲內陸則為上埃及提供了香料、珍稀獸皮、象牙、烏木。

在文化發展方向，上埃及也表現出強勢之處。它境內出現了諸如希拉孔波利斯、阿比多斯和涅迦達這樣的政治和宗教中心，尤其是在阿比多斯和涅迦達都發現了大型建築物的遺址和痕跡，而且從中出土了大量印章——這就是官僚機構和政府部門成形的標誌之一。

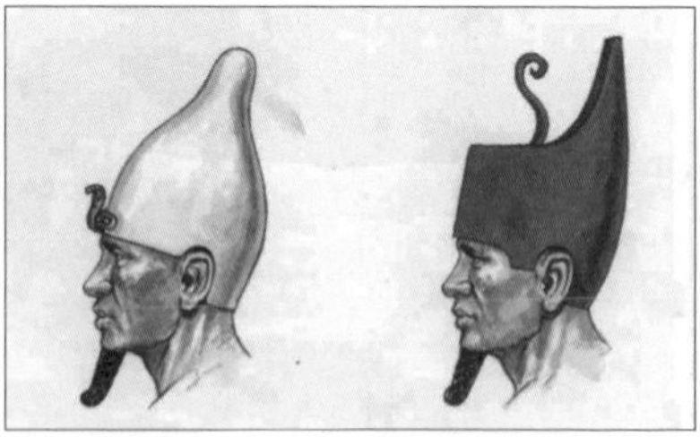
上埃及和下埃及的王冠。

中國古代印章上一般刻著官職或機構名稱，在零王朝時代的埃及印章上雖然還沒有真正意義上的文字，但是刻在上面的圖畫和幾何圖案被認定是象形文字的雛形。隨後不久，在西元前三二五〇年前阿比多斯的一處墳墓中，便出現了古代埃及最早的象形文字。

埃及象形文字被希臘人稱為「聖書體」，這些文字通常書寫在莎草紙上。

埃及人認為他們的文字是月神、計算與學問之神圖特（Thoth）所創造的。埃及象形文字有二十五個單音字、一百三十七個雙音字和七十二個三音字，也有少數同時表示意義和聲音的圖形字元，多數是借數個表形文字的讀音來表示其他的概念。埃及象形文字可以橫寫也可以豎寫，可以向右寫也可以向左寫，寫的時候全憑書寫者心情，可謂隨心所欲盡情潑墨，到底是什麼方向全憑文字中的動物字元頭部指向來判斷。

聖書體主要用於比較莊重的場合，多見於神廟、紀念碑和金字塔的銘文的雕刻；僧侶體多書寫於紙草上，相當於漢字的行書或草書，而世俗體則是對僧侶體的簡化，二者基本就是簡體字和繁體字的關係。

一般認為在兩河流域是經濟和管理的需求使得文字應運而生，而在埃及是宗教祭祀催生出象形文字。雖然聖書體的直接意思是「神的語言」，不過有趣的是，目前發現最早的象形文字卻是刻在容器標籤上，用來標明產品的名稱、產地、生產日期等資訊——這哪裡是神的語言，分明是商人的語言……

浮雕上頭戴上、下埃及兩冠合一的國王形象。

當然，宗教在古代埃及文明的形成和國家的產生過程中的確發揮了不容忽視的作用。早在涅迦達文化三期之初，上埃及幾個城市都把荷魯斯作為重要的神祇加以敬奉：希拉孔波利斯的統治者首先把荷魯斯奉為保護神，權貴借助於對該神崇拜範圍的擴大來強化自己的世俗權力。希拉孔波利斯統治者的名字被刻寫在象徵王宮橫切面的圖案上，而君主名字上面則是表現荷魯斯的隼，意指荷魯斯神保護君主，這充分表明了王權與神權之間的密切關係。

上、下埃及信仰不同的神靈，它們彼此貿易也彼此攻伐，就在這種帶刺痛的融合之中，前王朝的時代逐漸落幕。一位野心勃勃能力出眾的上埃及地方權貴逐漸統一了整個上埃及，接著他揮軍北下征服了下埃及。這位統治者就是剛才提到的那爾邁調色板上所歌頌的主角——統一上、下埃及的雄主那爾邁。

那爾邁調色板的一面是由兩個動物的脖頸交織而形成的可供調色的淺坑，通常被視為正面。正面從上到下分成三部分，上方是那爾邁視察戰場，他面前的敵人屍橫遍野；中間是馴服兩頭怪獸的場面；下方則表示國王如公牛般搗毀敵人的城池。在調色板的反面，高大神勇的那爾邁一手握住一個屈膝敵人的頭髮，另一隻手舉起權杖準備敲碎他的頭蓋骨。在那爾邁的對面，希拉孔波利斯的保護神荷魯斯呈現隼的形象，用繩子牽著敵人的鼻子。敵人的後背上長著類似莎草的植物，不少學者認為它在此象徵下埃及。

在調色板的正面，那爾邁戴著代表下埃及的紅色王冠；在調色板的背面，那爾邁戴著代表上埃及的白色王冠。一般認為那爾邁調色板表現的是一場決定埃及南北統一的戰役，那爾邁藉由血腥戰爭武力統一了埃及全境。自那爾邁之後的埃及國王經常戴著被稱為「塞凱姆提」的紅白雙王冠，並採用一些名字和頭銜來表示他們是上下埃及兩土地的統治者。

埃及的統一象徵著新時代的來臨，早王朝的時代開始了。

第三節　早王朝——埃及的黎明

武統與和統

上一節講述了傳統的那爾邁武統埃及說，目前還有些學者提出了和統說。他們認為埃及全境在文化上的融合和政治上的統一，在那爾邁登基之前已經基本完成，那爾邁調色板描述的內容，很可能是這位國王率部驅逐游牧部落特海努人的戰役，其理由之一是那位正被那爾邁揪著痛毆的俘虜，他的衣著打扮並不是下埃及人的典型模樣；其二是在上埃及尼羅河以西的艾爾—卡什干河谷中，發現了刻寫在岩石上的那爾邁的名字，他們認為能促使這位國王來到這片不毛之地的唯一理由，就是特海努人自西部沙漠的入侵威脅，那麼調色板所記載的很可能是擊退入侵者的功績，而不是內戰的勝利。

這就是歷史研究的有趣之處，在很多時候大家認為「千真萬確」的某一論斷，很可能隨著忽然出現的決定性文物證據被顛覆。像那爾邁統一埃及這樣眾說紛紜卻又缺乏決定性直接證據的例子，我們只能暫且選擇一個最有說服力、最易於被人接受的結論來相信，反正沒有白紙黑字的文字記錄，誰也無法乘坐時光機返回過去，讓那爾邁先生立個字據不是？

無論如何，上、下埃及統一了，埃及進入了短暫的早王朝時期。

那爾邁的征服並沒有帶來和平，上下埃及之間仍然時常爆發衝突，南方與北方依舊沒有彼此認同為一體，要對他們提出「埃及人不打埃及人」的口號實在太難。面對這種局面，那爾邁開創了政治婚姻這項偉大的發明，他迎娶了一位下埃及的公主為妻，以此確保下埃及的權貴接受他的統治。

在埃及的歷史上，國王的婚姻在很多情況下並不是出於個人情感的選擇，而是為了加強王室家族的聯繫、確認政治交易或外交關係等等，總之王室成員的生活必然是為政治服務的。目前已知除了那爾邁之外，早王朝時代至少還有第二王朝的國王哈謝海姆威也娶了下埃及的公主。

我們目前獲得的早王朝時代的資訊，主要來自阿拜多斯的國王墓穴和薩卡拉的貴族墓地，在這些泥磚砌成的墳墓中，要想在幾千年來反覆光臨的盜墓者指頭縫裡找到些有價值的珍寶實在不容易。至少我們可以確認的是早王朝的埃及已經擁有了精湛的手工藝技術，精美的那爾邁調色板並不是那個時代唯一的特例。

早王朝被劃分為從零王朝到第三王朝，一共跨過了三百七十五年的時間。

在這個時代中，國王已經相信自己可以享有來世的生命，為了確保自己的來世有家人陪伴和侍從伺候，他們會在家人和僕役中挑選殉葬者，隨自己一同踏上死亡之旅。目前已知第一王朝的傑爾國王有超過三百個殉葬者，這些人被殺死後跟隨國王前往他的來世。永生的資格是屬於國王的，只有他能在來生登上太陽船巡視天空，陪葬者只能在自己的墳墓中等候。

殉葬是一種野蠻愚昧的做法，這種大屠殺不僅血腥殘忍而且浪費。那些不幸被國王選中的殉葬者一定非常同意這一點，遺憾的是他們沒有拒絕的權利。

所幸早王朝的統治者很快意識到這一問題，在第一王朝末期殉葬的風氣逐漸消失了。

孟斐斯的公務員

埃及的人口在快速增長，到了第二王朝末期已達到百萬規模。人口增長的前提是糧食的充足供應，這要歸功於早王朝的國王對水利系統的規劃管理。埃及國王同時也是最高祭司，他的首要使命是控制尼羅河的氾濫，以保證風調雨順五穀豐登。

每年六月，青尼羅河和阿特巴拉河裹挾著衣索比亞高原的火山淤泥和腐殖質浩浩蕩蕩匯入尼羅河，滾滾濁流富含礦物質和有機物，這是滋養大地的大洪水。尼羅河谷中的水位持續上升，到九月中旬達到頂點後逐漸退去，在十月會短暫上升並再度退去，然後就是留給埃及人的肥沃乾燥的土地了。埃及人自然對尼羅河的重要性心知肚明，在一份撰寫於西元前二一〇〇年前的《尼羅河頌》中這樣歌頌尼羅河：

向您致敬，尼羅河！

您在這塊土地的每個地方都給埃及帶來生命！
在慶祝節日的時日，你神祕地從黑暗中出現！
您澆灌拉神（Ra）創造的果園，讓所有的牛能夠生存，令大地暢飲您的河水，永不枯竭！
您來自天空，喜愛塞伯的麵包和內派拉的第一批水果，您使普塔的作坊興旺！
……
他遊遍埃及，填充穀倉，更新市場，照看不幸者的貨物……
一切皆因氾濫而變，它是所有人的康復香脂。

這首頌詩提到了很多埃及神靈的名字，而最具體的氾濫也有個具體的神靈形象：胖乎乎的哈皮神（Hapi），頭上長著紙莎草。埃及人相信每年哈皮神會從凱拜爾·埃爾—希爾希拉（現代埃及的埃勒凡塔附近）開始氾濫，所以每年都要在氾濫時向尼羅河唱致哈皮的頌歌：當他出現以後，土地歡呼，每個人都歡欣鼓舞！

作為荷魯斯神的人間化身，埃及的國王有責任控制尼羅河的氾濫。每年六月前大家歡呼是歡呼了，歌頌也歌頌了，但哈皮神的脾氣實在難料，這胖子總有耍小性子的時候。尼羅河的氾濫一旦出現計畫外的過高過低，都會給埃及帶來災難。過低的時候會導致田地缺水無法耕種，埃及人會苦於糧食短缺造成的饑荒；過高的時候洪水漫捲而來，把大地上的城鎮村莊全部吞沒。所以從第一王朝時代開始，國王們便開始指示人民挖掘水渠引水灌溉，排乾沼澤製造農田和城鎮，並在重要區域建立堤壩阻擋洪水。這樣的大規模基礎建設必然需要一個大規模有組織的行政機構來執行，於是高度集權的王國政府和官僚體系隨即出現。

第一王朝的國王美尼斯在人工排乾的沼澤土地上建立起首都孟斐斯城，孟斐斯的意思是「白色的城牆」。這座位於尼羅河三角洲南端的城市，逐漸發展成古代世界最大的城市之一。孟斐斯城裡聚集了大量的專業人才，他們是被王國政府雇用的書吏、徵稅員、會計、工程師和建築師，這些各領域的專家負責掌管國家貿易、灌溉和排水系統、食物的分配和儲存等工作。

書吏首先是個記錄員，他們使用速記性質的「僧侶體」象形文字，整日盤坐在地，用蘆葦管筆在薄木板或莎草紙張上奮筆疾書。每當政府有公務事項要進行處理時，他們做的第一件事情就是召來書吏把整個過程即時記下。數千年後，那些記載著啤酒罐進出貨數量、工人對食物分配的抱怨投訴、祭司的祈禱用詞等浩如煙海的埃及日常記錄碎片，被當成珍寶陳列在各大學府和博物館中，成為研究埃及歷史的第一手資料。

快樂的胖子哈皮神。注意那誇張隆起下墜的肚子，那是他的特徵。

會計和工程師掌握了古代數學史上所有的基礎數學計算和測量技術，這要歸功於哈皮這個「神胖子」，每年他掌管的氾濫結束之後，整個國家都必須重新丈量土地。如果不總結出幾何學和加減乘除的知識，從國王到諾馬爾赫都無法確定地產邊界和糧食產量。在他們的努力下，早王朝統一了度量衡體系以簡化貿易和稅收流程，還推行了一年三百六十五天的曆法——直到今天，我們仍受惠於此。

至於建築師，他們最偉大的成就正是埃及的標誌性建築——金字塔。

第三王朝的左塞國王將自己的國界推進到亞斯文第一瀑布，確保南方貿易路線暢通無阻。由此帶來的滾滾財富，使他可以考慮為自己的永生之地提供一些創新舉措，好讓自己有別於那些躺在泥磚墳墓中的前輩。於是，左塞的「維西爾」（Vizier，類似首相的首席政府官員）印何闐（Imhotep）設計了位於薩卡拉的世界上第一座金字塔：階梯金字塔。

今天靜臥在沼澤蘆葦叢中的孟斐斯城遺址。

階梯金字塔是埃及歷史上開天闢地的壯舉，也是世界建築史上的第一個全石質建築。它由幾個長方形的馬斯塔巴墳墓連續堆積起來，小的摞在大的上頭，一層層疊放上去，最後建成一個全高六十二米，底部東西長約一百二十一米、南北約一百零九米的六級階梯形金字塔——左塞國王死後，心滿意足地躺在這座金字塔下面。

埃及的官僚體系是高效運轉的一個複雜機器，官僚中並不是每一個人都掌握權力，但其中大部分的職業官員的確擁有專業知識。在專業有效並且龐大的公務員隊伍運作之下，醫術、文化、宗教和政治傳統在早王朝時期建立起來，並在整個埃及歷史中延續傳承。

你的名字

前面說到埃及第一批公務員誕生於孟斐斯城中，而建立孟斐斯的是美尼斯，他一般被認為就是那位征服了下埃及的那爾邁。那麼出現了一個問題，為何美尼斯就是那爾邁呢？答案很簡單，這是歷史學家猜的……

在曼涅托的王名表裡本來沒有那爾邁這一位，不管是他還是希羅多德，甚至是更早的埃及時代的王名表中，都把美尼斯列為第一位國王。曼涅托還詳盡記載了美尼斯統治了上下埃及六十二年之久，最後不幸在狩獵時遭遇河馬襲擊而駕崩——死於河馬之口者很多都是「一口兩斷」的結局，想必美尼斯陛下的死狀也比較淒慘……

大家把美尼斯當成第一國王幾千年，結果在一八九八年出土的那爾邁調色板上又強烈顯示出這位才是統一埃及的國父。於是在尷尬之餘，學者趕緊提出幾個假設彌補：

一個是美尼斯是那爾邁的兒子，排名王名表第二位的霍爾－阿拉；還有一個是美尼斯和那爾邁根本就同為一人。之所以會產生這些假設，還是因為埃及人的名字實在有點複雜……

在埃及神話當中，經常出現一個神靈擁有不同名字的現象。例如那位沒能成功守住下埃及的眼鏡蛇女神埃德佐，她還有個名字叫瓦吉特（Wadjet）。

埃及象形文字沒有母音字母，所以我們無法知道那些莎草紙和方尖碑上的字元該如何準確地發音，而且埃及人的名字構成非常獨特複雜，這就造成了很多種並存的翻譯解讀。更複雜的是在埃及人中有每個人取兩個名字的傳統，其中一個讓別人用來稱呼自己，另一個只有自己知道的才是真實名字，以此來保護自己的名字不受傷害。

埃及人還存在「避諱」神靈的做法，例如第十九王朝塞提一世的名字中含有賽特的名字，當他為奧西里斯大神建立歌功頌德的方尖碑時，就只好用「伊西絲結」（可能發音與賽特相同）這個化名來避免觸犯神靈——畢竟殺死奧西里斯的凶手就是賽特嘛。

新王國時期曾有一個因為試圖謀殺國王而被處決的權貴，這個千古逆賊的名字本義是「拉神是他的造物主」，在受審判和判決的檔案中，書吏大筆一揮給改成了「拉神是他的仇敵」。不過這樣做與其說是避諱拉神，不如說是為了詛咒叛國者，畢竟埃及歷史上還沒有出現過因為名字有神靈做靠山就可以不被砍頭的人……

此外，也有一些歷史造成的一人多名問題，例如拉美西斯二世（Ramesses II）的石像被發現時，沒人知道他是誰，於是希臘人將他稱之為奧西曼提斯，這個希臘名字又被雪萊寫進詩文裡，並隨之名揚四海……

名字對於埃及人來說擁有非同一般的意義，在埃及創世神話中，科荷普拉看著虛無的四周無處落腳，於是他喊了一聲自己的名字，他自己便由此誕生了。他想有個落腳的地方，便喊了一聲這地方的名字，這地方也隨之出現了。基於這種神話，埃及人相信人和名字相互依存，名字也有自己的靈魂或精靈「倫」，它不是一個思維中的抽象概念，而是具備創造與毀滅魔力的實體。

名字可以代表一個人的形體和實質，名存人存，名亡人毀，所以在埃及人的墳墓中專門有保護墓主名字的咒語銘文，而埃及歷史上很多當權者從石碑、神像上抹去前朝統治者名字的舉動也就更好理解了。

與此同時，埃及人特別重視名留青史。因為他們心裡也清楚木乃伊永世長存的概率不高，更何況還有些窮人根本做不起木乃伊，而死後的靈魂如果失去木乃伊這個形體也會無法存在，於是便產生了各種彌補挽救的措施，其中就有借助名字讓靈魂不朽的方式。

歷史上在別人的墓碑上刻字蹭個留名機會的例子有不少，更有甚者乾脆把別人墓碑上的名字徹底抹去刻上自己的，這樣就完成了鳩占鵲巢的步驟。當然，權貴不必採取如此不堪的手法。官員可以在給自己建立雕像或立碑時，將老婆孩子乃至遠近親戚的名字一併刻在自己名字後面共用不朽。

埃及人的名字以詞語和短句的形式存在，通常情況下，名字中含有神的名字和對神靈能力的描述，例如著名法老圖坦卡蒙（Tutankhamun）之父阿蒙霍特普四世名字的意思是「阿蒙（Amun）所滿意的」。還有些名字的含義是表達某神靈的孩子或某神靈所愛之人，不過埃及人的名字含義中沒有表達某人愛某神的範例，這種愛是自上而下由神傳達給人的。

在埃及傳統中，只有國王及其王室成員的名字，能夠以某神或某神的孩子而自稱，普通人可以退而求其次，取名為某某國王的兒子或女兒。不過隨著王權的衰落，在早王朝之後連普通人也堂而皇之地自稱為拉神的兒子或伊西絲的女兒了。還有一種取巧的辦法，是將對神靈的讚美直接當成名字，比如「阿蒙神是萬神之王」、「圖特神力大無窮」，這樣一來別人稱呼自己時還順便高呼口號讚美了諸神，當然很容易取悅神靈好讓好運臨頭了不是？

當然，除了那些動輒與神靈權貴連接的取名方式之外，埃及普通民眾還是有更多接地氣的命名方式的，比如叫「娜芙瑞特」的女子，她的名字含義就是「美麗」；叫「耐赫特」的男子，他的名字含義就是「強壯」。老百姓的樸素追求，放諸四海皆準。

好了，讓我們回到國王的名字吧。

早王朝之後，自第五王朝開始，埃及國王開始有五個王名。這五個王名分別是：荷魯斯名、兩女神名、金荷魯斯名、登基名和出生名。

埃及王權的神聖地位首先透過荷魯斯得到確認，國王就是人間的荷魯斯。早期的王名都以荷魯斯名出現，例如那爾邁調色板上出現的王名「那爾邁」就是荷魯斯名。

兩女神為禿鷲和眼鏡蛇，分別為上、下埃及的保護神，法老藉由這個名字展現其與兩女神的特殊聯繫，同時也是埃及統一的象徵。

金荷魯斯名可能象徵國王是王權保護神荷魯斯在人間的化身，也可能象徵荷魯斯神對賽特神的勝利，其準確含義還待定。

登基名是國王繼承王位時的王名，象徵國王統治上下埃及。

國王的出生名，也就是拉神之子名，它常與登基名同時出現，拉神之子名體現了國王與太陽神的血脈聯繫。為了保護國王的登基名和出生名，它們都被寫進有魔力的王名圈中。對於埃及人而言，國王與神基本畫上了等號。

不過在第三王朝的早期，連續幾位國王都面臨著地方大貴族的威脅，以至於他們的神靈化身位置都開始搖搖欲墜。為了穩固統治，國王甚至被迫向諾馬爾赫行賄——他們把大量地產、成群的牲畜和豐富的禮品贈送給大貴族以換取忠誠，因為這些地方實力派已經變得過於富有和獨立。

隨著早王朝的結束，埃及終於進入一個王權穩固國家安定的新時代，那是一段屬於古王國和神王們的安靜時光……

第四節　古王國——神王的天國

大房子裡的神王

埃及的神話認為諸神、國王和普通人都在遙遠的過去被一體創造出來，國王既然是荷魯斯活著的化身，那麼他便是神靈與凡人交流的仲介，肩負維持世間萬物秩序的職責。

在埃及，國王代表諸神與宇宙中的邪惡力量作戰，他支持瑪阿特（Maat）精神，對抗邪惡的伊斯菲特。國王不會真死，他在人世間的死亡不過是從凡間返回到天上，從一個神的化身轉化成另一個神的化身。在上下埃及境內，國王所說的每一句話都是法律，正義意味著國王喜歡這樣，罪惡意味著國王厭惡那樣。

國王是埃及最高祭司，他負責土地繁榮、糧食豐收、尼羅河適度合理地氾濫和太陽的東升西降。他的加冕儀式在每年尼羅河氾濫之處進行，以象徵他對河流的控制能力。

國王是最高統帥，他保衛國境安全，驅逐一切入侵者，維護上下埃及的統一。

國王在法律意義上擁有上下埃及的一切財產，包括人民、土地、動植物乃至於建築物上的每一塊磚，而國王觸摸過的每一樣東西，從王冠權杖到啤酒杯涼鞋，都被賦予了魔法力量，這些物品因為國王使用過而受到埃及人的尊崇。

國王的宮殿稱為「派爾—阿阿」，意思很直白，就是大房子——國王自然不能住在小窩棚裡嘛。當這個詞語被希伯來文和希臘語輾轉音譯之後，就變成了流傳至今帶有許多夢幻色彩的名詞「法老」。法老後來成為埃及國王尊稱的時候，已經是帝國時代的埃及了。在此之前的三千多年裡，它只是對宮殿的稱呼罷了。

既然普天之下莫非王土，率土之濱莫非王臣，那麼住在大房子裡的國王每天過著怎樣的生活，是勤政愛民事必躬親還是酒池肉林荒淫無道呢？

從埃及的歷史來看，國王最擅長的或者說是埃及人最重視的，還是首席祭司這項有前途的工作。

埃及是個活在神話裡的國度，國王每天把大量時間用在執行魔法程式和完成宗教儀式上面。因為他是神靈化身，如果他在這項工作有所懈怠的話，那麼無論上下埃及的其他祭司如何努力都是無效的。從正面角度來講，國王的百姓會將神靈保佑的風調雨順歸功於他；從負面角度而言，出了天災人禍之後，國王也要承擔維持宇宙秩序不善的責任。

為了保證國王在執行宗教儀式時不出岔子，無論他身處上下埃及何處的派爾—阿阿當中，都隨時有大群的職業官僚、祭司顧問、王室成員，在那些奢侈壯麗的宮殿中圍繞著他。

在很多情況下，國王的親信、宮廷官員連同他們的家屬和下屬職員，都居住在大房子裡。所有人的生活開銷都由國王負擔，他們擁有普通人難以期望的奢侈生活待遇，並且可以在死後埋葬在國王墳墓附近，並享有亞麻、香脂、棺木材料、石碑等陪葬品供應。這一點是非常令人羨慕的，因為按照古王國時期的神學理論，這些人將作為國王的夥伴一同享受永生。

這些親信享有身為國王朋友的至高榮譽，其中包括如下一些國家最高領導班子成員：王冠首飾的保管者（負責保管王室機密資訊），和國王出席活動的邀請信簽發者（負責管理國王言論機密）等等；此外還有國王服裝主管，他負責監督手藝人及芳香油和軟膏洗液的主管、國王假髮的保管者和侍寢官等高級官員。每一級的官員都監督著自己的下屬，以此保障神聖國王的舒適生活。

與國王一同生活在大房子裡的國王母親稱為「偉大的國王母親」，國王正妻稱為「偉大的國王妻子」，她們在神學理論上被認為與哈托爾女神關係密切，基本上也被視為女神的化身。

除了正妻之外，國王還擁有龐大後宮。到了帝國時期，後宮成員甚至多達數百人。雖然國王的正妻一般帶有政治聯姻屬性，但國王可以按照自己的心意選擇愛人成為國王最喜歡的妻子。如果國王的偉大妻子不能生育兒子，那麼國王會在後宮中選擇一個妻子的兒子立為王儲，這時這位幸運的母親不論出身如何，會立刻升級為王后，成為偉大的國王妻子。

當國王年紀太小無法統治國家時，他的母親或相當於母親的女性長輩，會以共治者身分輔佐國王。不過在通常情況下，國王還是會立自己的兒子為王儲，有些時候還會進一步將王儲提升為共治王，父子兩人一同治理國家。

埃及的王子理論上都有機會繼承王位，他們的父親在選擇王儲之前，會安排他們參加狩獵遠征、軍事比賽和運動競技活動，從而令他們有機會表現出自己的特殊才能。不過就算自己的兄弟被立為王儲也不要緊，身為王子總是不用為出路發愁的，他們從小受到神學、軍事、天文、數學、工程和建築等方面的教育，可以在高級官員或祭司崗位上找到出路。至於王儲，為了保證王室血統純正，他會與自己的姐妹或堂姐妹結婚，這種婚姻也是為了紀念偉大的奧西里斯神與妹妹伊西絲女神的神聖關係。萬一國王竟然沒有兒子，那就只好找個贅婿上門了——埃及傳統上會在高級官員中尋找王位繼承者，並且他必須與國王的公主結婚。

從理論上而言，國王可以將治理國家的行政工作交給他的「維西爾」。事實上在古王國時代，那些國王也大致上都是這麼做的。他們被視為神，而神王的統治不容置疑。

在那個國王權威備受尊崇，國內政治穩定的安寧歲月中，作為上下埃及唯一有權享受永生的人間神靈，他們只考慮一件事情——建造自己的墳墓。

大金字塔時代

古王國的時間跨度持續了約四百九十五年，它包括了第四王朝到第八王朝的歷史時代。

在古王國的大部分時間範疇內，王權和神權的結合牢固穩定，貿易為國王帶來滾滾財富。

既然天下太平江山永固又不差錢，那麼作為世間唯一有資格享有永生權利的神王，自然只有一件事情值得他們心無旁騖地投入一切資源和注意力，那就是建造自己的「百萬年之屋」。

古王國時期的上下埃及沒人不知道百萬年之屋的含義——那是對國王永恆墳墓的尊稱。這不是一座簡單的墳墓，而是以墳墓為核心而建築的整整一座死者之城。古王國時代最有才華的祭司、建築師、天文學家、教育學者都集中起來，他們指導大批石匠、雕塑師、畫師和書吏，將古王國最燦爛的建築和藝術成就都表現在國王的墳墓當中。

每一座國王的墳墓，都是一個規劃完善的王陵城市，其中不僅僅包括國王的墳墓，還有周圍作為他的朋友一同搭便車享受永生的權貴墳墓，這無疑是神王賜予臣下的巨大恩典和無上榮耀。為了實現這一宏偉計畫，在古王國最鼎盛的時期，國王投入他所能控制的全部人力物力，從每一塊石頭到每一個農夫，整個王國所有的資源都用來建造國王的永生之所。

壯麗的百萬年之屋。

自從早王朝的左塞王榮耀地安眠在階梯金字塔中之後，這種體面的安葬方式深深打動了後代君王的心。當他們擁有的財富和國力比左塞更強大時，已經沒有什麼能夠阻止國王開始一場金字塔競賽了。

一開始的時候，國王對於究竟採取哪種建築方式舉棋不定。例如有錢任性的第四王朝國王斯尼夫魯就花了近四十年時間一口氣建造出兩座金字塔來一比高下。這兩座金字塔都位於開羅附近的達赫舒爾地區，其中一座稱為彎曲金字塔，它的底部為邊長約一百八十九米的正方形，是埃及建造光面金字塔的一次嘗試。

彎曲金字塔其實本來是不彎的，在原始設計中打算建得很高。可是在建造過程中建築師發現金字塔會因為無法承受自己的體重而坍塌，大家趕緊把高度降低到約一百零五米。當高度降下來的時候，底層部分已經完成了，於是預定的角度也被迫修改，最後變成了在塔身超過一半高度的時候角度突然出現變化，由五十二度傾角變為四十三點五度傾角的彎曲構造。

彎曲金字塔旁邊的紅色金字塔是斯尼夫魯為自己建造的另一座陵墓，這個表面光滑的金字塔雖然體型較小，卻是埃及歷史上第一座真正的錐形金字塔。紅色金字塔因為所用的建築材料會在光線作用下泛出淡淡粉紅色而得名，外形非常優美典雅。

紅色金字塔的內部結構比較簡單，從墓口通道下去之後進入第一個墓室，接著走過一條低矮走廊進入開闊的第二墓室，再沿著陡峭的石階爬上去之後就是主墓室了。

在寂靜的金字塔中發出的任何一點聲音都會因為回聲效應變成轟鳴巨響，令闖入者有隨時隨地會坍塌的錯覺。在墓室走廊上空的錐形天花板高且狹窄，壓迫感極強烈，代表斯尼夫魯復活升天的樓梯。

彎曲金字塔內部空間要大很多，穿過一條長約八十米的狹窄地道，可以進入彎曲金字塔寬

凝視你的正是胡夫。

闊的拱形內殿。從拱形內殿出發，有通往其他內室的過道，在金字塔內部有一上一下距離約十八米的兩個墓穴，分別有獨立墓道通往不同出口。

斯尼夫魯最後究竟埋葬在彎曲金字塔還是紅色金字塔中，依舊是個不解之謎，不過他的兒子胡夫並沒有像父親一樣，搞出一堆試驗性金字塔來陷入選擇困難症中。這位繼任的國王花了二十五年的時間為自己的來生做準備，他的成果就是至今仍蘊藏了無數祕密，並且將金字塔建築藝術和科學技術推到前無古人後無來者地步的偉大作品——大金字塔。

在開羅西南吉薩高地的西北角方位，臨近沙漠邊緣的位置上聳立著胡夫大金字塔及其配套的大墓地。在胡夫之前，從未有人在此地建築任何建築物。當他的大金字塔完全建立起來之後，高一百四十六點五九米，相當於四十層樓（由於幾千年的風化剝蝕，目前高為一百三十八米）；四周底邊各長二百三十米（目前長二百二十米），長達數千年它都是地球上最高建築物的紀錄者。

大金字塔本身用排成二百一十行的二百三十萬塊磨光的石灰岩石砌成，平均每塊岩石重量約兩噸半，最大的石塊重約十五噸。石塊接合得非常嚴密，連張紙也插不進去。周圍還有約兩米五高的圍牆和一座用來為胡夫舉辦葬禮的巨大神廟，整個建築群的周長，約六千五百米。從這裡開始有一條八百餘米長的甬道通往尼羅河岸邊的河谷廟，附近沙漠中還有至少五個大沙坑中埋藏著胡夫的精靈巡遊天空時需要的太陽船。

大金字塔內部是一個複雜的迷宮結構，由布局複雜的埋葬間、通道、豎井和走廊組成。但是與父親斯尼夫魯一樣，人們也沒能在大金字塔中找到胡夫的木乃伊。有一種推測是在漫長的時間中，歷代盜墓者早就潛入大金字塔，將其中的木乃伊和隨葬珍寶洗劫破壞殆盡了。

胡夫並不是一個人孤單地躺在金字塔中，在宏闊的死者之城中，有幾百個權貴的墳墓「馬斯塔巴」，這些人中有王室成員、貴族、高級祭司和高級官員，他們作為國王邀請的朋友同享永生。死者之城中並非只有死者，在附近村莊中居住著建築工人和祭司，建築工人繼續完成附近為王后建造的三座小金字塔，祭司則在國王去世以後充當他個人偶像的崇拜者，保證四時香火不絕。除此以外，還有一個微型的祭祀用金字塔，這是胡夫死後用來舉行宗教和魔法儀式的場所。

埃及人將胡夫的百萬年之屋稱之為「庫特胡夫」，意思是胡夫的地平線。即使是這些見多識廣的人，也驚歎於國王突破天際的想像力和大手筆：在胡夫金字塔最輝煌的時代，遠遠地從地平線上就能看到大金字塔頂部的閃耀金光——那是它九米多高覆蓋著黃金的錐形頂石在反射日光。埃及人確信這是一個真正的太陽神王的陵墓，即使是在今天，進入大金字塔者都會體會到異常悶熱帶來的窒息感。

關於大金字塔的神話和鬼話經久不息，甚至到了金字塔由外星人建造的地步，這種推測是對埃及人智慧和汗水的褻瀆。

希羅多德宣稱自己曾親自抵達吉薩高地探訪大金字塔，並向當地人請教這項奇跡工程的建築過程。他在《歷史》中如此記載：「胡夫國王聽從祭司的建議，使得國民陷於水深火熱中。他為了實現自己的私欲，強制全埃及的人民工作，更常以十萬人每隔三個月交替一次的方式服役。僅僅建設為拖拉石頭的道路，就使人民的勞役持續了十年……建造一座金字塔須花費二十年。」

除此之外，他還記載了有關大金字塔建造的方法：「建設金字塔採取了階梯式建築方法：先造好階梯後，再用木製的起重機舉起剩餘的石頭。或許是用與階梯數量一樣的起重機，或許只用一台易於移動的起重機，總之使石塊一一往上移動到預定位置。」

希羅多德的記載，距離大金字塔建成之日已過去兩千多年，所以他也只能道　塗說，留下無法考證的紀錄。事實上至今我們仍然不知道金字塔建築的細節，所以對建築時間和人力要求一直眾說紛紜，就連建築工人數量都從希羅多德的十萬人到現代埃及學家的一萬五千人不等。

但唯一可以確認的是，埃及人只擁有簡陋的測量和施工工具，但他們憑藉著無限的人力和無盡的宗教熱情，依靠極嚴密的組織領導體系和充裕的時間，來完成這項使命。

根據當時的記載，直接指揮建造大金字塔的是胡夫的「維西爾」海莫。埃及人深信太陽西沉的尼羅河西岸是死者之國，為避免過於接近尼羅河會遭洪水淹沒，以及避免離尼羅河過遠不便於搬運石頭，海莫選擇在吉薩高地建造大金字塔。

從目前的考古發現來看，埃及人用來測量的工具是繩子、木棍、鉛錘、水準測桿和三角板。但他們會充分利用其他輔助手段解決問題：工程師在高地岩盤上鑿出網格狀水渠後灌水，利用水準方式測定大金字塔的正確平準度。接著再利用星座定位，將金字塔的四角指向東西南北四個方位。

建造金字塔所用的石灰岩，大都是從尼羅河東岸的圖拉採石場採掘而來，內部長廊和房間中所使用的花崗岩採自尼羅河上游的亞斯文等地，國王埋葬間和外層石棺用的是埃勒凡塔附近採來的粉紅色花崗岩。

開採石材的時候，能幫助埃及工人的只有燧石刀、銅錘子、銅鑿子、木楔子和水。鑿石工首先觀察尋找石塊間的縫隙，然後用鑿子加工之後打進木楔子並灌水，之後等待太陽光的熱量使木楔子膨脹將岩石崩裂。至於花崗岩，就只好用更堅硬的閃長岩石球或石板硬生生砍下來了，所有的石塊都需要經過石英石沙子打磨成合適的大小，再進行運輸。

論起推石頭，埃及遍地都是老手：等待運輸的石塊先放在木橇上，再推到並排的圓木上以人力加驢子和牛，一起用繩子拉到河岸邊，一路上潑油進行潤滑，一直推到尼羅河上使用獸皮浮袋增加浮力處理的大木筏上。經水路運到工地後，還是用老辦法逐步推到吉薩高地。至於希羅多德提到的所謂起重機，經過現代考古學家的驗證，埃及人只會製造簡易的木製卸貨機，要舉起平均兩噸半重的石材，實在是不可能的任務啊……

按照現代主流的推論設想，埃及人應該是先在金字塔的側面建造斜坡道，並在斜坡道上埋入圓木以減少阻力，巨石就沿著斜坡道推上基座安放。隨著石階升高，斜坡道也相應升高，等到建造至金字塔頂時，再逐漸拆卸斜坡道並填入打磨好的上等白色石灰岩板材，裝飾金字塔外表面。

與很多人的想像不同，雖然埃及是奴隸制國家，但大金字塔卻主要是由自由人建造的。

每當尼羅河進入氾濫季節，農民由於農田被洪水淹沒而無所事事。這個時候，國王會出錢徵募他們到各地施工現場做勞工。這些莊稼漢雖然不專業，但是領導他們的是由建築師、工程師、職業工頭、石匠、工匠和書吏組成的專業管理隊伍，他們工作整整一個季節，有些人可能會在工地遭遇不幸的死傷（即使是現在的土木工程作業場所，也無法絕對避免這一點），但絕大部分人都能領到報酬返回家鄉，為即將到來的播種季節做好準備。

胡夫的兒子哈夫拉在他父親的金字塔附近建立了一個稍小些的金字塔，這座被稱為哈夫拉金字塔的建築只比大金字塔矮了三百二十釐米。雖然個頭稍低一籌，但哈夫拉金字塔是金字塔與雕像複合體，在金字塔面前有一座哈夫拉獨特的裝飾物：大斯芬克斯，也就是著名的獅身人面像。獅身人面像是獅子身軀和哈夫拉頭部的複合體，它靜臥在大墓的入口處，以高二十米、長五十七米的巨大身軀鎮守著國王的百萬年之屋。

哈夫拉金字塔是大型金字塔時代最後的輝煌，到胡夫孫子孟考拉的金字塔建立起來時，高度只有爺爺的一半了……

古王國時代的大金字塔之風只是曇花一現，因為神王們發現一味追求巨大金字塔的輝煌並不是長久之道，當國力民力陷入枯竭狀態時，他們所建的究竟是百萬年之屋還是百十年之屋，就成為一個值得思考的問題了……

在神王的統治下，埃及為百萬年之屋耗盡力量，不過也因此推動了天文學和建築學的飛速發展。

埃及人是第一個將白晝和夜晚細分成較小時間單位的民族，他們使用陰影時鐘來計量時間，例如方尖碑。早在五千五百餘年前，方尖碑就已出現，它們在陽光下移動的影子成為時鐘的指標，在方尖碑附近的地面上，是根據一年四季白晝長度變化而做的各種標誌，當石碑陰影掠過這些標誌時，祭司就能夠進行準確的報時。

在三千五百餘年前，埃及還誕生了最原始的手錶：他們在一根三十五釐米長的木板中心豎立起一根木棍，木板上的刻度將一個太陽日分成十部分，外加黎明和黃昏各兩小時來表示早晨和傍晚。使用這種計時器的時候，上午要面東而立，下午則面西而立。經由觀察木棍陰影在木板刻度上的指向就可以讀出時間。

後來，埃及人又發明了夜間計時器「麥爾凱特」。這是一種觀測恒星移動穿越子午線的天文儀器，通過它可以準確區分夜晚的時間。

當然，方尖碑和麥爾凱特並不僅僅是計時工具。在埃及，它們的誕生首先是為溝通神與人，象徵著人類與天堂之間的聯繫。方尖碑一般以整塊的花崗岩雕成四面體細長柱造型，重達幾百噸，成對安放在神廟門口。方尖碑的四面均刻有象形文字，國王以此奉獻給太陽神拉或阿蒙，並用以紀念法老在位若干年或其他豐功偉績。

從第四王朝時期開始就有建造方尖碑的紀錄，但它們並沒能像大金字塔那般保留至今。埃及的方尖碑先後在古羅馬時代被征服者陸續運往歐洲，其中首開先河者就是凱撒。後來方尖碑作為來自埃及的體面禮物被大量運往西方，羅馬、巴黎、倫敦等地的廣場上都有它們的身影。埃及現存最古老完整、並且真正由埃及人製造的方尖碑，是第十二王朝國王辛努塞爾特一世為慶祝自己加冕而建的，它聳立在開羅東北郊原希利奧坡里太陽城神廟遺址前。

除了方尖碑之外，祭司也為國王與太陽神之間的交流盡心盡力。

埃及人堅信天空是宗教和魔法的舞臺，這些祭司中的天文學家在觀察太陽和其他天體在天空中的軌跡時，初步掌握了恒星和星座升降的規律，埃及的時鐘正是由祭司發明的。與此同時，測量角度的幾何學知識也發展起來，很快運用在土地丈量之上。

哈夫拉之後的國王注意到拉神的祭司壟斷了如此之多的知識，他們終於意識到有效利用這些知識能給自己帶來富有和強大，而一味沉溺於建造大金字塔並不是明智之舉。於是國王的金字塔逐漸變小，他們逐漸將注意力轉移到建造神廟。

第五王朝的烏塞爾卡夫國王率先為太陽神建造了第一座專屬神廟，從此拉近了自己和太陽神的崇拜者之間的距離。此後的國王繼續建築太陽神廟，與之對應的是他們的金字塔，簡直稱得上粗製濫造了：第五王朝時期的金字塔內部由泥磚和碎石填充，僅僅在外層覆蓋裝飾石板。當石板被偷走用於其他建築之後，那些金字塔也隨之崩塌了。

盜走以前王朝金字塔建築材料的，有時候正是現任國王，自第五王朝開始，國王已經心知肚明金字塔並不能保護自己的永生。既然金字塔註定不是百萬年之屋，那麼就只有靠魔法力量來保護自己了。於是在第五王朝最後一位國王烏那斯的墳墓中，金字塔銘文出現了。它包含了上百條咒語，保護國王順利穿越冥界的危險區域，安全抵達來世。

在第五王朝，大大縮水的不僅僅是國王的金字塔，連神王的天賦王權也逐漸動搖。諾馬爾赫和各省貴族已經變得尾大不掉，很多地方官成為父子世襲的職位，父親不受干預地將權力和地產傳給兒子，而這地產還是免稅的，國王的錢袋子逐漸枯竭。

這種情況在上埃及尤其嚴重，以至於各省逐漸變成了變相獨立的國中之國。但只要國內保持和平，只要稅收還繼續流進國王的金庫，孟斐斯城中的國王就選擇默認。

古王國後期，全國人口已經超過兩百萬，其中絕大多數是被勞役和稅收逼迫到難以呼吸的赤貧農民。這些極端貧困的人對國王無休止的建築工程開支憤恨不已，而早王朝末期，困擾王權的地方貴族的獨立分裂傾向再度抬頭，最後埃及分成很多獨立的省份，地方權貴逐漸不把偉大的神王當成一回事了。

終於，努比亞開始動亂，利比亞人則反覆襲擊王國的貿易線。第五王朝在混亂中結束，第六王朝的第一位國王泰悌竭力平息了混亂，但國王的權威已經掃地，地方上的諸侯已經不屑接受國王的邀請，埋葬在他的金字塔附近同享永生。他們紛紛在自己的地盤上為自己和家人修建墳墓——這是很不妙的苗頭，意味著他們認為自己也有永生（國王）的資格。

古王國最後一位著名的國王是珀辟二世，他父親珀辟一世的荷魯斯名「麥利托威」意思是「他是被兩地所愛戴的人」，這表明了國王在政治上維護國家穩定和統一的強烈願望。珀辟一世對外積極推行對努比亞和利比亞的軍事遠征，對內通過政治聯姻連續娶了地方貴族的女兒為妻，終於大致穩定住局勢。

當珀辟二世以幼年繼位時，沒人料到埃及迎來了最長壽的一位國王——據說他活了一百歲，統治時期長達九十四年之久！長壽的珀辟二世統治時期，他的子嗣繁多，同時國王權威和中央政府的控制能力保持穩步下降，各地統治者的權力相應得到進一步增強。

當長壽的國王終於歸天之後，內亂爆發了。

泰悌開創的第六王朝最終在一位女王尼托克麗絲手中結束。

尼托克麗絲是個希臘語名字，她真正的埃及語名字是尼托凱爾悌。她是目前可知的第一位埃及女王，在都靈王名表上，她的名字直接列在麥然拉二世之後，並寫為「上下埃及之王」。

曼涅托以崇敬並充滿浪漫主義的筆調，形容尼托克麗絲是上下埃及的所有歷史中最高貴、最美麗、白膚色的女子，除此之外她還是個堅貞的妻子和堅定的復仇者。她的丈夫和哥哥麥然拉二世僅僅在位一年便遭謀殺，因此她才因緣際會登上了王位。

尼托克麗絲在自己的兩年統治時期內，精心籌備了復仇計畫，她藉口慶祝新的地下宮殿落成，宴請參與暗害麥然拉二世的全部參與者。當賓客到齊之後，她打開水閘引進尼羅河水將仇人全部淹死。尼托克麗絲的結局不可考證，據推測她得手後可能逃走並自殺，以避免可怕的報復。對於這位奇女子的其他的事蹟，也一樣無從考證。

古王國時代結束於第八王朝，但現在的史料沒法描述那兩個王朝的具體情況。《曼涅托編年史》中含含糊糊說了句「第七王朝由孟斐斯的七十個王組成，他們統治了七十天」，沒有記錄任何一個王名。總之，尼托克麗絲完成了第六王朝的謝幕，同時輝煌的古王國時代也徹底崩潰。

雖然這一時期所創造出的偉大藝術與建築成就此後從未被超越過，但不可否認的，正是這些令後人驚歎的奇跡加速了它的毀滅。此後埃及進入了第一中間期，儘管名義上保持著統一，但是上下埃及已進入四分五裂的割據混戰時期。

第五節　第一中間期——災難年代

在缺乏史料記載的情況下，古王國的結束顯得無比突然，彷彿一夜之間這個神王的國度就在魔法作用下徹底崩潰。

當然，我們已經知道諾馬爾赫和地方權貴組成的蛀蟲早已將古王國這棵大樹內部侵蝕得千瘡百孔，但有些現代學者仍然不認為是普遍性的社會混亂和地方實力派獨立，瞬間終結了古王國。事情總有一個起因，這些懷疑派人士將目光聚集到非洲和近東地區的氣候變化上面。

乾旱歲月

藉著對沉積岩的分析，我們已經確定在古王國崩潰的時候，非洲正遭遇嚴重的旱災襲擊，尼羅河年度洪水水平面不同尋常的低——這表明氾濫沒有如期而來，農夫無地可耕。

埃及地方歷史紀錄和藝術品，為那場與古王國崩潰同時發生的大旱災提供了旁證。古代文獻中記載，從南方吹來的熱風連續刮了幾周時間，沙塵暴讓人們數日見不到太陽的光輝，農田徹底乾燥化為塵埃，尼羅河淺到人們可以赤足蹚過……

不光是埃及在遭難，整個近東地區的歷史紀錄都留下了可怕的旱災和大饑荒的回憶，外國饑民不顧一切越過邊境，這些瘋狂而絕望的入侵者，消耗了埃及本來就匱乏的糧食和水供給。

而偏偏埃及人相信，天要下雨河要氾濫都是歸國王管的。一連串的災難事件，讓埃及的人民紛紛對信仰神王產生了動搖，控制河流和農業豐收這些事不是他該做的事情嗎，為什麼住在大房子裡的國王不使用他的魔法解決這些問題？是他懈怠瀆職，還是他根本不是真正的拉神之子？

在這場浩劫之中，只有地方統治者能夠保護自己的地盤。他們率軍殘酷地驅逐難民，用武力保護水資源，從而獲得了自己轄區人民的信任和擁護。

從這一時期留下的一份紀錄中可以看到一位諾馬爾赫的自我標榜，這位安克提斐大人是上埃及希拉孔波利斯和埃德富的諾姆長官，在他墳墓中的銘文中這樣寫著：「空前的災難到來了！孟斐斯的統治已經崩潰，社會大亂，到處在打仗！大乾旱也來了……

「整個國家變成了飢餓的蝗蟲，人民四處尋找穀物。全部上埃及都陷入垂死的飢餓狀態，以致人們開始吃他的孩子！

「但是，在這個諾姆中，聰明的我沒讓任何一個人死於飢餓！

「我還把穀子借給上埃及的其他諾姆，在這些年間，我滿足了希斐特和霍邁爾的城鎮需要，還使厄勒藩汀的人們活著……」

安克提斐的潛臺詞非常明確：大家評評理，在這兵荒馬亂之中，還有誰能比我做得好——上下埃及的人民，你們的掌聲在哪裡？

在每個地方的百姓眼中，能保護水和糧食不被奪走，能夠保護他們活下去的人，就是他們的國王。於是古王國就這樣徹底解體了，上下埃及分裂成由很多強有力的首領控制的小王國。除了抵禦入侵者和確保地盤安全之外，金字塔、藝術……一切與生存無關的事情全部停下來了，哪怕是對神靈如此虔誠的埃及人，此刻唯一祈求的也只有生存。

亂世之中人不如狗，所有的史料都是模糊的，後世的研究者甚至不能明確這個中間期到底有多長。目前的估計從一百四十年到二百年不等，沒人知道上下埃及經歷過多少次王位更迭，這些所謂的國王數量是一個謎，在一些古代留下的隻言片語中，我們可以窺見一個又一個人閃電般稱王又覆滅，有時候有好幾個人同時宣稱自己控制了整個埃及，但他們所有人的影響力都沒能超出孟斐斯的城門一步。

我們已經知道的是，在珀辟二世去世二十年之後，下埃及所在的尼羅河三角洲受到近東湧來的難民衝擊。這些

來自亞洲的難民入侵埃及，並攪亂了一切秩序。

難民成分複雜，有埃及東北部國境附近的異族人，也有來自巴勒斯坦的逃難者，甚至還有沿著底格里斯河—幼發拉底河地區的游牧民族入侵者，猶如一支史前「聯合國部隊」。

在亞洲人和利比亞人的入侵洪流面前，埃及的政府機構土崩瓦解，他們拋棄自己的土地和人民一路向南逃去。被遺棄的埃及人茫然無措，他們在傳統上不願離開自己的國度，甚至不願離開自己的家鄉。但在大災變之前，很多埃及人也離開了尼羅河的懷抱。不久之後，具有強烈埃及文化風格的克里特文明誕生了，人們一直猜測這是第一中間期逃離故土的埃及移民抵達克里特造成的結果。

就這樣，在混亂中經歷了從第九王朝到第十一王朝的過渡。

在此期間希拉孔波利斯興起的地方統治者，控制了北方尼羅河三角洲和中埃及的一些地區，從而建立起第九王朝。

希拉孔波利斯據說是那爾邁的龍興之地，第九王朝的

尼羅河乾涸河道中的鱷魚枯骨，對於埃及來說，缺水就等於死亡。

國王由於這個出身，而得到了大部分諾姆的認可，不過這種認可也僅僅停留在口頭上，諾馬爾赫仍然是自己地盤上的真正主宰者。

南與北

第九王朝的國王頗有中興氣勢，但南方上埃及一座名叫瓦塞特的城市也開始崛起，它就是希臘人口中的「百門之城底比斯」。

年輕城市底比斯作為重要的商業樞紐地區，成為諸多獨立王國中的後起之秀，其快速崛起打破了上埃及地方貴族之間的勢力平衡。一位名叫安克提斐的諾馬爾赫老貴族出面組成聯軍，打算修理不懂規矩的小弟，第九王朝也積極參與進來，結果卻是底比斯大獲全勝。這場戰爭改變了歷史的天平，底比斯的統治家族建立起獨立的政權，並很快成為一個南方的第十一王朝。

與此同時，第九王朝被第十王朝取代，新王朝的統治者依舊來自希拉孔波利斯。

第十王朝在軍事上是強大的，第三位國王阿赫托伊三世驅逐了亞洲入侵者，沿著東部邊境修築城堡防守邊境。國王改進灌溉系統恢復農業生產，孟斐斯也得以重新恢復成首都，但他們的根基依舊在希拉孔波利斯。

但是北方王朝對外的軍事勝利，也意味著他們的力量被入侵者消耗，付出的代價便是無力與南方爭霸。

既然北方第十王朝承受著來自亞洲的入侵，那麼南方底比斯的第十一王朝，自然可以在相對安全的情況下快速發展。幾乎在第十王朝建立的同時，底比斯的貴族孟圖霍特普正式宣布獨立。

雖然孟圖霍特普比較低調沒有正式稱王，但這道手續很快就被他的兒子辦好了——安太夫一世正式稱王，並且開始統一上埃及。

此後幾代第十一王朝的國王，都持續用慘烈的爭霸戰爭進行擴張，安太夫二世時代的戰爭，埃及書吏歎息著做出如下描述：「埃及正在墓地上戰鬥。」

南方與北方的爭霸戰爭持續了一段時間，在此期間雙方也保持著時斷時續的貿易往來。總的來說，北方人總是處於內外兩線作戰的倒楣局面中，而且王室內部也不斷上演政變和內訌的鬧劇。相比之下南方就顯得穩定許多，他們保持著團結和進取精神，終於由第十一王朝的國王孟圖霍特普二世打贏了這場漫長的南北之戰，結束了上下埃及的分裂狀態。

隨著埃及再度統一，它的歷史進程隨即進入中王國時代。

第六節　中王國——真正的統一

今天的網民可能會在社交網路上更改暱稱，以此向關注自己的人暗示心情、表達情緒；在埃及歷史上，國王們則通過更改自己的名字顯示君威炫耀功績。

三易其名

在這些改名字的國王裡面，孟圖霍特普二世可謂是改名改上癮的一位了。通過他的荷魯斯名，後人可以品出這位傲嬌君主的細微心情：當年輕的孟圖霍特普二世由王子變國王時，他給自己選擇的荷魯斯名是「珊克伊布托威」，含義是「他是把心給予兩土地的人」——上下埃及的人民，我是愛你們的啊。當他當了十四年底比斯之王後，在竭力抵禦下埃及的反覆進攻騷擾的情況下，終於成功鎮壓了阿拜多斯的大叛亂，鞏固了對上埃及的控制權。於是孟圖霍特普二世懷著一顆飽經世故的現實主義者心態，給自己改了個新荷魯斯名「尼切利赫傑特」，含義是「白冠的領主」——雖然我只是南方的主人，但我守住了自己的地盤啊；時間又過去了十五年，孟圖霍特普二世繼續指揮著南北戰爭，並通過一次漂亮的防守反擊一舉消滅了下埃及。在這個時候，步入晚年的國王再度將自己的荷魯斯名改為「斯瑪托威」，含義是「兩土地的統一者」——這句輕描淡寫不動聲色的描述，卻帶著整理兩土地、收拾舊山河、重建國家的雄主氣魄。

孟圖霍特普二世是中王國的真正建立者，他在底比斯統治著屬於自己的兩土地。

創建第十一王朝的底比斯家族逐漸建立起一個強大的中央政權，並以此為依託，使得飽受戰亂摧殘的埃及恢復了和平繁榮。歷經五代傳承到了孟圖霍特普二世的時候，他在進行統一戰爭的同時，對積弊已久的埃及政治制度進行了大刀闊斧的改革。

孟圖霍特普二世是中王國的真正建立者。

古王國崩潰的一大原因是地方實力派的坐大，上下埃及分為四十二個諾姆（州），其中二十二個在上埃及，二十個在下埃及。在前王朝時代，每個諾姆都有自己的名稱、徽章和崇拜的神，以及一定的領土範圍。諾姆的邊界是古代就已確定下來的，管理諾姆的諾馬爾赫（州長）就是古代一個個城市王國的酋長後裔，所以他們天然帶有某種獨立傾向。

按照埃及的傳統，子女可以從父系和母系繼承到財產和家族身分、職務頭銜。也就是說諾馬爾赫是理直氣壯代代家傳的鐵飯碗，雖然中央政府在理論上有權指派諾姆的管理者，但實際上很少有國王會這麼公然與地方實力派翻臉。

但是國王不與諾馬爾赫翻臉，不代表諾馬爾赫不會與國王翻臉，因為諾姆在行政機構上也設有國庫、法庭、管理土地和水利設施的部門，以及地方武裝力量，所以一旦王權動搖，輕則諾姆會心懷二志擁兵自重，重則衝著國王來一句「咱倆的感情破裂了」，然後便自立為王。

甚至就連第十一王朝自己的發家史，也是這種地方權貴勢力膨脹後起兵奪天下的範本，所以孟圖霍特普二世決心不讓那些野心勃勃的大貴族重演這套老戲碼。

為了從諾馬爾赫手中奪回權力，孟圖霍特普二世廣泛宣傳自己的權威和神性，用各種手段使中央權力集中，分散地方貴族特權。諾馬爾赫對此滿懷怨恨——你說這人怎麼一上臺就壞了老規矩呢？但國王統一國家帶來的威望，讓這些地頭蛇不敢輕舉妄動。

為了更嚴格管理和控制上下埃及，他設立了兩個「維西爾」分管上、下埃及。

「維西爾」也叫作提阿提，這個職位一般等同於首相，他們的職位也像諾馬爾赫那樣可以父子相傳世襲下去。

「維西爾」在埃及是幾乎管理一切的人，他是名副其實的國王政府最高官員。「維西爾」每天與國王討論國家大事並協助國王做出決定，他規劃國王的日程，雇用和解雇王室雇員，監督國王的衛士，管理所有的檔案，審查批准和簽署政府檔和財政收據，向國內外派出宮廷信使和外交使者，審判關於土地的訴訟，監督全國對牛的統計等等。

每隔幾個月「維西爾」就要離開首都巡視全國，他審查各地水利建設，尤其是水渠、水庫和堤壩；他監管伐木工作和造船工業；他確保邊境堡壘的後勤補給和安全；他組織針對入侵者的驅逐行動……因為這個職位實在太過重要，所以在早期王朝中「維西爾」一般是國王的親屬。但這個工作真的需要日理萬機，並不是每位「維西爾」都能勝任。

所以那些表現傑出的「維西爾」，獲得了不亞於國王的聲望和尊重，例如那位設計了階梯金字塔的印何闐，後來被埃及人信仰為智慧之神，人們將金字塔、木乃伊製作、醫術、曆法和祭祀禮儀等埃及文化成果都歸功於他，他的聲望遠遠超越了他的君王左塞王。

當然，有時候「維西爾」權力過大時會覬覦國王寶座。那麼孟圖霍特普二世的安排可以讓「維西爾」之間形成彼此制約，這樣當他心愛的大臣遠離國王視線履行職責時，可以保證他們的忠誠。

在孟圖霍特普二世統治時期，基本上由戴吉和貝比輪流擔任「維西爾」之職。其他的重要官員還包括財務主管梅克特拉和印章監工梅魯等人。這兩位「維西爾」率領底比斯軍隊，重新征服了在第一中間期獲得獨立的努比亞，並在南方邊境線修建軍事堡壘，確保王國邊境安定。由此開始，重新統一的埃及王國恢復了軍事遠征的傳統，從而奠定了以後埃及帝國的版圖基礎。

孟圖霍特普二世統一之後，有證據顯示他對亞洲地區如巴勒斯坦等地，也採取了軍事行動，力圖用武力鞏固所有的邊境地區。為了解決埃及人不願出國作戰的問題，他開創性地將利比亞人和努比亞人收納到王國軍隊當中。

孟圖霍特普二世的統一在埃及歷史上具有重大意義，在埃及人心中具有極為崇高的地位，被視為一位半神半人的領袖。

在底比斯的拉美修姆祭祀廟中，後世的埃及人把他的名字和第一王朝的美尼斯、第十八王朝的雅赫摩斯放在一起，表示埃及人承認他們是早王朝、中王國和新王國的建立者，統一時代的開創人。

孟圖霍特普二世的統一武功和政治改革，以及由此帶來的經濟繁榮國家安定，使上下埃及從一盤散沙恢復到了統一王國。正是從他的時代開始，埃及人的信念中深深烙下了「埃及」這個重要的概念，在此之前埃及只是個地理概念，而從此之後它成為綿延數千年的國家認同。就此意義而言，孟圖霍特普二世做出了類似秦始皇一般的歷史貢獻。

孟圖霍特普二世在戴爾．埃爾─巴哈爾的西部建立起一座神廟與金字塔的綜合體建築，作為自己的長眠永生之所。這座建築從建築形式和整體規模來說是獨一無二的，它打破了古王國時期傳統的金字塔建築模式，成為新王國時期帝陵的靈感來源。

數千年之後，盜墓賊幾乎將這座坍塌墳墓中的一切都席捲而去。但在一個瞞過入侵者眼睛的密室之中，考古學家發現了二十五組製作精良的模型：宮殿和花園為主人提供舒適的住所；家畜、牧人、村長和稅務官聚在一起進行國家對牛的統計；麵包師、釀酒師、紡織工人和木匠正在各自的工坊中忙碌；一些挑水的女孩沿著河流行走；船隻為起航做好一切準備；一隊御林軍時刻警惕地保衛著這個小小的微縮世界。

這是偉大的國王預料到自己的木乃伊可能會遭遇不幸，好讓自己永生的精靈在陵墓被破壞後，至少可以在魔法的保護下依靠這些模型活下去。

孟圖霍特普二世陵墓中的銘文，這樣描述這位偉大的國王的永生之路：現在他淪為一個依賴神的善意的人類統治者，他的不朽不再是與生俱來的，它必須通過神的授予……

中間階層

正是在孟圖霍特普二世最後一次改名這一年，埃及正式進入了中王國時期。

中王國是一個政治改革經濟繁榮的新時代，埃及的文化傳統得以恢復，金字塔、神廟紛紛建立起來。但在經歷過第一中間期亂世折磨的埃及人心目中，古王國時代的那種神聖不可侵犯的神王已經一去不復返了。

觀察中王國國王雕像的表情可以看出，他們中的很多人都帶著面對現實問題時的凝重表情，而不再是古王國神王那種平靜淡漠、不食人間煙火的神態了。

中王國的國王依舊統治著強大富有的國家，但他們知道混亂和內戰的可怕，並且絕對不希望在自己治下重現這種可怕的災難。所以他們大都是辛勤的統治者，殫精竭慮管理著一個不斷膨脹、龐大複雜的政府。

中王國的國王普遍注重集中資源修復公共建築，排乾沼澤，興建農田水利設備和港口設施。整個中王國時期都保持全國繁榮的經濟和和平的局面，貿易和農業成為國王心頭的頭等大事。為了保證這一點，中王國牢牢控制著邊境局勢，堅定迅速地對利比亞人和貝都因人的襲擊做出反應。

中王國時期的埃及是個國際貿易大國，國王的使者和商團一直旅行到腓尼基人拜布洛斯城以及近東的其他城市，他們還出現在努比亞和蓬特，一一恢復那些幾乎被遺忘了的友邦關係和交易夥伴。

這一時期埃及的首都是底比斯，於是原本屬於底比斯地方信仰的阿蒙神地位飆升，他與赫利奧波利斯神學體系中的拉結合起來，變成了太陽神阿蒙—拉（Amun-Ra）。底比斯出身的國王大力支持這一信仰，他們為阿蒙—拉神的祭司集團和神廟提供中央財政支持和豐富的禮物。

基於古王國的教訓，中王國的國王再也不去做耗盡國力興建金字塔的蠢事。但這並不是說他們放棄了金字塔，而是他們比較理智，控制了金字塔的大小和複雜程度。與此同時，對奧西里斯神的崇拜迅速發展，新的神學理論允許包括國王在內的所有埃及人都享有永生的權利，甚至包括那些赤貧的農民。

壁畫上的拉神。

正是在這種現實主義的統治思想指引下，中王國的人民經歷了從第十一王朝晚期到第十四王朝的統治，享有大約三百五十年之久的和平繁榮。

在這一時期，埃及的貿易和科技水準繼續攀升，人口增長到兩百五十萬以上，並且第一次出現了古代的中間階層。

中間階層是中王國時代新出現的社會現象，他們的成員包括獨立的工匠、商人、書吏和職業軍人。這些人不是掌握土地的貴族，但他們生活相對富裕，擁有奴隸和僕役，財產遠超過赤貧的農民階層。中間階層的成員一般居住在城鎮裡面，他們往往採取同領域成員聚居的方式，在城市裡形成一個個小規模的「工匠區」或「商人區」。

中間階層以行會的形式組織起來，他們的收入來源是富有的客戶消費者或雇用主顧，從而使得他們可以脫離土地對農民的束縛獨立出來。

中間階層的出現與國王的政治改革、經濟策略，以及神學領域裡對奧西里斯神的崇拜直接相關。商人和職業軍人的地位因國策扶持而提升，中王國對繁榮貿易的渴望，以及對邊境安全和對外遠征的需要，讓這兩個階層很容易便脫穎而出。

專業工匠隨著奧西里斯神以及普世性的永生資格大行天下，王室專屬的《金字塔銘文》得到了版本反覆運算升級，它變成適合社會各階層成員死後的精靈，以保證大家同享令人愉悅的來世。

這些改編之後的咒語稱為《石棺銘文》，因為它們被繪製或刻寫在木質棺材上。人們需要確保永生的來世生活品質，那麼就產生了對陪葬品的強勁需求，這催生了專門從事製作業的工匠階層，而他們製作的陪葬品中，給人留下最深刻印象的就是雕像。

埃及藝術從一開始就特別強調表現宗教觀念，塑像被視為人的精靈可以寄居的軀體，壁畫中的生活場面、動物和菜肴等內容，都被認為可以在死後的世界中由象徵變成真實。

在這種宗教觀念的影響下，埃及的雕像大都採用「正面雕像法則」，即以人的鼻尖與肚臍連成之線作左右對稱構圖。不論人像是坐是立，人像的上部、頭部、肩部和腰都處於同一垂直的平面，不允許傾斜。頭型和面部表情有模式化傾向，具體到每個時代都各有特點。

墓穴中的雕像有等高模擬和微型雕像等不同類型，男性塑像軀體敷以紅色顏料，而女性軀體則敷以黃色顏料。這些雕像最重要的使命是在木乃伊損毀的情況下，令死者精靈能借助自己的雕像在來世繼續活下去，它將藉由享用墓穴內壁上刻畫的食物和模型，來維持體面的生活。

除了雕像以外，這些工匠還生產其他隨葬品，這些貨物都是顧客在來世希望擁有的財產。從目前的考古發現來看，這些所謂的墳墓物品主要包括陶器、夏博悌雕像、塞爾達巴微型雕像、傢俱，以及類似孟圖霍特普二世墳墓中的那些模型等等。

當然，工匠是個很寬鬆的概念，埃及傳統上的工匠除了從事製造業之外，還包括畫家、木匠、石匠等藝術家和專業人才。絕大部分的工匠是文盲，他們的創作主要是在複製書吏或祭司提供的圖案和草圖。在古王國及之前的時代，工匠的作品主要為死去的國王和諸神服務，他們無權透過作品表達個人的藝術觀念，更無權在作品上簽名。他們的作品被用在各種宗教和魔法儀式上，雖然美麗壯觀，但與活著的人關係不大。

隨著中王國時期的埃及越來越富裕，這些在工坊裡勞作的高效率生產者開始為活人效勞，這也因此提升了他們自己的社會地位。工匠有了大量機會展示自己的卓越技術和高超技藝，他們那充滿了才智、技術、耐心和經驗的勞動成果，滿足了國王貴族和祭司的需要，也為自己帶來了豐厚的報酬。

埃及的藝術品創作遵循嚴格的慣例和傳統，他們很少有石破天驚的越軌之作，總是優美而文雅的。創造出這一切的工匠需要在首席工匠的作坊裡熬過很多年的學徒生涯，在學藝過程中，他們逐漸掌握了自己行當所需要的高深技巧。

在中王國時期，出現了非宗教性質的世俗文學作品。所謂智慧文學流行起來，即埃及人用詩歌、故事、諺語和以長者口吻教育年輕人的內容，其中最主流的是回憶第一中間期內戰災難的作品，它們稱為「悲觀文學」。

將這些文學作品記錄下來的人，就是埃及的知識份子——書吏。

和其他古國一樣，埃及歷史上的人民基本上都是文盲，在總人口中只有百分之二至百分之五的人能夠讀寫，這批人就是書吏。在沒有攝影器材的遙遠過去，書吏作為檔案記錄人員，是埃及農工商業生產和官僚行政機構不可或缺的人員。尤其是當政府官員檢查穀倉、核稅徵稅、司法審判、開放新建神廟、監督水利工程、檢查公共建築的時候，總有一個書吏團隊如影隨形，事無巨細地將一切過程全部記錄下來。

書吏的蘆葦筆是鐵的證據，有他們在場，顯然絕無可能出現市井無賴撒潑打滾的鬧劇。

一般情況下，合格的書吏不必為了求職這件凡塵俗事而煩惱。正常情況下，一個書吏每天都處於忙不過來的情況下才對，畢竟世間萬物幾乎都需要他們去記錄書寫：他可能會在「維西爾」的手下跟隨專業人員一起工作；他可能會在諾馬爾赫的田間地頭記錄收成；他可能會在採石場記錄下每個工人的工作進度；他可能在神廟裡抄寫歌頌神靈的文獻；他可能書寫象形文字草稿，提供給裝飾墳墓和神殿的雕刻家畫家等等。

書吏是整個知識份子體系的基石，所有的高級專業人士都來自他們，不管是工程師、建築師、醫生、天文學家還是數學家，首先都得接受書吏的基本培訓——畢竟你在做學問之前得先識字。

以現在的眼光來看，一個書吏如果肯刻苦學習理科的話，他可以變成市政工程師、港口調度、水利工程師、道路規劃者等等；如果他特別擅長文科的話，可以變成祭司、外交官、國王的行政官員等等；就算他什麼都不擅長，只能做讀寫的話，那麼他也能得以跟隨商隊或者採礦隊前往努比亞、黎巴嫩和西奈半島，或是作為使團的成員拜訪遙遠的異國，詳盡記下外交談判的每一次交鋒，和祕密條約貿易協定的一切內容。

對於人生選擇不多的埃及人來說，成為書吏就意味著人生道路上出現了無數條分岔路口，並且條條大路通羅馬……更重要的是，雖然書吏這個職業一般是父子相傳，但如果一個農民的兒子的確聰明伶俐的話，也有可能被送到神廟學校中讀書，一舉改變自己乃至整個家庭的命運。

這也讓我們知道，這個今天看起來不過是速記員的職位，為何能在埃及受到如此崇高的待遇了。作為一個書吏你不必納稅，你的吃穿住行全由雇用你的政府或神廟負擔，你可以作為公證人監督重要事項進程，從諾馬爾赫到普通農夫都對你彬彬有禮，這一切的前提只是你能流利讀寫象形文字罷了！

當然，書吏在埃及社會既然是賢良的代名詞，那麼也承擔了許多無形的道義責任。人們希望書吏個個都是誠實君子，以極度自律來維護自己的職業聲譽。他們是如此受尊重，以至於那些不是書吏的富人，經常吩咐工匠按照書吏的模樣為自己製作雕像，以滿足虛榮心。

我們要感謝書吏，正是由於他們數千年持之以恆的奮筆疾書，才為後世留下了有關埃及的點滴紀錄。

國王的故事

第十一王朝持續時間不長，末代國王孟圖霍特普四世的「維西爾」在國王去世後篡奪了王位，搖身一變成為第十二王朝的開國君主阿蒙尼姆赫特一世。雖然阿蒙尼姆赫特一世無疑是位辜負了君主信賴的野心家，但他歷時二十九年的統治，卻為中王國帶來了超過兩個多世紀的穩定和安全。

比起孟斐斯來，第十一王朝時期的國王更喜歡故鄉底比斯，但底比斯還不足以取代傳統古都，所以他們經常要在兩地之間跋涉奔波。

阿蒙尼姆赫特一世依然屬於底比斯統治集團，他不認為在孟斐斯和底比斯之間的折返跑是個好主意，於是他在位於孟斐斯以南三十二公里處建立了一個新首都，並毫不掩飾地起名為伊提—塔威，意思是「兩地的奪取者」，公然炫耀自己篡位上臺的成功人生。

從第十二王朝開始，埃及的權力中心向北轉移，顯示出強有力的中央集權政府逐漸恢復。我們之前提到過孟圖霍特普二世改革政治體制加強國王權威的舉措，但是這位雄主沒能從根本上動搖地方貴族的權力基礎。畢竟在孟圖霍特普二世的時代，古王國的君權神授理論破產，中王國的王權理論又尚未產生，因此地方貴族問題依舊嚴重威脅著國王。在整個第十一王朝期間，王權並不算強勢，諾馬爾赫依舊把持著自己的地方小王國。

現在阿蒙尼姆赫特一世上臺了，先看看他的輝煌的職業履歷：這位先生是世襲的諾馬爾赫、諾姆的長官、法官長、六法官之長、南部大門之守衛者、上下埃及的大富豪、國王的「維西爾」。從這份簡歷我們能看出阿，蒙尼姆赫特一世篡位成功的原因所在，國王陛下自己心裡自然清楚，並且打算絕對不讓其他的諾馬爾赫也有類似的念頭產生。

從此開始，中王國開始了漫長的「改土歸流」過程。

改土歸流的含義，是以中央指派的流動性官員，取代地方上的土著世襲官員，也就是說把上下埃及的諾姆都變成國王直轄的土地。

為了實現這個目的，需要建立國王的絕對威望。於是，這隻老奸巨猾的老狐狸首先想到的，就是恢復國王與神靈之間的親密關係。上一節我們提到阿蒙與拉神合併的事情，這件事就是在手段老辣的阿蒙尼姆赫特一世的推動下完成的。

阿蒙尼姆赫特一世宣布底比斯的地方神阿蒙就是太陽神拉，在他的操縱之下，阿蒙和古王國的太陽神拉合體變成阿蒙—拉神。本來阿蒙是頭上有兩根羽毛的形象，當他變成阿蒙—拉之後，兩根羽毛下面又出現了一個表示太陽的圓盤。這象徵著底比斯的本地神統治了埃及的神界，對全埃及的宗教信仰進行控制。

再到後來，阿蒙—拉神中的「拉」字就不太被人提了，阿蒙神徹底替換了老太陽神拉，變成了正式的太陽神。

接下來，阿蒙尼姆赫特一世開始限制「維西爾」的權力——有鑒於他本人的上位經歷，他對這件事的敏感也是可以理解的。阿蒙尼姆赫特一世並沒有取消「維西爾」這一職位，但他採取了「共治王」的做法，讓自己的兒子分享權力，加強王位繼承的安全性。正所謂上陣父子兵，國王讓兒子森沃斯瑞特一世成為共同在位者。

阿蒙神銅像。

森沃斯瑞特一世作為王國的最高軍事長官駐守邊境，當父親去世或是被謀殺時，可以立即率軍返回首都登上王位，消除那種經常尾隨國王去世而至的動盪局面。

阿蒙尼姆赫特一世執政期間，埃及頻繁用兵於利比亞和西亞，並在那裡築起了有些類似長城的防禦體系，以這個防禦性體系來保障東部地區的安全。繼而在南方的第二和第三瀑布之處，也建立起一些堡壘防禦努比亞方向，這下外來威脅也不構成問題了。

當這一切準備停當之後，阿蒙尼姆赫特一世開始嚴厲打擊貴族，他通過重新劃定邊界、整頓賦稅和秩序等手段，逐步限制諾姆的世襲權力。一開始諾馬爾赫還以為這不過是國王在效仿孟圖霍特普二世的故技，後來大家發現不對了，這個篡位者比孟圖霍特普二世狠得多！

阿蒙尼姆赫特一世開始廢除諾馬爾赫世襲的特權，還將諾姆的財政收入直接收歸中央，並且不斷派遣非貴族出身的所謂「涅傑斯」平民官員到各個諾姆接管權力，這下諾馬爾赫沒錢沒糧，還不能傳位給兒子，大夥都急了！

諾馬爾赫肯定會做出反撲，阿蒙尼姆赫特一世自己也有所察覺和準備，以至於他留下了一份著名的《國王阿蒙尼姆赫特一世的教諭》。這份教諭是對後代的「帝王術」的培訓教材，目前存世的只有第二、六、七、十二和十三節的一部分內容：

相信自己，而不要相信僕人，他們不能給你任何東西。任何人都有恐懼心理，不要將任何人視為兄弟，不要交朋友，不要有親密之人——對於國王來說這些都是不值得的……

晚飯過後，夜幕降臨。我躺在我的床上休息了一個小時，當我感到困倦，當我的心開始睡去，忽然有武器對準了我，而我就像沙漠裡的一條蛇……

我呼喚我的衛士，但他已成一具屍體，他被一個士兵殺死了。如果我迅速拿起武器，那我可能已經使反叛的惡棍陷入混亂。但沒有夜晚的守護者，沒有任何人能夠單獨戰鬥，沒有護衛就沒有成功……

我誘捕獅子，趕走鱷魚。我征服努比亞人，趕走麥德查人。我令亞洲人像狗一樣逃竄……

我用黃金裝飾自己的房屋，用藍寶石做屋頂，用銀子做牆壁，用硬石做地板，用銅做門，用青銅做門閂——這一切都是為了永恆，為永恆的生命置辦裝備。我瞭解這些，因為我才是這一切的主人。

按照埃及人的說法，阿蒙尼姆赫特一世的祕傳心法就是不要信任任何人，用利益誘餌來驅使臣下為自己工作。在中王國時期有很多國王曾寫過這類心得，但阿蒙尼姆赫特一世的這篇最為出名，因為他真的遭遇了政變和刺殺。

有些學者認為這位國王是在逃過一場襲擊之後，懷著驚嚇和遭背叛的心態寫下了這份檔案，並且因此才任命王儲為共治王。還有一批學者認為，阿蒙尼姆赫特一世根本沒能逃脫命運的陷阱，這份檔案是他兒子以父親的口吻寫下來警示後代的。

無論怎麼說，主流的看法是阿蒙尼姆赫特一世最終還是死於政敵的刺殺，這時候他的共治王方法發揮了作用——森沃斯瑞特一世率軍從努比亞趕回，殺死了政變者，順利繼承了王位。

森沃斯瑞特一世是個武功顯赫的國王，他在做共治王時便領兵在外攻打利比亞人，登上王位後又將矛頭對準努比亞、敘利亞和西部沙漠綠洲，在埃及軍隊的武力威懾保護下，武裝採礦隊伍趾高氣揚地踏上異族的土地，從阿拉伯沙漠中的礦山帶回滾滾黃金、銅和鐵。

有了錢撐腰，森沃斯瑞特一世在赫利奧波利斯修建了宏偉的太陽神廟，以獲取祭司階層的歡心，又為自己建造了金字塔群和大群的方尖碑。除此以外，森沃斯瑞特一世還大力鼓勵世俗文學創作，大約就在他統治期間，中王國出現了專業的政治宣傳作品——「國王的故事」。

「國王的故事」分為三種，第一種側重於對國王個人特點的描述，例如賢明的斯尼弗魯、殘暴的胡夫、勇於認錯的阿蒙尼姆赫特一世等等。雖然在故事中國王不一定是主角，但其個性特徵卻能在寥寥幾筆中突顯出來，這裡的國王個性鮮明，絕非方尖碑銘文上那種刻板的模樣。

第二種側重於對國王功績的敘述，描述國王以英雄之姿出現在某一歷史過程中，在危難之時力挽狂瀾，使局勢轉危為安。例如，一個異邦公主身患重病，幸而有國王送去一尊神像使她脫離危險；又如，在戰爭中埃及軍隊遭遇危險，是國王的出現才扭轉了戰局。這一類的故事文獻幾乎都是塑造國王智慧勇敢的英雄形象，它們都描繪了國王個人行為的結果。

第三類強調國王的宗教作用，通過闡述國王的超自然能力，反映了埃及人對神權與王權之間關係的看法，神權與王權之間的平衡，確定了神的意旨與人類環境之間的關係，在這個意義上，「國王的故事」是在強調國王在這個關係中的作用。

在森沃斯瑞特一世治下，出現了「國王的故事」中最受歡迎的一個：《辛努海的故事》。這是埃及文學中最受歡迎的故事，背景可能正是《國王阿蒙尼姆赫特一世的教諭》中提及的那場既遂或未遂的宮廷謀殺陰謀。

這個故事內容大意如下：

巴勒斯坦的地方長官辛努海大人回憶錄：

當初，兄弟我在埃及王國的時候，也算是中央級別的高級幹部。我專門服侍森沃斯瑞特王的妃子、阿蒙尼姆赫特王的女兒諾弗如。

就在阿蒙尼姆赫特王統治的第三十年，在埃及曆三月七日那一天，正是尼羅河氾濫洪水的日子裡，天神飛向了他的歸宿，阿蒙尼姆赫特王升入了天空與太陽融合——其實陛下本來是拒絕的，可是刺客的刀子並不答應……

當時我隨森沃斯瑞特王出征在外，好歹也算是將軍之一，王宮衛士急忙趕到西方前線告知凶訊的時候我就在場，當時我心裡極為恐慌——在這裡呢，我作為一個老人家要給你們傳授一點人生的經驗：王儲在外時國王遇刺，必然導致政變者上臺，然後國家處於內戰之中。俗話說，寧為太平犬，不做亂世人，所以我也立刻離開軍營跑路了……

我不敢回到首都，就一路向北抵達西奈半島，越過當初為抵禦亞洲人而建立的君主之牆，來到巴勒斯坦。此後我在巴勒斯坦和敘利亞的部落中輾轉流浪，後來敘利亞的一位酋長相中了我通曉多國語言的長處，他把我招為女婿，讓我為他領兵打仗和通商貿易。

我的老丈人曾經問我埃及王國的事情，我告訴他雖然先王駕崩，但是王儲森沃斯瑞特一定能即位。至於這偉大的森沃斯瑞特王啊，他實在是無比的神聖和高明！他是聰明睿智足智多謀的戰神，當他揮軍衝鋒時無人可敵，他令所有的敵人心驚膽戰潰不成軍！當他征服異族的城邦時，被征服的男女百姓都在歡呼——不管你信不信，反正我是信了。

總之他生來命定為王，確實獨一無二。當他登上王位之後，上下埃及都歡樂不已。他開疆擴土，南北無敵。他生來就是巴勒斯坦的剋星，是游牧民族的噩運。老丈人啊，你快快送信給他，讓他知道你的名字。你不要冒犯他，偉大的森沃斯瑞特王會給順服於他的國家恩賜和好處！

聽完我這慷慨激昂的講述後，我那酋長老丈人大為折服。

後來我擊敗了不服我這個外國人的敘利亞本地勇士，更兼併了他的土地牲畜，從此開始在敘利亞的幸福美滿生活……只是，我現在年齡大了，每時每刻都想返回故鄉，回到尼羅河邊，回到神聖的諾弗如陛下那裡，因為王后陛下會邀請我作為她的朋友抵達來世共用永生！

終於，我的祈禱和期盼傳到了偉大的國王耳中，他回應了我這漂泊異鄉多年的老人（並沒有追究我當逃兵的黑歷史）……得到國王寬恕我、歡迎我的詔書之後，我終於回到了親愛的埃及！

我恢復了榮譽和中央職位，得到了一套前任大臣的住宅。每天有三、四次餐點由王宮中送來，讓我享盡皇家美食。最重要的是，在王室金字塔之間為我建了一個石質金字塔，那是為我準備的永生之家！所有的陪葬物品都已經安排妥當，我的雕像有金質飾品和鑲銀衣著裝飾，這些都是因國王陛下的命令而造。從來沒有一個平民曾經得到如此的待遇。從此我生活在國王的恩賜之中，直到入土之日……

《辛努海的故事》反覆強調國王的偉大，以及主人公歷經磨難考驗仍然忠於國王，其目的還是為了強調森沃斯瑞特的父親所創建的第十二王朝的合法性。這一系列潛移默化的宣傳手段取得了很好的效果，第十二王朝的統治穩固安定。

森沃斯瑞特一世的兒子阿蒙尼姆赫特二世大約統治了三十四年的時間，他在位期間國內經濟建設取得巨大成就。國王疏浚拓寬了從尼羅河通往法尤姆的水渠，沿線的狩獵、漁業和農業生產受益匪淺。第十二王朝的陸地商隊頻繁來往於亞洲和非洲之間，海上的商船頻繁來往於尼羅河口與克里特島。

阿蒙尼姆赫特二世的兒子是森沃斯瑞特二世，這位國王繼承了爺爺的名字，卻沒有爺爺雷厲風行的做派。他一改第十二王朝打壓地方當權派、鞏固王權的傳統國策，轉而用懷柔手段去贏得諾馬爾赫的歡心。他大手一揮，將大批免稅土地和豐富禮物贈送給地方豪族，與那些三心二意的諸侯建立過於友好的關係，而這一切正是以往導致國家分裂的原因之一。

經過森沃斯瑞特二世的天真時代之後，第十二王朝迎來了一位鐵腕國王森沃斯瑞特三世。森沃斯瑞特三世決定永遠結束諾馬爾赫這個歷史老大難問題，他徹底改變了埃及的政治架構，將國土分為南、北和埃勒凡塔（努比亞）三部分，每個部分都有一位「維西爾」進行管理，「維西爾」直接向國王負責。而「維西爾」手下以中間階層出身居多的官員，直接控制各諾姆事務。

用中國典故來形容的話，這種激烈的改革就是埃及版本的「改土歸流」：使用非大貴族出身的流動性官員取代土著貴族，將地方自治的諾姆轉變為國王直轄地。這下諾馬爾赫徹底傻眼了：他們的地方小朝廷，他們的統治特權，乃至於他們的職務本身都成了歷史……

森沃斯瑞特三世可以說是埃及歷史上集內政和軍事才華於一身的國王。他在位期間發動了四場戰爭，在努比亞方面他征服了直達尼羅河第二瀑布的下努比亞地區，將國家的南部邊界確定於第二瀑布地區。為了保護他的領地免受蘇丹人的侵襲，他在第二瀑布附近的尼羅河兩岸建造了一個強大的防禦體系，其中包括八座城堡。

為了促進努比亞和埃及的交通，並使得船隻能夠避開第一瀑布的急流，森沃斯瑞特三世擴建了第一瀑布周圍古王國時期的瑟赫爾運河。

在埃及北部，森沃斯瑞特三世奪取了巴勒斯坦的城邦賽克姆，但沒有將對巴勒斯坦地區的征服進行到底。

森沃斯瑞特三世統治了大約十八年，他重視與亞洲國度的和平與貿易，但他的軍隊也時常會進入巴勒斯坦等地，捏捏軟柿子，幫鄰居搬搬家……貿易和掠奪來的財富流入埃及，供養著底比斯的阿蒙—拉神廟。

接替森沃斯瑞特三世的統治者是阿蒙尼姆赫特三世，這位國王統治了接近半個世紀。

阿蒙尼姆赫特三世時代的埃及和平繁榮，經濟持續增長並取得很多藝術成就。他大大拓展了對法尤姆地區的開發，使之被稱為「埃及糧倉」。他不斷派遣採礦隊進入西奈半島開採綠松石，當時的上下埃及已經對這種代表起死回生力量的昂貴青綠色寶石渴望至極。

阿蒙尼姆赫特三世為自己建造了兩座金字塔，他選擇其中一座在哈瓦拉的金字塔，放棄了另一座在達赫舒爾的黑色金字塔。

哈瓦拉的金字塔以眾多的防盜設計而舉世聞名，成為後世許多冒險題材文學作品的靈感來源，其中最為大手筆的是墳墓上一塊四十五噸重的石板。但無論是這塊巨型石板，還是墓穴中的迷宮、陷阱門和假通道，最終都沒能阻止盜墓者的掠奪……

底比斯的阿蒙—拉神廟。

阿蒙尼姆赫特三世的平靜歲月是中王國時期的盛世，但我們都知道一句古語：盛極而衰。中王國最後的兩位統治者是阿蒙尼姆赫特四世和索布克尼弗魯女王，在他們統治期間，埃及的氣候又變得極其不穩定，尼羅河氾濫成災，農業生產被摧毀，這直接導致了整個社會秩序的傾覆。

中王國的時代就此結束，埃及進入第二次長期混亂之中，這就是第二中間期。

第七節 第二中間期——異族的陰影

外來的統治者

荷蘭萊頓博物館有一份破破爛爛的鎮館之寶，名叫《伊浦味箴言》。這份埃及紙草檔發掘於孟斐斯附近的薩卡拉墓地，作者是祭司伊浦味，首尾都已損毀，中間部分也有很多缺失。《伊浦味箴言》中充斥著對大洪水後所謂暴民行為的指責，在伊浦味大人眼中，那些因為饑寒交迫揭竿而起的埃及貧民和奴隸實在是徹底的「暴徒」，他們在起義中採取的一切措施都是在毀滅埃及的文化和傳統。

雖然按照這位祭司維持秩序的考慮，這些低賤的人似乎應該靜悄悄地餓死，不過這份充滿負能量的文書，倒是提供了第二中間期埃及社會現狀的第一手資料。

大約在西元前一六三〇年，第十二王朝在暴民和流寇蜂起中滅亡。

在伊浦味的蘆葦筆下，他見證的狀況是這樣的：

暴徒廢除了國王，金字塔所掩蓋的已經變成空虛。國家領導逃亡，長官被驅散到各地，政府機關大門洞開，書吏都被殺掉了，他們的文件也被搶光了，連土地的文冊也遭毀掉，埃及的所有穀物都給暴民充公了。法庭裡面的紙卷也被暴民搶到公共場所，隨意踐踏，被撕得稀巴爛……

根據伊浦味所說的內容，第二中間期期間，上下埃及所有的金字塔都被搶光了。尤其是胡夫大金字塔目標過於明顯，所以被搶得精光……

所有的寶藏都沒有了，胡夫棺材上面的蓋子也沒了，只有一個空空的棺材，他的木乃伊早就不知道被暴民弄到哪裡去了。

埃及再度進入動盪年代，當中王國隨著大洪水泡湯之後，第十二王朝的一個遠方親戚索布克霍特普一世建立了第十三王朝，並繼續在伊提─塔威進行統治。

這一時期又走馬燈一般出現很多沒留下名字的國王，他們對上下埃及的控制力，簡直是對伊提─塔威「兩地的奪取者」這個含義的嘲諷。

另一位王室遠親在西尼羅河三角洲建立第十四王朝，與第十三王朝分庭抗禮，這個王朝的國王同樣迅速更迭，但他們的軍事實力逼迫第十三王朝放棄伊提─塔威遷都底比斯。這一舉動意味著第十三王朝正式放棄下埃及，從此下埃及便成為第十四王朝短暫控制的地盤。

就在同一時期，努比亞也擺脫了埃及王國的控制。但很多埃及人留在那裡，為努比亞的地方統治者效力。就在一片混亂的時候，來自西亞的閃族閃亮登場了！

他們在第十二王朝滅亡前後就已經入侵了下埃及，在下埃及東部建立了一個叫阿瓦里斯的城市。這些人有著不同於埃及人的白種人膚色，叫作希克索人，含義是「外來的統治者」。

曼涅托將希克索人到達埃及的過程，描述成外來野蠻人的武裝侵略，據說希克索人帶來了革命性的軍事技術，其中包括戰車和馬匹、複合弓、兩輪戰車、更好的箭頭、各種各樣的劍和匕首、一種新式的盾、青銅魚鱗甲和頭盔等等。這一切裝備都對埃及的軍隊產生了壓倒性優勢，所以他們沒有遇到多少抵抗，就征服整個下埃及了。

希克索人雖然是外來者，卻迅速被埃及文化所同化。至少有五、六位希克索國王採用了埃及國王的頭銜，他們穿著埃及式樣的衣服，遵從埃及的風俗習慣。他們崇拜埃及神靈，尤其是長期作為反派角色存在的賽特，同時也將自己的宗教因素融入埃及神話之中。他們支援埃及的藝術、工藝和文學的發展，並且建立了很多神廟以取悅埃及的人民。

具有諷刺意味的是，當埃及人掌握了強弓和戰車製造技術之後，又用它們驅逐了希克索斯人。

就這樣，當他們一步步向孟斐斯進軍的時候，下埃及並沒覺得這有什麼不應該。直到這些異族人先後消滅了第十四王朝和第十三王朝，埃及人才意識到發生了一件晴天霹靂般的大事：坐在王位上的國王竟然是個外國人！

希克索人建立了第十五王朝，依舊定都阿瓦里斯。但埃及人憎恨這個為中埃及和下埃及帶來和平穩定的外來王朝，後來這個純正的外國王族又過渡成為由希克索人、其他亞洲閃族人和埃及當地人組成的混合王朝第十六王朝。

第十六王朝繼續致力於將埃及從政治混亂和文化衰落中拯救出來，他們帶來更高級的青銅時代科技、更先進的軍事理論和技術，正是這些外來者為日後的埃及帝國奠定了基礎——但是埃及人依舊不喜歡他們。

百年戰爭

在上埃及，等到大洪水和流民的大起義都消退之後，底比斯的王族重建了一個「純正」的政權——第十七王朝，他們與北方的希克索人政權展開了長達百年的衝突和對峙。

第十七王朝的「純正」血統是要打個問號的，後世的人一直懷疑他們的王室成員來自徹底埃及化了的努比亞貴族，這可能是殖民地反客為主的一種黑色幽默了。

剛才提到過，希克索人的軍事技術碾壓埃及人，所以無論第十七王朝是不是個努比亞來的冒牌貨，它在早期的對抗中一直不占優勢，所以一直採取低姿態，向希克索人稱臣。但希克索人對底比斯的政權並不放心，他們與努比亞人結成聯盟，圍困底比斯近百年。隨著這種南北朝局面的維持，南朝逐漸學會了北朝的軍事技術，黑皮膚的第十七王朝士兵也一樣身披鎧甲，駕著戰車用強弓射擊。

在第二中間期接近尾聲時，第十七王朝有一個法老叫塞肯內拉·陶，他決定發動一場民族解放戰爭驅逐希克索人，於是激烈的戰爭席捲上下埃及。

有一個故事說塞肯內拉·陶在底比斯附近修了一個河馬養殖園，希克索人的國王就說：你這些河馬太吵了，吵得我沒法睡覺。底比斯和孟斐斯距離遙遠，顯然第十六王朝就是在找碴。從這個故事可以看出當時的南朝在一定程度上是向北朝稱臣納貢的，但塞肯內拉·陶咽不下這口氣，他率軍北伐——然後就被敵人給打死了……

在十九世紀，發現塞肯內拉·陶的木乃伊時，上面找到十幾處傷痕，可以說是犧牲壯烈或是死狀淒慘。不過塞肯內拉的後代也都是硬骨頭，他的兒子卡莫斯和孫子阿赫摩斯相繼繼位，堅持不斷北伐。最後在雅赫摩斯上臺十三年之後，他經過艱苦戰鬥攻陷希克索人的兩座核心城市阿瓦里斯和孟斐斯，第十六王朝終於覆滅，所有的希克索人統治者都離開埃及，返回巴勒斯坦。

雅赫摩斯統一上下埃及之後，後世的歷史學家在這裡做了一次人為的王朝劃分——第十七王朝變成了第十八王朝。其實這兩個王朝之間沒有發生權力變動，仍舊是同一個統治家族。

就這樣，第二中間期結束了。

經過第二中間期的大洪水、大起義以及後續的百年戰爭，埃及的人口損失非常大。隨著西亞人遷徙進入下埃及，努比亞人滲透到上埃及，埃及的民族構成發生了巨大的變化，但這些陸續融入的新血液依舊遵從埃及的文化和傳統，信仰著埃及的神靈。

第八節 新王國——帝國時代

法老和帝國

從第十八王朝到第十九王朝，在四百六十四年的時間裡，埃及成為世界第一個大帝國。

在古王國時代僅指王宮的「法老」一詞，自新王國第十八王朝的國王圖特摩斯三世起，開始用於國王自身，並逐漸演變成對國王的一種尊稱。到了第二十二王朝以後，成為國王的正式頭銜，並導致後人在習慣上把埃及的國王通稱為法老。

第十八王朝以中王國舊都底比斯為首都，宣布要恢復埃及的傳統和光榮，阿蒙神信仰也在上下埃及被重新建立起來。古王國以來的官僚系統，包括國王、「維西爾」、各個中央部門和郡縣化的諾姆也全都重建。

在與希克索人的戰爭中，雅赫摩斯給予各地諾馬爾赫和省貴族大量的權利，以此換取他們對底比斯政權的支持。他用授予土地和豐富的禮物保持大貴族的忠心，同時在全國各地大規模興建神廟。

第十八王朝早期王室有一個特點——非常尚武，在這個王朝和後來的第十九王朝留下的遺跡中，最常見的就是國王站在戰車上打擊各種敵人的壁畫。

希克索人的入侵和統治深深刺痛了埃及人的心靈，在第十八王朝宣布希克索人的所有作為都是邪惡的，並摧毀了他們能摧毀的所有異族統治印記之後，埃及人依舊不得不承認，自己的國家需要奉行強大的、攻擊性的對外政策。只有擴張才能阻止地中海地區那些羽翼豐滿野心勃勃的潛在入侵者，而這需要建立一支常備的職業化軍隊。從此埃及不再孤立於世界之外，它將控制這個世界。

雅赫摩斯的兒子阿蒙霍特普一世在底比斯興建了卡納克大神廟——太陽神阿蒙神的崇拜中心，埃及最大的神廟。這座神廟內有大小二十餘座神殿、一百三十四根巨型石柱、獅身公羊石像等古跡，氣勢宏偉，令人震撼，它構成了首都底比斯的一部分。

在建築神廟之餘，阿蒙霍特普一世也沒忘記繼續在努比亞和敘利亞的軍事擴張。接下來的兩個國王是圖特摩斯一世和圖特摩斯二世，他們繼續在努比亞和敘利亞方向的進攻和征服行動。接下來的圖特摩斯三世即位時還是幼童，所以他的姑媽哈特謝普蘇特（Hatshepsut）作為攝政王代理統治。權力這玩意兒很容易讓人拿起來就放不下，所以兩年之後姑媽搶占了侄兒的王位，正式登基成為女王。

哈特謝普蘇特是國王圖特摩斯一世的女兒，據說貌美而聰慧。美貌的確不可考，但聰慧以及野心勃勃和過人才幹這些特點，都在哈特謝普蘇特的人生中充分表現了出來。

圖特摩斯一世去世後，哈特謝普蘇特按照埃及的傳統，嫁給哥哥圖特摩斯二世。哥哥去世後，沒有生出兒子的哈特謝普蘇特先是收養侄子為繼承人，後來又乾脆宣布自己就是國王。反正她大權在握，那些眼明手快的祭司及時炮製出哈特謝普蘇特是太陽神女兒的神話，堵住了反對者的嘴。

哈特謝普蘇特女王像。

哈特謝普蘇特與《聖經》故事緊密相關，因為有種說法認為她就是以色列先知摩西的養母。據傳，以色列先知亞伯拉罕四千年前從伊拉克的兩河流域，長途跋涉到地中海邊巴勒斯坦的迦南定居，部落因遭旱災而去埃及避難，在埃及過了四百多年安定的農牧生活。

以色列人很善於生育，他們逐漸人多勢眾，使國王擔心鳩占鵲巢。於是埃及官方視以色列人為敵，下令殺害以色列男嬰。一個以色列男嬰出生後被母親放在籃子裡在尼羅河上漂流，後來被在河中洗澡的哈特謝普蘇特救起。哈特謝普蘇特給他起名為摩西，這個名字的意思就是「水中撈起的」。

埃及的「拿破崙」圖特摩斯三世。

據以色列人傳說，沒有孩子的哈特謝普蘇特深愛摩西，希望能傳位於他，可惜因為他是以色列人而未能如願。哈特謝普蘇特去世後，失去靠山的摩西用四十年的時間創立了猶太教，最終帶部落踏上返回上帝應許的樂園迦南之旅。這就是《聖經．舊約．出埃及記》的故事。

作為一個女性統治者，哈特謝普蘇特在位時並不太關心軍事，以至於埃及在她統治的二十二年中，逐步失去了對巴勒斯坦和敘利亞的控制。但她對貿易擁有濃厚興趣，同時用商業稅收帶來的大筆金錢在埃及各地建築神廟，在她的支持下，阿蒙—拉神的祭司集團變得更加富裕，他們將在女王去世後精心照顧她的墳墓作為回報。

圖特摩斯三世年幼時便在軍中學習軍事，他一邊掌握軍事力量一邊謀劃著對姑姑的反攻。他的謀劃似乎醞釀了過長的時間，等到哈特謝普蘇特去世的時候，即位的圖特摩斯三世都三十二歲了……

無論如何，圖特摩斯三世還是登上了王位。

當了這麼多年的王儲，一直生活在姑姑陰影之下的國王立刻動手開始報復，一時間上下埃及到處都是「暴力拆遷」的景象：他毀掉姑姑的方尖碑和雕像，刮去所有寫著姑姑名字的銘文，幹掉那些支持姑姑的祭司和官員……圖特摩斯三世直到確信王名表中不會出現哈特謝普蘇特的名字才罷手——當然，我們知道這位開創了國王頭銜的年輕人最終還是失算了。

埃及的「拿破崙」

圖特摩斯三世從長期的鬱鬱不得志中解脫出來，享受到掌握權柄的快感。但他面臨的並不是一個平穩順利的交接班過程，敘利亞南部有個卡疊石王國正在組織針對埃及的反帝大聯盟，所有敘利亞和巴勒斯坦地區的城邦國家都一致響應，背叛了在名義上統治他們的埃及帝國。這些小國組成聯軍，在卡疊石國王的指揮下，先發制人占領了位於卡美爾山脈北坡的麥吉杜要塞，封鎖了從埃及通往幼發拉底河流域的大路。

與此同時，圖特摩斯三世通過「快速拆遷」等手段穩定了國內局勢，緊接著大手一揮發動了新國王的登基第一仗——進軍敘利亞和巴勒斯坦！

從軍多年的他力排眾議，在埃及歷史上首次大規模使用船運輸送軍隊，並冒險越過麥吉杜谷地深入敵境，進入麥吉杜要塞南面的麥吉杜平原。當卡疊石國王指揮的聯軍在麥吉杜要塞外宿營時，圖特摩斯三世乘坐戰車率軍猛攻。猝不及防的聯軍倉皇逃入麥吉杜要塞，卡疊石國王棄軍而逃，於是大夥一合計：還是降了吧……

初戰的完美勝利大大刺激了圖特摩斯三世的野心，他將對外擴張的矛頭對準了敘利亞的諸城邦。在首戰告捷之後，這位雄心勃勃的國王每年夏季都像某種候鳥一般，發動討伐敘利亞的軍事行動，這種進攻持續了整整十八年之久。

圖特摩斯三世的舉動，使得埃及帝國與敘利亞北部的米坦尼帝國陷入正面衝突，在數次大戰中，圖特摩斯三世都取得了壓倒性優勢，最後米坦尼選擇屈服，成為埃及的盟友。

埃及帝國控制敘利亞之後震動整個西亞，亞述和巴比倫經過討論後，都認為圖特摩斯三世這小子太狠了，能從尼羅河邊一路砍到幼發拉底河邊。大夥兒既然打不過他，那還是交個朋友吧……於是兩大國都同埃及修好，巴比倫還將一位公主嫁給圖特摩斯三世為妃，這是兩大文明古國間的第一次政治聯姻。

一八八七年發現的「阿瑪納書信」是阿蒙霍特普三世、阿肯那頓和圖坦卡蒙三位國王與當時敘利亞、巴勒斯坦、美索不達米亞、小亞細亞各國國王之間的外交書信。

在這些信中有一份來自美索不達米亞的楔形文字泥版國書，是巴比倫國王卡達什曼·恩利爾一世寫給阿蒙霍特普三世的奇葩求婚信，或者說是王室人口買賣文書：

我已經給您寫過信了——我要娶您的女兒。

哦，我的兄弟，您也應該用這樣的語氣給我寫信啊。

您告訴我說自古以來埃及國王的女兒就不外嫁，這怎麼可能呢？您為什麼要這樣對我說呢？您是國王，您可以做您想做的任何事情，如果您決定把女兒嫁給我，難道誰還能說不嗎？

關於我在之前的信件中提到的黃金，請趕在今年夏季就送給我。送給我黃金吧，有多少就給我多少。如果您能在今年夏季就送過來，我就把女兒嫁給您……

巴比倫人在索取利益方面表現得很直接，他們在信件中不停地要黃金、要女人、要工藝品，有時甚至到了令人不齒的地步。在「阿瑪納書信」中，有很多是埃及以及巴比倫之間以政治聯姻相互交易的檔案，這種王室人口買賣通常用來換取黃金、青金石、戰車，乃至於鑲嵌著名貴寶石的床榻等等。文書中還有關於使者和公主對所受待遇表示不滿，並指責巴比倫的喀西特王送來的黃金品質低劣的抱怨。

除了自命不凡的巴比倫國王之外，其他巴勒斯坦地區的小國國王就顯得諛辭如潮諂媚不已了。

基色國王約帕夫在信中這樣說：

尊敬的王啊、我的主上、我的神明、天上的太陽啊！

我是基色總督約帕夫、您的僕從，願意做您腳邊的塵土、您的馬夫，我有話要向您訴說。您是我的主上、我的神明，如天上的太陽一般，我要向您的腳邊整整膜拜七次。

您派來的傳令兵已經把旨意帶到。我的主上、我的神明、如天上太陽一般的王啊，請您賜予力量守護這片土地吧。阿帕爾人比我們強悍，我的王啊您是我們主上，請協助我們逃離阿帕爾人的魔爪，不要讓阿帕爾人將我們擊敗。

當然，也有如米坦尼帝國送來的充滿真摯祝願的友好國書：「願我主特什蘇普和阿蒙讓我們之間的愛永不衰竭，就像現在這樣」，「願沙烏什卡和阿蒙讓她符合我的兄弟的心意」，「願特什蘇普和阿蒙允許我的兄弟向我表達他的愛」，「願天空女神保佑我們一萬年，願我們的女神賜予我們歡樂」……

總的來說，在埃及的三十四個王朝中，第十八王朝是延續時間最長、版圖最大、國力最鼎盛的一個朝代，而圖特摩斯三世就是這個王朝的集大成者。正是以他為代表的幾代國王持續發動一系列對外征服行動，成功地將埃及帝國的邊境向南推進到努比亞的第四瀑布，往東抵達幼發拉底河。

一般認為，是圖特摩斯三世使埃及完成了從一個區域性王國向洲際大帝國的質變。所以圖特摩斯三世也咸認是埃及偉大的國王之一，有「古代世界之拿破崙」的稱呼。

圖特摩斯三世的宮廷生活是埃及君主中最為奢侈的，在他統治帝國的五十餘年中，整個王室成員和上層統治階層都過著窮奢極欲的生活，他的幾百個妻子和文武大臣享盡世間一切榮華富貴，後世的盜墓者和考古學家在這一時代的每一座權貴墳墓中，都能發掘出數量可觀的珍寶。

圖特摩斯三世死後，埃及帝國陷入空前的大動盪之中，埃及的人民還不習慣身處帝國時代，那些被征服的異族更是希望借助國王之死獲得自由。但即位的阿蒙霍特普二世是個合格的繼承者，從他迅速平定叛亂和血腥鎮壓的手腕來看，頗有乃父之風。

這位熱愛運動精力充沛的國王，先搞定了上下埃及的反賊，接著一拳揮向努比亞，把最不安分的七個努比亞王子逮捕之後加以處決——埃及在傳統上會將叛國者先割舌頭再處決。最後他在巴勒斯坦境內進行了一系列殘酷血腥的討伐作戰，就此打消了亞洲人脫離帝國的念頭。這短時的陣痛帶來了數十年的長久安定與和平，在阿蒙霍特普二世接下來的統治時間內，他的帝國是和平繁榮的。

經過戰爭檢驗並穩定下來的埃及帝國，不再局限於尼羅河谷之中，它占據了亞非兩洲的廣闊土地，統治著好幾個主要民族。被征服的努比亞和敘利亞以及巴勒斯坦地區那些小國君主的兒子，必須作為質子居住在帝國境內，他們在神廟中學習埃及的文化，接受埃及的宗教神話，習慣埃及的生活方式。等到外國王位空缺時，這些完成洗腦教育的質子就被送回去繼承王位，做埃及帝國的傀儡。外國的公主也加入國王的後宮之中，這些婚姻無疑是政治聯姻的產物，但國王的這些異族妻子生活奢侈、享樂無憂。

臣服於埃及帝國的民族和國度既然接受了質子的傳統，那麼不僅意味著向宗主國的貢金和禮物會源源不絕送入埃及，更保證了那些獻出質子的海外首領對帝國的忠誠不易動搖。

埃及帝國的財富不再來自戰爭，而是來自附屬國的朝貢以及貿易所得。這些海外小國必須向埃及帝國進貢，帝國再向他們開放貿易，這一點非常像中國古代的朝貢貿易方式。埃及人認為在四面八方有各種各樣的蠻族：黑色的努比亞人、白色的利比亞人和西亞人，但他們全在我們的控制之下——顯然棕色皮膚的埃及人是最文明的種族。

帝國時代的貿易網廣闊繁榮，帝國最重要的城市都密集簇擁在尼羅河周圍，城市工坊中熟練的工匠忙碌不停，他們生產出精緻的武器、傢俱、上釉陶器、亞麻布和首飾，這些都是出口貨物中的熱銷品。

埃及帝國渴望的各種原材料和其他貨物也從國外湧入，從努比亞以及更南部的非洲地區輸入了黃金、黑檀木、象牙、紫寶石、瑪瑙、碧玉、閃長岩、各種獸皮、焚香、油脂、鴕鳥蛋和鴕鳥翎毛，以及各種猿猴等土特產；從阿拉伯沙漠中運來了瑪瑙、紅寶石、碧玉、水晶、黑曜石、彩色長石、雪花石膏、祖母綠和銅礦石；西奈半島源源不斷產出銅錠和綠松石；近東以及更遠的地方運來了白銀和天青石等。

除了商品之外，後續的圖特摩斯四世和阿蒙霍特普三世還引入了外國的神靈、服裝、新技術，乃至新娘。圖特摩斯四世娶了一位米坦尼公主，以此來鞏固與自己岳父之間的盟友關係。而阿蒙霍特普三世除了擁有一千多個妻子陪伴他度過太平歲月之外，還是龐大神廟建設的愛好者與巨大雕像的塑造者。

一九六七年，在蘇美努遺址的一個鱷魚池中，挖掘出一座七噸重的特殊雕像。這個雕像表現了鱷魚神蘇美努王索貝克—拉（Sobek-Ra）摟著年輕的阿蒙霍特普三世，有趣的是這裡的國王並沒有顯露出他的真實形象，而是按照當時的審美標準，塑造成一個神一般優雅的理想美少年，這是專屬於國王陛下的專業石雕PS待遇。不過倒也方便了一個多世紀後的一位國王，他抹掉雕像上的阿蒙霍特普三世的名字然後刻上自己的，於是美少年改名為拉美西斯二世，繼續依偎在鱷魚神的懷抱裡……

索貝克—拉是鱷魚神與太陽神這兩位神靈的結合體，這個二元神類似於中王國時期的阿蒙—拉神。索貝克具有鱷魚的力量、詭詐、長壽和制伏母親河——尼羅河的能力，在這個雕像中，它與拉這個形象結合之後摟抱著年輕的阿蒙霍特普三世，寓意著代表人的國王與代表神的索貝克—拉之間的親密友愛關係。

阿蒙霍特普三世的特殊愛好並非局限在雕像上面，他在埃及的宗教思想領域同樣製造出很多另類的成就，最終造就轟動埃及帝國的宗教改革之濫觴。

阿肯那頓的宗教改革

在阿蒙霍特普三世時期，埃及帝國正值光輝燦爛的正午時期。底比斯是古代文明世界的中心，繁華的城市裡充斥著各國使節和質子，在宮殿裡則是國王數不清的妻子。即使以埃及人的眼光來評斷，阿蒙霍特普三世的生活也屬於極端荒淫的。他與第十八王朝先輩國王的做派相反，除了一次罕見的遠征努比亞之外，他平時總是躲在宮殿中享樂。

在他之前的帝國君主為了樹立權威、鞏固疆域經常要打仗，每次戰爭結束後都要向神廟捐贈大批禮物，包括各種財物和免稅土地，以此感謝阿蒙—拉神的庇護，所以越打仗，祭司的勢力也就越膨脹，以至於形成了僧侶貴族集團，而且他們頻繁干預政治。

阿蒙霍特普三世隱隱感受到神權對王權的威脅，於是開始打壓傳統的阿蒙—拉神祭司集團。他逃避出征一方面是政治上不再需要，另一方面就是避免向神廟捐贈。此外，阿蒙霍特普三世推動將太陽的象徵阿頓（Aton）神格化。阿頓與一般動物或人形象的埃及神靈截然不同，它是旭日初升時的太陽神，外形為紅色日盤，從圓盤上射出的光譜降到人的手上，代表著阿頓神無處不在，給萬事萬物帶來生機。

阿蒙霍特普三世最寵愛一個出身下層的努比亞妃子，名叫提伊，他在底比斯附近挖了一個人工湖，搞了一艘名為「阿頓的閃光」的船，整天和提伊在上面嬉戲玩樂。他和提伊的兒子本來叫阿蒙霍特普四世，阿蒙霍特普的意思是「阿蒙所滿意的」。但這位陛下一門心思地崇拜阿頓神，上位不久就給自己改名為阿肯那頓，意思變成了「阿頓的光輝」。

阿肯那頓執著地繼承老爹遺志，在意識形態上另起爐灶，壓制舊祭司集團，在執政第五年頒布命令，將阿頓作為埃及帝國唯一的官方神靈，並且禁止其他所有神的崇拜。上下埃及所有做祭司這個行當的人都傻了眼，這是個什麼情況……畢竟在埃及過去三千多年歷史中，還從未出現過一神教這件事。

要說陛下虔誠無比的話，恐怕也難以服眾。因為在一開始阿肯那頓是想利用太陽神拉來對抗阿蒙神的，他提出阿蒙神不是最高的神，古王國的拉神才是最高的神，又在底比斯建造了拉的神廟，並宣布自己是拉神的最高祭司。

因為這一做法遭到阿蒙—拉祭司集團的強烈反對，所以碰壁之後的阿肯那頓索性創立了一個崇拜「阿頓」的一神教。

既然偉大的國王陛下禁止信仰阿蒙神和其他地方神，只允許信仰宇宙間唯一的太陽神阿頓，那麼原來勢力龐大的阿蒙系信仰自然成了邪教異端。

阿肯那頓一家沐浴在阿頓的神聖陽光之下。

阿肯那頓關閉了阿蒙系神廟，沒收了廟產——也就是搶走了祭司的錢袋子，還抹掉了所有公共場所和神廟牆壁上的阿蒙字樣，並按照傳統做法刻上阿頓。

一時間埃及帝國內部雞飛狗跳，後世的歷史學家將這場激進的宗教改革稱為阿瑪納時代。

阿瑪納是現代埃及的一個地區，位於底比斯以北三百公里處。這個地方，曾是宗教改革期間埃及帝國的首都埃赫塔頓，意為「阿頓的地平線」，在遺址出土的界碑銘文上刻著「神為他自己挑選了這塊土地」。

從地形上看，此地是一片新月狀平原，特別像象形文字中的「地平線」一字，這可能就是阿肯那頓選擇它作為新都所在地的原因。

埃赫塔頓城長約十公里，東西約五公里，帶狀的城區沿尼羅河東岸延伸，中心部分集中在臨近尼羅河之處。這座城中有「大神廟」，即阿頓神廟；「大宮殿」，即政府所在地。阿肯那頓及王室成員的住所與大宮殿只有一橋之隔，在阿肯那頓居所附近有一所「文獻室」。一八八七年，就在這裡發現了前面提到的「阿瑪納書

執意進行宗教改革的「異端」國王阿肯那頓。

阿肯那頓美麗的王后娜芙蒂蒂。

信」。

在阿頓一神教的意識形態下，國王和神的關係產生了質變。以前的國王是有神性的拉之子，但現在不是了，國王跟阿頓神相比微不足道。正是基於這種思想，埃赫塔頓城中的雕塑等藝術品表現手法，與埃及其餘年代的刻板形象截然不同，它強調藝術要真實地描寫人及其周圍的世界，這稱為阿瑪納藝術形式，著名的《阿肯那頓像》和《娜芙蒂蒂王后像》便是其中的代表作。

阿肯那頓所鼓勵的阿瑪納藝術還包括文學，他命人編寫了《阿頓頌歌》，極力讚頌偉大的太陽神阿頓，這首感情真摯的讚美詩深刻影響了《聖經．舊約》中讚頌「耶和華」神的詩篇。

詩中寫道：

黎明時，您從天邊升起。
您，阿頓神！在白天照耀著。
您趕跑了黑暗，放出光芒，上下埃及每天都在歡樂。
人們蘇醒了，站起來了，是您使他們站起來的。
他們洗了身子，穿了衣服，高舉雙臂來歡迎您。
在世界各地，人們勞動了，野獸吃飽了，樹木花草盛開了，鳥從巢裡飛了出來，展開了翅翼讚揚您！
黎明破曉，天邊的地平線奇美無比。
噢！朝氣蓬勃的阿頓，生命的初始。
當您從東方的地平線升起，
每一寸土地都洋溢著綺麗。
您很美，偉大，閃閃發光，高懸天空。
您的光芒籠罩大地，惠澤您創造的一切。
他們是瑞神，他們都被您征服，您用愛羈絆他們。
雖然您很遙遠，但您的光芒遍灑大地；
雖然您高高在上，但您走過的地方永遠是白天。

雖然埃赫塔頓城在藝術上有了突破，但它在政治上和宗教上都是一個自娛自樂的產物。阿肯那頓下令在其他地區也要建立阿頓神廟，並且帝國的上層階級已經識相地信奉阿頓神。但在上下埃及的每個家庭中，人們還是默默地向自己信仰的傳統神靈祈禱。

阿頓神根本就是阿肯那頓個人強推的一個偶像，除了王室家庭內部之外，它沒有在大多數埃及人的信仰當中獲得崇拜。一開始被打蒙了的阿蒙祭司很快醒過神來，他們利用傳統宗教觀念煽動底層人民起來反對宗教改革。最初支持阿肯那頓改革的軍人和中小奴隸主貴族，本來希望能趁機撈一票，沒想到阿肯那頓像他爹一樣無意對外擴張，不打仗這些人就失去了財富來源，於是也對國王怨聲載道。很快，叛亂和政變的陰謀在帝國內部醞釀。

阿肯那頓的「維西爾」阿伊奔走於埃赫塔頓和底比斯之間，試圖斡旋國王和祭司之間的關係。底比斯的阿蒙神祭司一步也不願意離開這座聖城，也絕不肯信奉阿頓神。下埃及的將軍霍倫赫布則駐紮在孟斐斯觀望局勢。

在阿肯那頓統治的第十二年，他的家庭內部也出現了變故。

王后娜芙蒂蒂（Nefertiti）名字的含義是「迎面而來的美女」，這位被譽為埃及最美王后的女子與自己的六個女兒一起住在王宮中。但就在這一年中，娜芙蒂蒂忽然消失了。後世推測王后可能死於那年發生的一場瘟疫，也可能是因為生不出兒子而失寵。

阿肯那頓後來至少娶了他的一個女兒，但始終沒有關於他生出兒子的確鑿紀錄。

在阿肯那頓統治的第十七年，這位頑固堅持宗教改革的國王去世了。底比斯的祭司集團立刻開始反攻，阿肯那頓的黨徒有幾千人遇害，剩下的人四散奔逃。有一種說法認為，《聖經》裡《出埃及記》的故事，就是阿頓神信徒從埃及逃到以色列的故事。

埃赫塔頓城被徹底放棄，很快變成荒漠。充滿創造力和生命力的阿瑪納藝術被扼殺了，埃及帝國回到了循規蹈矩的正道上。

阿肯那頓的繼承者是年幼的圖坦卡頓，這位年僅八歲的小國王被認為可能是阿肯那頓的女婿或其侄子。不過依據最新的ＤＮＡ鑒定結果，圖坦卡頓是阿肯那頓與自己的親姐妹所生的孩子。

圖坦卡頓很快將自己的名字改為圖坦卡蒙，並將首都遷回底比斯。很可能是舊祭司貴族借這個孩子的手拆毀了阿頓神廟，抹去了建築物上阿肯那頓和娜芙蒂蒂的名字，阿蒙—拉神再度降臨埃及帝國，宗教改革失敗了。

阿肯那頓是埃及歷史上最令人感興趣的一位國王，他特立獨行的一神教改革引起了許多研究者對這位國王精神狀況和身體狀態的強烈興趣。阿頓信仰是已知的世界上第一種一神教，它與後來出現於中東的幾種一神教之間的關係引人遐想。

後世最有腦洞的假設來自精神分析學派的創始人佛洛伊德，他根據摩西的名字與許多國王名字中「摩斯」音節相近這一點，認為摩西就是埃及人，而且與阿肯那頓存在某種關係。

摩斯在埃及語裡有「兒子」之意，往往跟在某位神靈的名字後面構成人名。佛洛伊德據此推斷《聖經．舊約》中的摩西名字是不完整的，其原始形式很可能是「阿頓摩斯」——他可能是忠於阿肯那頓新宗教的官員，甚至可能是國王的兒子。

帝王谷的盜墓賊

圖坦卡蒙是一個毫無疑問的傀儡，他的權力由老官僚幕後操縱控制，他在位的十年中，崇拜阿蒙—拉神的卡納克神廟和路克索神廟得以大規模擴建，埃及帝國在努比亞和敘利亞挑起戰火——原有的既得利益階層全部得到了補償，阿蒙霍特普三世和阿肯那頓父子畢生限制神權的努力付諸東流。

但並不能說埃及帝國的戰爭毫無意義，因為當時西臺王國已經崛起。

西臺人是世界歷史上最早開始冶鐵的民族，也是世界最早進入鐵器時代的民族。在手持先進鐵器的西臺軍隊打擊下，曾向埃及帝國深情表白的米坦尼帝國已被擊潰，死乞白賴要錢要女人的巴比倫也遭吞噬。

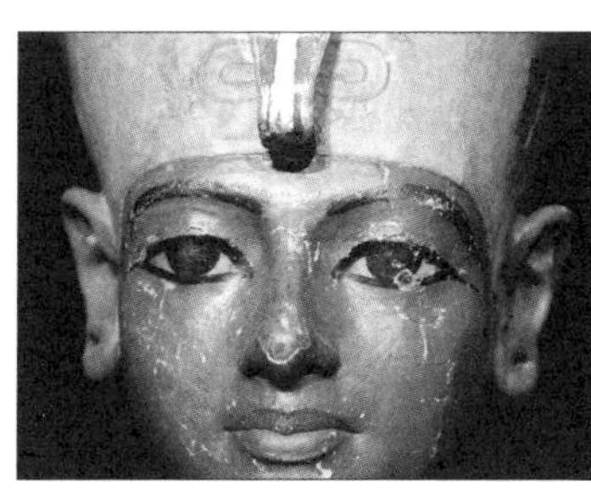

圖坦卡蒙的塑像。

埃及帝國急需表現出自己的力量，並對陳舊的軍事體制進行改革，但這一切並不是年幼缺乏經驗的圖坦卡蒙能夠完成的。

事實上，圖坦卡蒙聞名於後世的原因在於，他是很罕見的主要墓室未被盜掘的國王，所以當他三千餘年的長眠讓英國人霍華德·卡特率領的考古隊驚醒之後，墓中發掘出的大量珍寶震驚了世界；另外由於挖掘人員多遭橫死，從而產生了流行近百年的圖坦卡蒙國王詛咒傳聞；最後關於這位少年國王的死亡原因，也引起謀殺、車禍、遺傳疾病等多種猜測。

不過以最新的檢測結果來看，圖坦卡蒙很可能是死於腿部骨折之後的感染併發症。

圖坦卡蒙長眠之地在帝王谷。

這是位於開羅以南七百公里處，離底比斯遺址不遠處的一片石灰岩峽谷。幾個世紀以來，新王國的國王就在尼羅河西岸的這些峭壁上開鑿墓室。

後世的學者傾向於認為是圖特摩斯一世有感於所有躺在金字塔中的國王，都被盜墓者洗劫一空的殘酷事實，所以決定把自己的陵墓同殯葬禮堂分開，所以在底比斯山西麓隱蔽的斷崖岩壁上開鑿隧道作為墓穴。

從此以後的五百餘年間，埃及的國王就不斷在這個山谷裡構築自己的岩穴陵墓。後來古希臘人看到那通往墓室的長長隧道，覺得很像牧童吹的長笛，就把這種岩穴陵墓叫作「笛穴」。

這裡是一處雄偉的王室墓葬群，一共有六十多座帝王陵墓，埋葬著埃及第十七王朝到第二十王朝期間的六十四位國王，其中有圖特摩斯三世、阿蒙霍特普二世、塞提一世、拉美西斯二世等最著名的國王。

帝王谷分為東谷和西谷，大多數重要的陵墓位於東谷。墓穴入口往往開在半山腰，有細小通道通向墓穴深處，通道兩壁的圖案和象形文字至今仍十分清晰。

按照古老的傳統，帝王谷也有受寵幸的貴族和國王家人的陵墓，他們受邀請與神之子共享

圖坦卡蒙的黃金面具。

永生。

在帝王谷中的國王墓穴位置彼此靠近，目的是為了便於集中守護，這恰恰便宜了盜墓賊。例如曾修繕吉薩的獅身人面像，並在巨像兩個爪子之間留下記夢碑的圖特摩斯四世。這位王子自稱夢見荷魯斯神托夢給他，預示他將取得王位。但有著荷魯斯神眷顧的他，下葬後十年左右陵墓就被盜墓賊洗劫一空了。那些猖狂的盜墓賊還在墓室牆上寫下得意的留言——顯然這還是知識份子幹的……

事實上埃及人盜墓的歷史與他們建造金字塔一樣久遠，甚至更為久遠。埃及人代代口耳相傳：神廟中藏有財寶，墳墓裡有豐富的陪葬品。

拉美西斯九世時期的一份文獻中記錄了三千餘年前的一次盜墓賊審判，整個事件的經過和偵破，與現代的盜墓罪行偵破幾乎一模一樣。

底比斯城西岸發生了大規模盜墓活動，底比斯政府任命來自努比亞的沙漠巡邏隊「麥德查」來徹查所有的王室陵墓，結果這些古代偵探彙報如下：「太陽神之子索貝克姆薩

圖坦卡蒙的王后安珂森阿蒙親暱地為丈夫塗抹香脂。

夫的金字塔陵墓被盜賊闖入！竊賊挖了一條隧道，從圖特摩斯三世的穀倉視察員納巴穆恩墳墓的外廳直挖過來。國王的墓室裡不見了遺體，王后努布卡斯的墓室也一樣。」

底比斯的官員指控了一批犯罪嫌疑人，其中包括一大群墓地管理處的工人和小職員。他們被逮捕並帶上法庭，法官警告他們要發誓說實話，否則就會「被割掉鼻子和耳朵，或者處死」。

結果這幫犯罪嫌疑人中果然有真的犯人，他率先招認：

我們打開了棺材，揭去了覆蓋，看到這位國王那莊嚴的木乃伊頸部戴著一串金製的護身符和許多飾物，頭上戴著金面罩。這位國王莊嚴的木乃伊通身蓋著黃金。覆蓋物裡外都是金銀編製的，並且鑲嵌著各種寶石。我們剝下這尊神聖莊嚴的木乃伊身上的金衣，取下他頸上的金護身符和飾物，揭走覆蓋的金被。我們還找到了國王的妻子，並把她的木乃伊身上的東西照樣剝光。我們還找到了殉葬的金瓶、銀瓶和鋼瓶，也統統偷走。我們把從這兩位神聖木乃伊身上取到的護身符、飾物、覆蓋和一切都分成了八份。

八個竊賊中有五個人的姓名存留至今，他們是石匠阿比、技工伊拉門、農民阿門農海布、運水工卡姆維斯和黑奴坦內菲爾。

上述八人的審判結果是「他們的案子和判決都正式記錄下來呈送國王」，這預示著可怕的結局，因為只有國王能宣判死刑。

拉美西斯九世時期記載這類案件的莎草紙都長達數米，保存至今的只是一小部分而已，可見盜墓的行為有多普遍了。

在五百多年間，帝王谷中的絕大多數墓室都遭到了洗劫，逼得後來的國王不得不一次又一次將祖先改葬。到最後再也找不到合適地方，只好將老祖宗們像堆柴火一般堆在一處——一八八一年，僅在一個祕密洞穴中就發現了四十多具國王木乃伊。

埃及文明覆滅之後，在波斯帝國、羅馬和拜占庭皇帝治下的盜墓行為，更加光明正大地繼續進行。這些皇帝劫走了許多紀念碑、方尖碑、斯芬克斯人面獸身像和各種雕像，拿來裝飾首都和御花園。

後來，科普特人把神廟改成教堂，修道士占領了石墓，毀損了浮雕和繪畫，拿走了其中的異教文物。

阿拉伯人征服埃及之後，埃及的盜墓者日漸增多。到十四世紀時已被視作一種專業工匠，成為正當行業。在十六世紀以前，埃及出現了一本以阿拉伯文撰寫的巫術書《藏珠之書：藏寶挖掘指南》。此書詳列了各個寶物埋藏的地點，細說各種瞞騙寶物守護神的巧妙巫術，以便把寶物據為己有。

開羅博物館的館長在一九〇〇年時說：「戰爭和漫長的歲月所毀掉的文物，也比不上這一本書的罪過。」

此外，早在古羅馬時代，帝王谷便已成為旅遊景點。西元前後年代，古希臘歷史學家狄奧多羅斯和古羅馬地理學家斯特拉波都曾到訪埃及，他們記載了山谷中的底比斯王室墓葬。西元二世紀時，羅馬帝國的地理學家帕薩尼亞斯旅行至此，並記錄下帝王谷陵墓管狀的通道。

除了這些大家學者之外，漫長歷史時期中其他冒險家和旅行者也陸續來到帝王谷中獵奇。在十九世紀之前，由埃及前往底比斯之旅交通困難，不僅費時而且費錢，所以凡是費盡辛苦抵達這裡的遊客總要大筆一揮雁過留聲：某某某到此一遊。

帝王谷那些已被盜掘的墓葬中，充斥著古代旅遊者留下的塗鴉。其中來自古希臘和古羅馬的大約有兩千一百處，此外還有如腓尼基文、賽普勒斯文、呂基亞文、科普特語等，構成一個環地中海的古代各國遊客不文明行為展示板，其中最早的塗鴉可追溯至西元前二七八年——它們本身也構成了古跡的一部分。

還有一些不怕花錢的遊客，會讓嚮導找人來打開一座埃及貴族石墓，買上一具寫滿象形文字的硬木板棺材，不過其中很多已經是贗品了。

一七九九年，跟隨拿破崙遠征埃及的維萬．德農男爵，探勘並繪製了帝王谷陵墓的地圖及平面圖。

到了十九世紀初期，商博良對埃及象形文字的翻譯，推動了當時歐洲人對底比斯附近地區的研究。一八二九年法國遠征托斯卡尼的時候，商博良本人也抵達帝王谷進行了持續兩個月的考古探索。直到今天，帝王谷依舊向各國好奇的遊客敞開懷抱。

圖坦卡蒙去世之後，他的妻子安珂森阿蒙（Ankhesenamun）打破慣例給西臺國王寫信，請求他將一個兒子送到埃及帝國，自己將與這位王子結婚，而這位王子也將成為新任國王。

這件事情聽起來簡直太美好了，但西臺國王作為一個理性的人，顯然不太相信天上掉餡餅的好事。他謹慎地派出一個使團去調查情況，最後得知安珂森阿蒙所說的竟然是真的！

西臺國王一拍大腿：太好了！

他立刻派遣一個兒子去做安珂森阿蒙的新郎，但這位倒楣的上門女婿卻在埃及帝國邊境遭遇伏擊身亡——埃及人痛恨來自異族的統治者，安珂森阿蒙的真誠提議並不代表整個埃及帝國，從此之後，埃及帝國與西臺王國陷入長達三代之久的戰爭中。

圖坦卡蒙的繼承者是先後為幾任國王效力的阿伊，這位老家臣總共只做了四年就歸西了。人們一直認為是他娶了安珂森阿蒙，但在阿伊的墳墓中只有他的原配妻子泰伊陪伴他長眠，所以這個傳說並不一定可靠。

在阿伊之後即位的是將軍霍倫赫布，他與王室毫無血統關係，所以一上臺就趕緊娶了前王后娜芙蒂蒂的姐妹為妻，以此建立起與王室之間的關係。

作為一個戰功顯赫的將軍，霍倫赫布在位二十七年間，徹底重建開放了所有阿蒙神廟，重寫歷史，把阿肯那頓、圖坦卡蒙和阿伊這三個國王從王名表裡去掉，完全恢復了阿蒙神祭司的權威。總之，他集中精力恢復帝國的舊秩序，唯獨沒有發動大規模的對外戰爭。

雖然霍倫赫布以慷慨的贈予和支持恢復了阿蒙—拉神祭司的財富和威望，但這個軍閥也巧妙地加以控制神權——他任命自己屬下的心腹軍官出任首席祭司。

霍倫赫布死後，他的「維西爾」變成了拉美西斯一世國王。第十八王朝就此結束，第十九王朝開始了。

拉美西斯一世除了開創第十九王朝之外幾乎毫無建樹——他在位時間只有兩年，也沒法做得更多了……拉美西斯一世的兒子塞提一世倒是在任上幹了十幾年，塞提一世出生時的名字意思是「他是賽特神的最愛」，充滿了異端信仰的意味。所以當他繼承王位以後，趕緊把自己的荷魯斯名改為蒙瑪亞特拉，意思是「拉神的正義是永恆的」。

為了調整阿肯那頓宗教改革時期帶來的不穩定，塞提一世制定了積極的對內對外國策。這位將門子弟熱衷於戰爭，剛一登基便遠征敘利亞，收復被西臺王國占據的老地盤。他還屢次進攻巴勒斯坦，一直打到加沙海岸一帶。在他上臺後第八年，埃及帝國鎮壓了努比亞埃任地區的叛亂。

塞提一世在資助阿蒙—拉的神廟方面也是個慷慨大方的金主，卡納克神廟中那些由高大石柱撐起的富麗堂皇大廳便是由他所建。廣泛開展的神廟建築促進了埃及傳統藝術和文化的復興，同時塞提一世也擁有帝王谷中最大、最豪華的墳墓。

總的來說，塞提一世是位很有作為的統治者，但對於埃及而言，他最大的成就卻是生出了拉美西斯大帝這個不世出的英雄。

拉美西斯二世是塞提一世和杜雅王后的兒子，從十歲開始從軍，十五歲時隨父出征，二十五歲成為埃及帝國的國王。

拉美西斯二世是一位文功武治的君主，他對每件事都力求做到極致。埃及人稱他為偉大的領袖、勇猛的士兵、傑出的建築家和英雄父親——他有二百多位妻子，生了九十六個兒子和六十個女兒。這位帝國頂峰時代的國王身高一米七六，頭髮是罕見的鮮紅色，帶有白種的西亞蠻族血統。

後世之所以知道得這麼清楚，完全是由於他的木乃伊被保存在博物館裡的緣故。

這位活了九十六歲的國王絕不願意有如此境遇——本來好好長眠於地下，卻被刨出來作為展品，這可上哪說理去？不過全賴有他的木乃伊，現代人才解開了埃及木乃伊製作的祕密。

拉美西斯比埃及任何一位君主都勤於大興土木，他下令修建的宮殿、廟宇、雕像和方尖碑的數量多到令人難以置信。即使經過了三千多年的時光，拉美西斯二世的雕像仍舊是埃及境內滿大街隨處可見到的古跡，可見其數量有多麼龐大。

這樣做的主要原因是為了滿足他個人的虛榮心，彰顯他的無上權力和在世天神的地位。

拉美西斯二世在父親的墳墓旁邊建築了神廟，在底比斯為自己興建了另一座神廟拉美西姆。

拉美西斯二世非常關心建築工程的落實情況，他曾親自到施工現場檢查工程的進展情況，他甚至還前往石材的開採地去挑選最佳的材料。這位國王非常關心工人的生活品質，從不讓他們缺少食物、衣服、鞋子以及新鮮的水，以便能讓他們專心地做好自己的工作——這些偉大首領關愛基層群眾的感人語錄，都記錄在石碑上流傳後世。

拉美西斯二世為達到自己的目的，向來不惜「借用」一些更為古老的建築，有些古代雕像和建築被抹掉原主名字後，刻上拉美西斯二世字樣；有的被圍在了以其名義修建的建築群當中，自然成為其一部分；還有的更慘，被當成了材料庫拆毀，例如哈夫拉金字塔的整塊花崗岩被拆下來，用於修建位於孟斐斯的普塔大神廟。

由拉美西斯二世欽定的建築風格，也用於顯示其偉大之處。比如，在神廟裡布滿了雄偉的雕像和裝飾有象形文字及圖案的石柱，刻滿描繪宗教和戰爭場面的廟宇牆壁都在歌頌國王的神聖和偉績。

拉美西斯二世不喜歡乾燥的上埃及，於是他在潮濕宜居的下埃及東部修了一個陪都培爾—拉美西斯，意思是「拉美西斯的家」。

選擇此地的主要原因是這裡是國王的故鄉；此外這座城市緊挨著受到西臺王國入侵威脅的東部邊境，可以起到天子守國門的作用；同時它還是連接埃及帝國和亞洲地區的重要航道和商業交會地。

培爾—拉美西斯占據了非常富饒的土地，這裡的漁業農產豐富，食物供給充分，航道暢通，商業貿易繁榮。城中的居民來自埃及帝國的各個領地：北非的利比亞、努比亞、阿穆魯和西亞的迦南。這些異族人有些是戰俘奴隸，但在這座城市中都與埃及人一同享受著繁榮。

培爾—拉美西斯的奢華程度不亞於埃及古都孟斐斯和底比斯，這座城市的每個重要地點都有一座神廟：北面有供奉北方古老首都布托城守護神的烏托神廟，東面有亞洲女神阿斯塔爾特神廟，南面是賽特神廟，西面是阿蒙—拉神廟。無論是熙熙攘攘的巨大宮殿、色彩絢麗的房屋還是那十多座神廟，這一切都為了彰顯國王本人的偉大之處。

這座城市是成功的，直到建造他的國王去世一百多年後，才由於政治原因逐漸蕭條沒落。拉美西斯二世大興土木不光是為了虛榮，其核心目的是為了解決帝國最高層的權力結構矛盾，他按照自己的規劃掀起了一場意識形態革命，把自己塑造成一個活著的神——就像古王國時代的那些神王。

幾年之後，在埃及最南端的亞斯文，出現了一座宏偉的阿布辛貝神廟。

神廟，顧名思義是拜神所用的場所。阿布辛貝神廟在名義上獻給了阿蒙—拉神、拉—荷拉克提神（Ra-Herekhty）和普塔神，實際上卻是朝拜國王自己的。

阿布辛貝神廟屬於一種在山崖中開鑿出來的岩窟廟，它在峭壁斜坡上開鑿出全長六十米的洞窟。在神廟高三十二米、長三十六米的塔門洞口兩旁，雕刻有高約二十一米的四座巨大坐像：分別是阿蒙—拉神、拉—荷拉克提神、普塔神，以及拉美西斯二世陛下本人。站在神廟門口仰望這些雕像之人，會感受到異乎尋常的壓迫感。

神廟內部的洞窟終日幽暗昏黃，但到了每年二月二十一日拉美西斯二世生日，以及十月二十一日拉美西斯二世加冕日時，陽光可透過洞口穿越黑暗走廊直射進洞窟深處。陽光除了不會照到最左邊的黑暗之神身上之外，會從黑暗之神的右邊開始依次照在阿蒙—拉神像、拉美西斯二世像和拉—荷拉克提神像之上。當聖潔的金光照在拉美西斯二世雕像的臉上，他旁邊分別是拉和阿蒙的雕像，顯得這位世間君王的地位已經超越了神靈。

埃及人傳說拉美西斯二世在這人跡罕至之地，修築如此集天文、數學、地理、物理多學科之大成的奇跡建築，是因為他寵愛的王后妮菲塔莉（Nefertari）正是亞斯文當地人的緣故。在阿布辛貝神廟附近還有一座獻給妮菲塔莉的較小岩窟廟，似乎也印證了這一說法。

但更有分析認為，努比亞人沿尼羅河前往埃及帝國進貢，或埃及軍隊前往努比亞徵稅時，船隊均會行經此處，而阿布辛貝神廟就是宣示國威與提振士氣的最佳象徵——我是拉美西斯二世國王，我正與諸神一同俯視著你們……

拉美西斯二世在表面上尊奉神權系統，但他透過將自己塑造成最高之神的手段，在意識形態上以君權壓倒了神權。

文治必定要配合武功，用大白話來說就是治理國家要有貢獻，用兵打仗要有成績。更何況埃及進入帝國時代之後，時時都處於與西亞列強爭鋒的較量當中。一個領兵打仗不在行的國王是說不過去的，更別提拉美西斯二世這樣的將門之後了。

大約在西元前一二七五年四月，為了爭奪敘利亞的控制權，拉美西斯二世率軍進攻西臺國王穆瓦塔里控制的古敘利亞重鎮卡疊石。

拉美西斯二世率領著兩萬埃及士兵和二百輛戰車，此外還有萬餘名西亞土著雇傭兵，穆瓦塔里則有一萬名士兵和三千五百多輛戰車。

在埃及帝國內部充斥著西臺間諜，拉美西斯二世的軍隊還沒開拔，關於他的軍隊詳情和進軍路線便已傳到穆瓦塔里的耳朵裡。

雖然手頭的部隊只有埃及的一半，但是西臺國王已經為埃及國王安排下一個陷阱：在靠近奧龍特斯河的地方，埃及國王的軍隊遇到了兩名貝都因牧民打扮的西臺人，他們說有重要情報要通報給偉大的拉神之子。於是這兩人被帶到了拉美西斯二世面前，獻上了穆瓦塔里的部隊已經逃離卡疊石城，國王可以輕而易舉地拿下城池的好消息。拉美西斯二世大喜過望，他冒失地率領一萬名先頭部隊，來到靠近卡疊石城的平原地帶宿營。

看著埃及軍隊中計前來，謹慎過頭的穆瓦塔里決定再派兩名探子偵察一下。結果他的探子被埃及人抓個正著，在酷刑拷打之下，兩個探子吐露了實情。

拉美西斯二世一咬牙一跺腳說趕緊撤，可為時已晚。

西臺人突然從側翼發起進攻，措手不及的埃及軍隊潰不成軍，拉美西斯二世只剩下貼身侍衛和幾十隻獅子寵物守著他——但現在又不是要與西臺國王比賽馬戲，這些只會用來炫富的動物是救不了偉大國王的。

眼看著拉美西斯二世就要在當俘虜和光榮陣亡之間二選一的時候，有兩件出乎意料之事救了他：首先是西臺大兵基本上等於是土匪，他們在攻進埃及營地後不追殲敵軍卻忙著搶奪財物；其次是國王的後續部隊腿腳快，這時候已經趕過來了。
這場卡疊石戰役最後打成了對峙局面，由於國內發生叛亂，穆瓦塔里被迫提出議和。
實際上埃及損失巨大，他們損失了五千人之多，而西臺人只不過是損失了不少戰車而已。可是瞭解輿論宣傳重要性的拉美西斯二世可不簡單，他命令手下把這場戰役鼓吹成一次偉大的勝利。
至於國王自己則非常謙虛地說：哎呀，你們是不知道，我可厲害了！當時我那些沒用的兵全都跑了，我就一個人駕著戰車開始對西臺人進行大屠殺！我一個人殺了成百上千的人，我摧毀了他們無數的戰車和部隊！
於是埃及的每個神廟中都有歌頌卡疊石「大捷」的雕塑，在著名的阿布辛貝神廟描繪卡疊石之戰的浮雕中，拉美西斯二世伸出四隻手臂駕車飛奔，他宣稱其中兩隻是埃及主神阿蒙神的，這證明諸神永遠站在偉大的國王這邊。
卡疊石之戰還有一個創紀錄的副產品：六年後穆瓦塔里去世，即位的阿圖西里與拉美西斯二世簽訂了人類歷史上最早的國際條約。
條約規定：雙方實現永久和平，「永遠不再敵對」，永遠保持「美好的和平與美好的兄弟關係」；雙方實行軍事互助，共同防禦任何入侵之敵；雙方承諾不得接納對方的逃亡者，並有引渡逃亡者的義務。這就是世界歷史上最早的和平條約和引渡條例。
條約簽訂後，阿圖西里還採取和親政策，將自己的長女嫁給拉美西斯二世。後來發現於埃及卡納克神廟牆上的一幅雕刻，就描繪了當時埃及國王迎娶西臺公主的情景。雖然終於實現了和平，但是埃及和西臺的命運都附上了揮之不去的悲劇色彩。

埃及與西臺的爭霸戰爭，是古代中近東歷史上的重要事件。

拉美西斯二世是埃及最強有力的國王，當時的西臺王國也處於其鼎盛時期。雙方長達數十年的軍事較量，使雙方的實力都受到嚴重削弱。拉美西斯二世之後的國王再也無法重振帝國雄風，曾經一度強盛的新王國逐步陷入瓦解之中。而西臺在與埃及戰爭後，本來就不甚穩固的經濟基礎進一步動搖，不久即開始衰落。至西元前八世紀，最後的殘餘勢力完全為亞述帝國所滅。

戰車上的拉美西斯二世。

西臺王國毀滅之後，大量的西臺鐵匠散落各地，遂將冶鐵技術傳播開來，在西元前八世紀傳至古印度，在西元前六世紀傳至中國。

帝國的毀滅

新王國時期是埃及文明的頂峰，埃及帝國在加強王權、開疆拓土、宗教、建築、藝術、國際影響力上都處於最高峰。

拉美西斯二世是這個偉大時代的最後一位偉大統治者，他在位時期，這個古老的文明煥發出了從未有過的璀璨，然而這種璀璨是最後的綻放，是埃及文明最後的光芒。

當時普通人的平均壽命是四十歲，但拉美西斯二世一直活到九十多歲。埃及人已經在國王的統治下度過幾代人的時間，他們習慣了這位世間之神的統治，愛戴這位不會死的國王，但終有一天當拉美西斯大帝故去之後，整個帝國都為之恐懼顫抖，叛亂的烽火燃遍全國。

拉美西斯二世死後，即位的是他的第十三子麥倫普塔。這位新國王已經年逾七旬，好歹熬到了父親走在自己前頭。麥倫普塔撲滅了帝國內部的叛亂，平定了努比亞地區，擊退了利比亞入侵者，還趕走了越境的美索不達米亞難民——西亞正遭受極端乾旱的折磨，國王為飢餓中的西臺人送去了穀物。

對於第十九王朝的後續統治者而言，輝煌已成過去，榮耀永不再來。利比亞人持續入侵西部邊境，地中海上新興起的「海上民族」又不斷騷擾東部。

海上民族指的是腓力斯丁人等居住在地中海東南沿岸的古代多種族大雜燴，他們在巴勒斯坦南部沿海一帶建立加沙、阿什杜德等小城邦。

海上民族融入了希臘人的祖先亞該亞人，以及加里亞人、西里西亞人、條克里人等部落，由海路大肆入侵埃及帝國。

埃及書吏曾將侵犯國境的腓力斯丁人稱作「北部丘陵諸國」的西亞蠻子，這些人擁有鐵質長劍和鎧甲，裝備精良，戰鬥力凶悍。

在腓力斯丁人的各部落集團中，有些人可能來自西亞西北角的安納托利亞、賽普勒斯和敘利亞北部，另一些人來自愛琴海的一些地區，諸如希臘半島的美塞尼亞、克里特，還有一些則來自義大利南部和西西里島。

海上民族是一個環地中海區域多民族融合過程的產物，他們一邊搶掠一邊遷徙，後來活躍於歷史舞臺上的雅典人、呂底亞人、腓尼基人、以色列人、亞蘭人、羅馬人等都是海上民族因遷徙和融合後產生的新種族集團。

等到拉美西斯二世去世二十五年之後，第十九王朝在一片混亂中結束了。給它帶來致命一擊的，是三千二百餘年前發生的一場奴隸大起義，一個叫伊爾蘇的敘利亞奴隸起來造反，一呼百應的流寇隊伍橫掃帝國全境。

第十九王朝的最後一個國王是年幼的西普塔，在他母親輔佐下執政。這一對孤兒寡母根本無法控制局勢，王朝於頃刻間顛覆。

在古代莎草紙文獻上留下了如此的紀錄：

埃及的國土，以及所有的人，又得聽天由命了。
他們許多年沒有首長，直到另一個時刻的到來。
埃及的土地落在諸大臣和各城市統治者手中。
一個殺戮一個，不論在貴族之間，或是在平民之間。
此後另一個時刻到來了。
這是貧困的年代，那時一個敘利亞名為伊爾蘇的人成為首長。
他迫使全國只對他一個人納貢。
他把自己的同謀者結合起來，進行劫掠。
他對待神也像對待人一樣，神廟裡的祭祀也中斷了。
……
他恢復了叛亂之前的全國秩序。

伊爾蘇的短命政權被大軍閥塞特納赫特推翻，後者自立為王建立了第二十王朝，這是一個新王朝的開端，也是埃及帝國毀滅的開始。

第二十王朝除了開國君主塞特納赫特之外，後面的那些國王全部都叫拉美西斯，從拉美西斯三世一直排到十一世。

他們與拉美西斯大帝並無血緣關係，之所以叫這個名字純粹是試圖恢復拉美西斯二世時代的「盛世」，但是這絕對是癡心妄想了。

到這個時候，傳統的王權已經威信掃地，不可能再建立起埃及帝國的秩序。而埃及人眼中的蠻族，那些西亞的文明已經在生產技術和科技水準上超越了埃及，他們早已不是蠻族，他們無論在航海、金屬冶煉抑或軍事技術方面都已經遙遙領先。

在塞特納赫特的兒子拉美西斯三世統治時期，似乎曾有一瞬間帝國復興的徵兆。拉美西斯三世的統治時期繁榮卻不穩定，當時正值希臘世界爆發特洛伊戰爭，埃及帝國處於利比亞和海上民族聯手入侵的艱難歲月中。

擊退了海上民族的拉美西斯三世浮雕。

拉美西斯三世擊退了來自陸地上的兩撥大規模入侵，以及一次來自海上民族的武裝大遷徙。在拉美西斯三世的自述中，認為第三次抵抗海上入侵者的過程尤為驚心動魄——埃及帝國沒有海戰優勢，他必須將敵人誘入尼羅河口進行伏擊。可如果計畫失敗，下埃及一定會慘遭蹂躪。因為這是一撥絕望的舉族入侵者，包括所有的男女老少、牲畜傢俱，他們急切地希望奪取尼羅河三角洲作為生存空間，而西臺王國剛剛被他們摧毀。

戰鬥在拉美西斯三世在位的第十二年打響，埃及艦隊成功地把敵人引入了尼羅河兩岸陸地上的弓箭手射程之內，密集的箭雨大量殺傷了入侵者。緊接著，拉美西斯三世派出負責接舷戰的特別艦隊。經過殘酷的肉搏戰，入侵者被擊敗了。

拉美西斯三世最後這樣總結這次戰役：

那些到我的邊界的人，他們的種子沒有到，他們的心和他們的靈魂完蛋了，直至永遠。那些聚集在海上的人，火焰當前到達海港，一堵金屬之牆把他們包圍了。他們的船被拖住、翻倒，他們躺倒在海灘上，屍體從船頭到船尾堆積如山，他們所有的物品漂浮在水中。

這次戰役是古代防守戰的一個成功範例，也是埃及歷史上極為慘烈的一次戰役。從第十八王朝開始，帝國的每一次大規模對外戰爭都是主動出擊的。但在第二十王朝時期，埃及帝國總是處於被動防禦之中。連續三場大規模戰爭打完後，拉美西斯三世為埃及帝國贏得了一段時間的和平和安寧。但帝國人口損失巨大，國庫也接近枯竭。

拉美西斯三世統治時間長達三十多年，在他的晚年，國家已經衰落不堪，盜墓劫掠事件經常發生。財政枯竭導致連修建王陵的工人都得不到足夠的口糧，由此激起了前文提到過的世界上最早的罷工事件。

拉美西斯三世最後對自己的宮廷也失去了掌控，他突破埃及傳統為自己立了兩名正妻，這兩個王后又都有兒子可以繼承王位，他又很明顯地表現出對其中一個兒子的偏愛。特雅王后為了讓兒子彭塔瓦爾王子繼承王位而鋌而走險，他們召集了大約四十名黨羽策劃行刺陰謀，使用了匕首、毒藥以及詛咒用的巫術蠟像。

埃及留下的《都靈司法文獻》中四次提及關於這起王室謀殺案的審理，列出對謀殺拉美西斯三世的叛國者如何量刑：特雅王后處死，彭塔瓦爾王子賜自盡。後世學者一直懷疑拉美西斯三世時代著名的「尖叫的木乃伊」可能就是彭塔瓦爾，這具木乃伊死時大約四十歲，他的手腳呈現被捆綁的姿勢，面部猙獰扭曲，似乎正因劇痛而尖叫。

當拉美西斯三世的木乃伊發現後，在二〇一二年進行的CT掃描顯示其氣管和大動脈遭人割斷，這可能也是《都靈司法文獻》記錄的一個有力佐證。

拉美西斯三世遇害後，揭發這一陰謀的另一名正妻的兒子拉美西斯四世登上王位。從他開始到王朝結束有八十一年的時間，在此期間內埃及帝國天災人禍不斷。

尼羅河連續多年低於正常年份的水量，造成了持續的乾旱和農業歉收，嚴重的饑荒使這個國家的社會生產、政治制度被破壞，王朝內部各種勢力明爭暗鬥，不斷挑戰國王的統治。最可怕的是來自海外附屬國的貢金和禮物已經斷絕，埃及帝國的經濟嚴重依賴這種收入，王室和上層社會的生活資金也仰仗於此。

在數百年間，這些權貴不需要工作也能維持奢華的奴隸主寄生蟲生活，全是因為海外獻上的貢金和禮物。但現在無論是黎巴嫩、敘利亞還是巴勒斯坦的邦國都不向埃及朝貢了，國王派去的使節，還遭到他們的羞辱。

事實上，失去附庸國之後的埃及帝國已經死亡了。

上下埃及再度陷入動盪衝突之中，各地的貴族搶在帝國全面崩潰之前分一杯羹。社會動盪使得連帝國首都的大街上都盜賊蜂起，新王朝以來幾乎全部的皇家陵墓都遭盜掘。海外貿易也因為安全因素極度縮水，這帶來財政收入銳減的惡性循環。西奈的綠松石礦給放棄了，東部邊境退回到尼羅河三角洲，國內的建築工程也全部停止。

尤其是在拉美西斯九世到拉美西斯十一世統治時期，國王的權力受到了底比斯大祭司的嚴重威脅，阿蒙－拉祭司的神權壓倒了王權——強大的祭祀貴族和軍閥首領、南方「維西爾」和努比亞總督赫里霍爾自稱國王，內戰在底比斯爆發。

在末代國王拉美西斯十一世統治的最後六年，赫里霍爾與他分別統治上下埃及，拉美西斯十一世在束手無策之下無奈接受了分治的事實。

到了大約西元前一〇七五年，隨著拉美西斯十一世去世，斯門德斯篡奪了王位，第二十王朝滅亡了。

新王國時期，也就是埃及帝國也隨之永遠結束了。

第九節　第三中間期——努比亞的統治

兩個家族

第三中間期包括第二十一王朝到第二十五王朝，長達四百一十一年左右，即從約西元前一〇七五年至有紀年可循的西元前六六四年。

在第二十一王朝時期，國王斯門德斯把首都從培爾—拉美西斯遷到尼羅河三角洲東部的塔尼斯，從此後這一系的國王稱為塔尼斯國王，他們只統治尼羅河三角洲，與底比斯的國王保持著良好的關係。上下埃及的國王都認可彼此的權力和勢力範圍，他們互相承認對方王位的法統繼承，並藉由通婚聯姻來加強兩個王室之間的關係——這一點並不令人意外，因為這兩個統治家族擁有同一祖先。

在第二十一王朝內部，塔尼斯國王與底比斯身兼祭司軍閥和國王之職者聯繫密切，有時候直接由兩兄弟分別統治這兩個國度。例如底比斯國王皮納傑姆娶了拉美西斯十一世的女兒，他的兒子普蘇森尼斯一世變成了塔尼斯王朝的第三位國王，普蘇森尼斯一世的另外兩個兄弟先後作為大祭司國王統治底比斯王國。普蘇森尼斯一世又把女兒嫁給阿蒙—拉神的高級祭司，進一步加強兩個家族之間的親密聯繫。

《聖經》故事中的大衛與歌利亞同時代，希阿蒙正在塔尼斯王國實行自己二十五年之久的統治。

塔尼斯和培爾—拉美西斯兩地都興建了很多神廟，其中塔尼斯大神廟被獻給阿蒙—拉神、他的妻子禿鷲女神穆特和他們的兒子月神洪蘇，這一家三口是底比斯三柱神，充分表現出塔尼斯和底比斯信仰的一致性。

在這一時期，埃及與國外的聯繫重新建立起來，政治聯姻也再度恢復。只是從這一時期開始尼羅河送出自己的女兒了——埃及的公主開始外嫁給海外的王子或國王，這是對數千年傳統的根本性顛覆。

在長達百餘年的時間裡，埃及內部保持著和平狀態，但國家的分裂和人口的膨脹造成了很多社會問題，經歷過強大帝國時代的埃及人，感受到缺少強力中央政權統治的痛苦。

底比斯的大祭司國王擔憂帝王谷中木乃伊的安全，他們擔心盜墓賊會破壞偉大法老的永生，於是他們組織祭司將歷代國王的木乃伊從墓穴中轉移到安全隱祕的存放場所，並且順手將帝陵中所有的陪葬品、甚至包括棺材都全部掠奪一空，轉頭就放在自己的神廟和墳墓中使用——這就是有品位的做派，保護先輩木乃伊和盜墓都一併完成了，還能落個好名聲……

第二十一王朝的末代國王是普蘇森尼斯二世，關於他的情況後世幾乎啥都不清楚，他的兒子舍尚克一世建立了第二十二王朝。這是一個被稱為利比亞王朝的統治家族，因為他們是來自利比亞美什維什地區一個移民家族的埃及化後裔，他們的祖先在拉美西斯三世的時代就已經抵達尼羅河東三角洲的布巴斯提斯定居了。

舍尚克一世倒是不避諱自己的出身，他給自己加了一個「美什維什利比亞人的大首領」的頭銜，也正是從這個時代開始，埃及正式用「法老」來稱呼國王。

舍尚克一世就是《聖經．舊約》中的埃及王「示撒」，他將盤踞上埃及的底比斯王國重新納入掌中，埃及終於重歸統一。

舍尚克一世之所以能在《聖經》中留名，主要在於他曾發兵攻打巴勒斯坦，將猶太王國揍得鼻青臉腫。《聖經》中說猶太王羅波安不信服上帝，敬拜異教偶像，所以上帝借示撒的手施行懲罰，「將我的怒氣倒在耶路撒冷」。

在羅波安統治的第五年，示撒率軍大舉入侵巴勒斯坦，攻陷一百五十多個城邑，奪取了聖殿和王宮中的一切寶物，並帶走所羅門製造的金盾牌。這次成功的遠征多少恢復了埃及帝國已降的國際威信，為埃及帶來一百多年的穩定。但舍尚克一世之後的第二十二王朝沒能將統一維持多久，他的嫡系後裔舍尚克三世在位時，上下埃及都陷入混亂失控之中。

在第二十三王朝時期，上下埃及再度分裂成南北朝狀態。九個王國同時存在，在這種四分五裂的狀態之中，原來的埃及殖民地努比亞興起了。

努比亞國王

早在幾千年前史前埃及時，埃及人便把今天的蘇丹一帶稱為努比亞。努比亞大體上北起尼羅河第一瀑布，東至紅海之濱，南達喀土穆，西接利比亞沙漠。地處東北非地區，這裡的土著居民是毫無疑義的黑人。

雖然努比亞被沙漠覆蓋，但它是個地理位置四通八達的地方：向東可以抵達阿拉伯半島；向北是埃及和地中海；往南則深入非洲熱帶內陸。

埃及人渴望的很多非洲特產，都須經由努比亞才能運抵本土，因此在埃及興起之初，努比亞商人便以中間商的身分，在埃及與非洲熱帶內陸之間繁榮活躍的貿易往來之中大獲其利。

當上下埃及統一之後，埃及的統治者開始思索一個問題：我們能不能做到拋開中間商，不讓努比亞人賺差價，非洲產品直達尼羅河谷呢？

答案顯然是可以，不過條件就是征服努比亞。埃及對這裡早已垂涎三尺：首先，努比亞盛產黃金和其他金屬礦產；其次，這裡能掠奪黑奴和耕牛；最後，埃及必須控制努比亞才有可能進一步染指非洲腹地，獲取那裡的烏木、象牙和香料。

所以從第一王朝時期開始，努比亞與埃及的往來便是伴隨著戰爭和掠奪進行的。第四王朝的國王斯尼夫魯大肆劫掠努比亞，把當地文化破壞無遺。第五和第六王朝時期，埃及亞斯文的諾馬爾赫開始同努比亞進行遠端貿易，但埃及人的貿易手法是打得過就掠奪，打不過才與努比亞人談生意。

埃及文獻中關於努比亞人的內容所占比重很大，他們通常被稱為「庫什人」，並常見於片語「可憐的庫什人」中。在古代埃及的文學作品中，把他們描繪成野蠻人或懦夫之類的角色。

但在現實中的努比亞人可不是好欺負的，他們在尼羅河流域是埃及的唯一對手。幾千年來，埃及和努比亞之間互相侵襲，埃及強盛時便遠征努比亞，埃及衰落時黑人就掀起分離主義的叛亂並反過來襲擊埃及。

總的來說，努比亞留在埃及境內的時間較多，他們作為殖民地人民被迫在礦山中做苦力，像奴隸一樣生活或乾脆就被當作了奴隸。

依據努比亞和埃及的實力對比，以及雙方交往模式的變化，努比亞和努比亞人在埃及文獻中呈現出多種不同稱謂和名字。古王國時期的埃及人籠統地稱埃及南部的努比亞地區為「弓形的土地」，埃及人將埃及西北部、南部和東北部的外族統稱為「九弓」，暗示這些民族處於游牧狀態並好鬥。其中「九」是一個泛指的虛詞，表示覬覦埃及土地的野蠻人很多，努比亞人自然就是其中之一。

相應地，早期埃及繪畫和雕刻作品中自然有很多關於征服努比亞九弓蠻子的畫面：埃及人皮膚用棕紅色以表現其勤勞，埃及的士兵留著短髮，穿著以白色亞麻短裙為標誌的統一服飾，象徵埃及人生活境況的安逸和生活方式的優雅。相反，努比亞人則瘦小枯乾舉止猥瑣。

他們或者是被埃及國王踩在腳下的俘虜，或者是被綁在船頭的囚犯，更多的時候是倒在地上、漂在水中扮演著屍體的角色……

自中王國時期開始，埃及文獻中以「庫什」一詞來稱呼埃及南部的上努比亞地區。尤其是第十二王朝統治時期，出現在埃及的努比亞人越來越多，他們的職業從王室的衛兵到官吏的僕從等等，不一而足。

雖然埃及歷代王朝竭力醜化努比亞人，但他們在利用努比亞人方面卻毫無顧忌。早在古王國時期，派往努比亞的遠征軍中就有努比亞人的身影，這些努比亞人當時已經在埃及定居，他們隨軍充當埃及軍隊與努比亞部落的談判者，他們也代表埃及與努比亞當地人進行貿易，他們甚至直接作為埃及的士兵對自己的同胞動手……

不可否認的是，努比亞人的確善於使用弓箭，他們被收編進埃及軍隊或者作為邊境員警。這些為埃及效勞的努比亞士兵不光被派回自己的故鄉作戰，還屢屢出現在埃及進攻西亞的戰爭中。在下努比亞地區曾發現了一個名為提赫馬烏的努比亞人的墳墓，這名埃及老兵在自己的墓室銘文中如此自我誇耀：「國王穿過整個國土，決定去殺戮亞洲人。當亞洲人的軍隊逼近時，底比斯陷入逃散狀態——正是我這個努比亞人提赫馬烏，使得底比斯重整旗鼓！」

這些在埃及官方文獻裡被定格為「可憐的」努比亞人，很早就開始與埃及人通婚，歷代國王的后妃中不乏黑美人的身影，這其中就包括第十二王朝創建者阿蒙尼姆赫特一世的母親。

到了新王國時期，在埃及宮廷的高官中頻繁出現黑色的身影。

第十八王朝的女王哈特謝普蘇特統治時期的努比亞管理者，就是有努比亞血統的捷胡特霍特普，這位努比亞人得到女王的重用，同埃及人同僚一起負責帝國的努比亞行政工作。他的墳墓完全按照新王國時期貴族葬儀在山崖上開鑿，墓室浮雕中展現了捷胡特霍特普在視察農業生產的情景，並以埃及人的方式接受奴隸的敬禮。這位努比亞大人駕駛埃及戰車，在尼羅河上捕獵，從事的都是屬於埃及貴族的高雅活動。如果不是墓主人同時刻寫了他的努比亞名字，根本無法辨別他的努比亞身分。

圖坦卡蒙時期的努比亞官僚海卡奈福同樣在年輕國王的宮廷中權威顯赫，在他位於下努比亞地區圖什卡的墓室牆壁上刻著埃及象形文字，他本身的雕像身著埃及人的華貴服飾，連他的名字都是埃及語中「美好的統治者」的意思。

隨著時間推移，努比亞人在與埃及人漫長的接觸中逐漸被同化，徹底接受了埃及文化和價值觀，以至於他們在北非沙漠中建立起二百五十五座金字塔，比埃及人建造的還多。

經過修復後的努比亞金字塔。

努比亞金字塔的外觀跟埃及金字塔大不相同：它們高約六至三十米，但底部寬度最多不超過八米，而同樣高度的埃及金字塔底部至少比努比亞金字塔大五倍。又高又窄的努比亞金字塔坡度大概有七十度，埃及金字塔的坡度在四十至五十度之間。

以努比亞庫施王國為主的金字塔底部通常連接著廟宇，形成了自己獨特的風格。但這些金字塔的黑皮膚主人一樣在死後被製成木乃伊，和珠寶一起放進木棺中前往永恆的來世。他們在金字塔的壁畫上繪製埃及的神靈和神話，他們已經接受了埃及的文化。

隨著埃及帝國的崩潰，庫施逐漸脫離埃及的控制。到了西元前八世紀的時候，庫施國王卡什塔已經反客為主地征服上埃及首府底比斯，其子皮安基繼而占領孟斐斯，成為庫施和上埃及的國王。

努比亞金字塔內部壁畫。

這時第二十四王朝的國王泰夫納赫特正在自己的地盤塞易斯控制下埃及的局勢，他努力說服了上下埃及大大小小的軍閥國王形成抵抗皮安基的統一戰線。下埃及組成一支聯軍試圖阻擋住努比亞人征服的步伐，但當這支埃及軍隊抵達上埃及的希拉孔波利斯，與努比亞軍隊正面交鋒時卻一舉潰散，埃及的首領被迫投降。

皮安基是個寬容的努比亞人，他允許這些埃及權貴返回自己的城市充當管理者。但他並不是毫無底線的征服者，當第二個塞易斯王朝的國王巴肯瑞奈夫試圖發動叛亂時，努比亞人毫不留情地殺了他。

總的來說，努比亞人認為自己是埃及古老秩序的恢復者，而不是來自非洲的征服者——這些努比亞人沒把自己當外人，他們覺得自己就是埃及人。

大約在兩千七百五十年前，皮安基的弟弟沙巴科建立了第二十五王朝——努比亞人的朝廷。在他們統治的一百餘年時間裡，這些努比亞國王採用了「法老」這一延續了帝國傳統的頭銜，並將埃及的傳統文化發揚光大。努比亞國王崇拜阿蒙—拉神，第二十五王朝重建修繕了那些早已在長期混亂中破敗不堪的神廟和紀念建築，並且額外建立了不少新的神廟。

壁畫中生活在埃及的努比亞貴族。

就在努比亞的這些黑人法老在底比斯登基時，他們非常搞笑地延續了歷代埃及國王的傳統：撰寫打擊努比亞人的王室銘文，並組織征服努比亞人的盛大慶祝活動。因為在埃及神話思想中國王代表了正義與真理，而努比亞人則代表了混沌與黑暗，所以討伐邪惡的努比亞人統一尼羅河流域，是歷代埃及國王的傳統施政觀念，哪怕現在坐在龍椅上的正是如假包換的努比亞皇上也一樣不能壞了規矩，所以這些努比亞國王紛紛在銘文中宣揚打擊自己同胞的赫赫武功，以此顯示他們在埃及統治的合法性，以及第二十五王朝政權的傳統性。

當然，這一時代的王室銘文的確發生了一些變化：古埃及的文字經歷了象形文字、僧侶體文字這兩個發展階段後，正是在努比亞王朝的時代發展成世俗體文字。這種文字最初是第二十五王朝的政府官員用來書寫契約、公文和法律文書所用的，後來逐漸擴展到平民生活和宗教文獻中。

總的來說，努比亞人的統治對埃及來說是正向的，古老的秩序恢復了，人民有了安定的生活。然而當第二十五王朝試圖將目光投向西亞的傳統勢力範圍時，卻為自己引來了國破家亡的厄運。

獅穴中來的征服者

亞述帝國是興起於今天伊拉克北部的一個殘酷帝國，當時是一個四周無強敵的真空期——埃及帝國崩潰了，西臺王國解體了，古巴比倫奄奄一息，而波斯帝國尚未崛起。

從大約西元前一千年起，亞述經過兩個多世紀連續不斷的征戰，最終建立起一個橫跨西亞北非的帝國。亞述的統治異常血腥殘暴，亞述軍隊所到之處城鎮都被焚燒破壞，財物遭掠奪，居民被屠殺或擄走為奴，可以說是徹底的「三光」政策。由於亞述人的暴行，猶太人將亞述首都尼尼微稱為「血腥的獅穴」。

亞述帝國征服敘利亞和巴勒斯坦的時候，埃及的那些努比亞法老也試圖重新進入這一傳統勢力範圍內，於是在薩爾貢二世統治時期，亞述打敗了以色列，鎮壓了埃及支持的敘利亞、腓尼基等地的起義。薩爾貢二世的長子辛那赫里布即位後，又鎮壓了由埃及鼓動的猶太人及腓尼基人的起義……

第二十五王朝不斷對西亞地區伸出觸手，惹怒了亞述這個殘暴的鄰居。經過近半個世紀的明爭暗鬥之後，埃及終於碰上了自己的災星——在《聖經》中稱為「以撒哈頓」的阿薩爾哈東。

阿薩爾哈東是辛那赫里布之子，他的血統很特殊：擁有亞述和巴比倫王族的共同血液。

亞述帝國擊敗古巴比倫的過程非常曲折，亞述軍隊對巴比倫城的占領達到四次之多，於是他老爹辛那赫里布一怒之下殺盡了城中男女老少，縱火將城池燒成灰燼。辛那赫里布的名言是：「巴比倫的居民無論老幼一個都不留，我要用他們的屍體填平城市的街道。」亞述人把巴比倫的灰燼殘骸送到各個被征服地區，好讓大家都知道反抗的下場。

高壓過後，辛那赫里布又開始採取懷柔手段，他娶了一位巴比倫貴族女子那吉婭，那吉婭生下的兒子便是阿薩爾哈東。為了徹底讓巴比倫人臣服，辛那赫里布宣布未來的國王將會是這個擁有巴比倫血統的孩子。

經過這麼一番折騰之後，巴比倫人算是服氣不敢反抗了。但是辛那赫里布的長子和次子卻不服氣了——本來我倆才是正統的王位繼承人，憑什麼讓給一個巴比倫野種？

於是這老哥倆一合計，老二說：大哥，我們動手吧！老大一時衝動之下也沒說No……

大約在西元前六八一年，亞述黃金時代的雄主辛那赫里布在祭神時被長子的刺客殺死。亞述隨即進入一場短暫血腥的內戰之中，最後還是由阿薩爾哈東登上了王位。

在阿薩爾哈東統治時期，他把注意力放在維持老爹留下的帝國疆域上面，重建了巴比倫城和馬爾杜克神廟，恢復被征服領地中祭司的特權。等到內部穩定之後，阿薩爾哈東瞄準了自己的目標——埃及。

大約在西元前六七五年，當時的法老塔哈爾卡的軍隊面前出現了一群可怕的亞洲人。以埃及人的眼光看去，這是一支無比複雜的鐵器時代軍隊，他們由戰車兵、騎兵、重裝步兵、輕裝步兵、攻城兵、輜重兵、工兵等諸兵種混合構成，其兵種之複雜，弓箭手從最重裝弓手到最輕裝弓手，都能細分為四種！

法老塔哈爾卡石像。

面對亞述人的入侵，第二十五王朝只能拼湊出以埃及人、努比亞人和利比亞人，以及亞洲雇傭兵混編的步兵和戰車部隊進行抵抗。自從帝國崩潰以來，埃及人已經很久沒有大規模對外戰爭的經驗，但他們面對的亞述軍隊是橫掃西亞的百戰之師。

大約在西元前六七一年，亞述軍隊輕易奪取了孟斐斯。

阿薩爾哈東占據了整個下埃及，他自封為「上下埃及和努比亞之王」，看似頗有將埃及文化圈一掃而光的架勢。但這個國王要面對廣袤領土中被征服民族和王室叛逆層出不窮的叛亂和起義，所以他只是虛晃一槍，根本沒打算在尼羅河谷長期駐留。阿薩爾哈東實施「以埃及治埃及」的政策，他委任一些效忠自己的埃及貴族統治當地，勒令埃及每年進貢約一百八十公斤黃金和九噸白銀後撤走。

第二十五王朝的塔哈爾卡法老曾一度從亞述人留下的傀儡手中奪回了孟斐斯和下埃及，這下阿薩爾哈東被激怒了。大約在西元前六六八年，阿薩爾哈東再度進攻埃及。

阿薩爾哈東是個非常迷信以及自信之人，或者說他是有著莫名自信之人。就在再度征服埃及之前，他召集兩個兒子和各附屬國王公大臣開會，要求大家簽署一份在他死後如何劃分遺產的協議，這就是著名的泥板檔：《以撒哈頓王位繼承誓約文書》。阿薩爾哈東在這份文件中將亞述帝國分為兩半，由幼子亞述巴尼拔繼承亞述本土為亞述王，長子沙馬舒姆金繼承巴比倫王國為巴比倫王，巴比倫王要臣服於亞述王。正是因為吸取了自己即位時坎坷動盪的教訓，所以阿薩爾哈東才做出如此詭異的安排，看似對兩個兒子都照顧到了，卻埋下了亞述分裂、兄弟反目的禍根。

當然阿薩爾哈東永遠看不到這一天的到來，因為他很快病死於進軍埃及的路上。

不過對於埃及而言，該來的總會來。亞述新任國王亞述巴尼拔很快再度進攻埃及，這次恐怖的亞述軍隊占據下埃及後接著進攻上埃及。到了約西元前六六四年，努比亞法老被迫退出埃及重回庫施舊地，埃及成為亞述帝國疆域內的一個行省。

第二十五王朝謝幕了，第三中間期也就此結束。

第十節 後期埃及——古埃及的終結

塞易斯中興

埃及人在傳統上不喜歡異族征服者，所以就在亞述巴尼拔征服上埃及的時候，亞述帝國在下埃及的那些傀儡首領互相串聯，試圖舉起民族大義的旗幟起義，來回應塔哈爾卡法老保衛上埃及的戰鬥。

其中有一位出身利比亞雇傭兵後裔的塞易斯總督尼科一世頗為積極，只可惜他寄予厚望的努比亞法老沒能頂住亞述人跑路了，於是尼科一世被亞述人押回首都尼尼微審查處理。

有鑒於亞述人對敵人的貴族處置手段花樣繁多，有割耳割鼻的，有斷手斷腳的，有五馬分屍的，還有剝皮剮肉的……所以尼科一世上路時的心情可想而知——亞述巴尼拔陛下萬歲！請問我現在靠攏政府還來得及嗎？

多虧亞述巴尼拔面臨著相當糟糕的國內局勢，他的哥哥沙馬舒姆金就在他徹底征服埃及的同時高舉叛旗在背後捅來一刀。沙馬舒姆金得到不少亞述和巴比倫貴族的支援，並聯合了幾乎所有周邊國度和亞述附屬國，可謂是一場規模空前的叛亂。

命大的尼科一世活著返回埃及繼續當傀儡，經此劫難之後的他果然積極靠攏政府，忠誠地效忠於亞述帝國，結果在與努比亞人的戰爭中，被努比亞法老的軍隊打死了……

到了尼科一世的兒子普薩美提克一世繼位的時候，這位頗有雄心的統治者趁著亞述陷入嚴重內亂之際，在希臘雇傭兵的幫助下，擊敗了其他臣服於亞述的埃及貴族傀儡，奪取王位創立了第二十六王朝。

後期埃及的時代開始了，這是關於古代埃及的一段漫長衰亡史……

普薩美提克一世是一位既有能力又有作為的君主，他充分利用軍事和外交手段，重新統一了上下埃及。

普薩美提克一世建都塞易斯城之後，依靠來自希臘城邦的雇傭兵重建了陸軍，並大力發展海軍。有了穩定強大的軍事力量之後，法老說的話才有人願意聽。塞易斯的軍隊不斷驅逐亞述人，並逐步征服埃及境內的其他小王國。

為了確保對神權的傳統大本營底比斯的阿蒙－拉神祭司集團的控制力，普薩美提克一世派遣自己的長女尼托克麗斯前往底比斯做「阿蒙神的妻子」，這新王國時代的習慣做法，再度在埃及恢復並改良。

大公主居住在底比斯的神廟中，她像女神一樣受到祭司的崇拜。她擁有巨大的宗教和財政權力，她主持宗教儀式，她令所有的阿蒙－拉神祭司貴族服從。雖然從此她不能結婚——要向信徒解釋阿蒙神為何允許自己的老婆改嫁，這顯然是個不可能的任務，但她可以收養繼承人，讓自己的地位和財富得以傳承。

從尼托克麗斯之後，大公主做祭司的首領成為慣例，第二十六王朝的政治權力得到了上埃及人的承認。古埃及的神權力量再度得以為王權效力。

第二十六王朝的統治者都沉浸在復古懷舊的情緒之中，他們恢復了古代埃及的宗教、文化和藝術傳統，天真地希望從此可以復興埃及。上下埃及的祭司撿起了《金字塔銘文》和《石棺銘文》，國王在吉薩和薩卡拉等古代埃及君王的金字塔附近修築自己的陵墓。

在這種氣氛之下，動物崇拜變得極為流行起來。

當然，埃及人並不是真的崇拜動物。當他們對著某個動物頂禮膜拜時，是為了取悅這個形象所代表的神靈，也就是說他們崇拜的其實是以動物形態存在的神。

很多埃及神都呈現出動物形態，例如牛就是廣泛接受的一種動物崇拜。但同樣都是牛，在埃及不同地方代表的神靈各不相同。在孟斐斯，人們相信身上帶有特殊花紋的阿庇斯公牛是偉大的創世神普塔的化身，他們崇拜聖牛，聖牛死去後要舉行隆重葬禮，並選出同時誕生的、帶有同樣花紋的小公牛作為繼任者。但在底比斯，公牛又可能是戰神孟圖化身的布奇斯公牛。到了赫利奧波利斯，牠又變成了神聖的涅維斯公牛。

從第二十六王朝開始，埃及各地出現了巨大的動物木乃伊墓地。雖然古代埃及早已有製作動物木乃伊的先例，但自這一時期起，數以百萬計的公牛、貓、鱷魚等動物被製成木乃伊，並在祭司指導的宗教儀式中被埋葬。

也正是由第二十六王朝時期起，埃及人殺死一隻受崇拜的動物會遭到嚴厲懲罰，很多時候是死刑。

第二十六王朝借助於希臘人的支持而興起，所以這個王朝對希臘商人特別優待。在希羅多德的記載中，埃及當時有兩萬多個城鎮，這些城鎮允許外國人聚居在自己的民族社區之中。國王歡迎海外客商，特別是下埃及的諾克拉底斯城被建設成希臘人的殖民城市，希臘來的商人在這裡享有非常多的特權。

除此以外，國王還在其他方向上大力推動貿易發展。尼科二世開鑿了尼羅河通往紅海的運河，埃及商船在地中海周圍展開大規模的海外貿易。滾滾財富湧入安定繁榮的埃及，帶來長達一百三十九年的和平時光。

但時代改變了，曾與普薩美提克一世攜手合作毀滅亞述的巴比倫帝國逐漸開始敵視埃及，這些曾經的盟友奪取了第二十六王朝在亞洲恢復的一些海外領地。正當塞易斯城的埃及君臣驚疑不定時，迅速崛起的西亞強權波斯帝國已經閃電般消滅了巴比倫帝國。

西元前五二五年，岡比西斯二世率領的波斯大軍抵達埃及，剛即位不久的普薩美提克三世派琉修姆在東部邊境迎戰侵略者。年紀輕輕毫無指揮經驗的埃及法老一敗塗地，他逃回孟斐斯卻依舊無法避免成為俘虜的恥辱，第二十六王朝在混亂中土崩瓦解。

岡比西斯二世自我加冕為埃及法老，開闢了埃及第二十七王朝，波斯時代開始了。

波斯王朝

岡比西斯二世是波斯帝國阿契美尼德王朝的第二任皇帝，其父是阿契美尼德王朝的締造者居魯士大帝。

居魯士大帝以伊朗西南部的一個小首領起家，經過一生征戰打敗了米堤亞、呂底亞和巴比倫三個帝國，建立了從印度到地中海的龐大波斯帝國。

西元前五三〇年，居魯士大帝率軍攻打裡海東岸草原的馬薩革泰人時戰敗而死，王儲岡比西斯二世成了帝國的新主人。

當時的第二十六王朝法老是篡位上臺的埃及將軍雅赫摩斯二世，他的國防完全依靠貪婪無信而又矛盾重重的利比亞和希臘雇傭兵支撐，此時他已無力控制底比斯的神權，以至於國家財政被祭司貴族集團吞噬殆盡。

根據希羅多德的記載，岡比西斯二世首先向雅赫摩斯二世索要一名埃及最好的眼科醫生，雅赫摩斯二世不敢得罪這個強鄰，便從埃及挑選了一名眼科醫生強行送到波斯。埃及人素來不願離開故土，所以這位心懷不滿的眼科醫生隨即挑唆岡比西斯二世向雅赫摩斯二世求娶公主，因為這樣會使波斯皇帝獲得埃及王位繼承權。雅赫摩斯二世當然不願送出女兒，於是他便讓前任法老阿普里斯的女兒尼特緹絲頂替自己的女兒出嫁——問題是這位公主可是被他背叛而死的前法老的女兒。尼特緹絲在嫁到波斯之後，將事情的經過告訴了岡比西斯二世，岡比西斯二世因此勃然大怒，決定出征埃及。正在此時，雅赫摩斯二世的希臘雇傭軍首領法涅斯與自己的老闆鬧翻了，法涅斯不僅丟了工作還差點兒丟了性命，於是被一路追殺的希臘人決定不受競業禁止協議的限制，攜帶大批埃及軍事情報投奔前老闆的友商岡比西斯二世。

羅浮宮館藏，創作於一八五四年的《岡比西斯二世和普薩美提克三世的會面》。

這些情節看起來頗像一部喜劇電影的劇情，不過無論是否真的發生過這些，埃及都註定無法逃脫波斯帝國的進攻。因為當時的中東已被居魯士大帝征服，岡比西斯二世決定向非洲繼續擴張，那麼倒楣的埃及無論怎麼做，都會成為波斯帝國進出非洲的鞋墊……

事實上岡比西斯二世並不是腦子一熱就出兵的，他用了四年時間來準備這次征服行動。波斯帝國的所有屬國都要承擔這次軍事行動的賦稅與兵役，波斯帝國第一次建立起強大的海軍。反觀埃及方面，篡位上臺的雅赫摩斯二世及其兒子遭埃及貴族集團敵視，在梵蒂岡博物館中收藏了一座埃及貴族烏加霍列森尼的雕像，雕像上的銘文記載了這位塞易斯城奈特女神（Neith）神廟的祭司暨埃及海軍統帥，在波斯人入侵時如何勾結侵略者葬送自己祖國的行徑——這是由烏加霍列森尼本人執筆的自傳。

岡比西斯二世素有暴君之名，希羅多德的筆下描述這位波斯皇帝征服埃及後的種種倒行逆施，包括將埃及王室和貴族的女兒掠做奴隸，攻陷孟斐斯後一口氣屠殺兩千名埃及貴族等等，最出名的一個例子，是說他蓄意要破除埃及人的封建迷信思想，所以下令殺死了阿庇斯聖牛，並牽來一頭驢子勒令埃及人當作聖牛崇拜……

烏加霍列森尼的自傳中承認了孟斐斯的大屠殺事件，但強調這是因為埃及人先殺死了兩百名勸降使者，所以岡比西斯二世下令要埃及人十倍奉還，其中第一個被殺的就是末代法老普薩美提克三世的兒子。烏加霍列森尼為波斯人辯解說，在出現了殺死並肢解使者的情況下，「任何以前的國王都會這樣做」。

至於那頭據說被殺死的聖牛，一八五三年在距離孟斐斯不遠的薩卡拉城發現了牠的墳墓，銘文上記載了當這頭牛死亡時，岡比西斯二世正在遠征衣索比亞的途中。波斯皇帝下令，按照埃及的習俗為聖牛下葬，還在聖牛石棺上使用了埃及國王傳統的頭銜：「上下埃及之王、拉神的後裔岡比西斯」。

普薩美提克三世本來有望被赦免，甚至繼續統治埃及。因為這是波斯帝國對付被征服土地的傳統做法，但普薩美提克三世不肯屈服於異族統治，他在煽動埃及人叛亂時被抓住處死。

岡比西斯二世本人則在進攻衣索比亞時大敗而歸，恰逢國內又發生叛亂，心慌意亂的他率軍回國時失手劃傷大腿，二十天後因為傷口感染死去，成為波斯歷史上的笑柄。

西元前五二二年波斯本土發生叛亂，岡比西斯二世的宮廷禁衛軍統帥大流士率軍平定叛亂後即位，成為波斯皇帝大流士一世。

大流士是一位口碑很好的統治者。他鎮壓了岡比西斯二世死後的埃及大叛亂，以此再度征服了埃及，並將埃及與賽普勒斯、腓尼基一同劃入波斯阿契美尼德王朝下的第六總督區，但他尊重甚至縱容埃及人的動物崇拜，為阿蒙—拉神修築神廟，修繕了尼羅河與紅海之間的運河。

大流士一世統治時期，是波斯人或者說第二十七王朝統治最成功的階段，在這個階段中，埃及人基本上沒有大規模的造反。甚至當埃及祭司拒絕將大流士的石像放在阿布辛貝神廟前面時，大流士一世也聽取了埃及人的理由：您的成就是不能夠和拉美西斯大帝相比的，因為他征服了比你更多的民族，其中有你未能征服的斯基泰人。不管大流士一世心裡怎麼想，他還是對祭司表示了諒解。

不過波斯人不會信仰埃及文化，他們始終是外來的統治者，就像大流士在埃及留下的那句碑文：「我是波斯人，我來自波斯，我奪取了埃及。」大流士一世要求埃及每年向他獻上大量穀物、莫伊利斯湖的漁產收入和十四噸左右的白銀作為貢金，同時還要徵集大批勞工前往蘇薩和波斯波利斯修建王宮，這對於埃及人來說是不小的負擔。

大流士一世於西元前四八六年去世，去世前，埃及人終於掀起了一次大起義，通常認為這次起義的導火線，就是埃及人不堪忍受嚴苛沉重的稅務和無休止的徭役。這次起義直到西元前四八四年初才被鎮壓下去，繼任的皇帝薛西斯一世經歷了這次叛亂之後，對待埃及更加嚴厲。

到了下一任皇帝阿爾塔薛西斯統治初期，也就是西元前四六三年至西元四六二年左右，埃及爆發了第二次大起義，這就是著名的伊納羅斯起義。古希臘歷史學家狄奧多羅斯記載了這次起義的直接原因，是波斯人對埃及宗教信仰的侮辱和踐踏。

這場起義的領導者是三角洲的利比亞裔王子伊納羅斯和阿米爾塔伊俄斯，伊納羅斯以大約十四噸白銀和三千二百噸小麥的條件，拉來了波斯帝國的老對頭雅典人助拳，埃及—希臘聯軍占據了整個尼羅河三角洲，並一度圍攻孟斐斯的波斯占領軍，波斯帝國駐埃及總督阿赫美尼斯調集四十萬軍隊鎮壓才將這場起義弭平。伊納羅斯兵敗被俘後遭到處決，阿米爾塔伊俄斯繼續率領起義軍戰鬥，這場大起義大約到西元前四四九年才被徹底鎮壓下去。

按照希羅多德的說法，「沒有人比伊納羅斯和阿米爾塔伊俄斯給波斯人的損害更大了」。

大約在西元前四一四年至西元前四一三年，埃及爆發了第三次大起義，直接原因是波斯駐軍摧毀埃及神廟而惹了眾怒。這場大起義在西元前四〇四年獲得成功，身分不詳的阿米爾塔伊俄斯二世建立了短命的第二十八王朝，其後出現的第二十九和第三十王朝都是由埃及本地人建立的，當然它們的壽命也都不算長。

第二十九王朝的創立者是尼斐利提斯，只統治了短短六年，其繼任者哈克爾並沒有埃及舊王室血統，他在埃及稱王了十餘年，其間修復了很多神廟，並完成了一些建築工程。在希臘雇傭軍幫助下，他多次擊退了波斯皇帝阿爾塔薛西斯二世的進攻。

第三十王朝的建立者是奈科坦尼布一世，他擊退了波斯和希臘聯軍的進攻，為國內帶來十九年的穩定統治，趁此機會他修復了全埃及的神廟。奈科坦尼布一世去世之後，即位的塔科斯被斯巴達國王扶持的奈科坦尼布二世驅逐，這位篡位者治理下的埃及，向古代傳統價值觀、神靈崇拜和神話體系大舉回歸，但這位法老也是此後兩千三百多年中，唯一的埃及本土統治者。

西元前三四三年，波斯皇帝阿爾塔薛西斯三世的軍隊終於再度征服埃及。短命的、也是最後的一個波斯王朝——第三十一王朝開始了。

比起亞述人來，波斯人的征服戰爭一般不那麼殘暴，他們希望把征服者的存在感降到最低。他們給附屬國以行政自由，「波斯總督」只是監督而非取代地方政權的工作。最為重要的是，波斯人使大家感到他們尊重、保護其臣民的宗教信仰——這項開明的政策的確換來了對波斯人統治的承認。

但在古希臘學者的紀錄中，阿爾塔薛西斯三世征服埃及之後，波斯人的所有行為都是嚴厲懲罰和大肆報復。埃及的神廟遭掠奪，普塔神的神廟被摧毀，埃及的雕刻家和工匠被送到波斯波利斯裝飾宮殿。在這個動盪的第三十一王朝存續期間，波斯帝國本身也處在風雨飄搖之中。阿爾塔薛西斯三世很快被刺殺，他的兒子阿爾塞斯即位不久也遇害，最後政權落到昏庸無為的末代君主大流士三世手裡。

西元前三三四年，當馬其頓的雄主亞歷山大大帝進軍波斯時，這個龐大的帝國頃刻間土崩瓦解。

西元前三三二年，波斯帝國駐埃及總督馬扎西斯大開城門，拱手將埃及交給亞歷山大三世，埃及人則把亞歷山大大帝視作解放者和救星——雖然這個年輕的國王是個徹底的外國人。馬其頓人以解放者的姿態，推翻了波斯人在埃及建立的第三十一王朝，埃及的歷史進入了馬其頓希臘王朝—托勒密王朝的時代。

當亞歷山大大帝抵達埃及的時候，他只有二十四歲。這位馬其頓統治者到訪埃及的第一站充分顯示了他的睿智，造訪阿蒙—拉神廟，與代表傳統神權的祭司親切交談。

經過波斯人的長期統治之後，古埃及本土法老的式微已是路人皆知的情況，普通埃及人對法老神聖屬性和強大力量的認同也逐漸瓦解。所以當埃及祭司毫不猶豫地傳達神諭，宣布亞歷山大大帝是阿蒙神的兒子和埃及的正統國王也就毫不奇怪了。

亞歷山大大帝在孟斐斯受加冕為法老，荷魯斯神的光輝照耀在他身上，第三十二王朝就此開始了。

來自馬其頓的亞歷山大大帝，終結了波斯帝國的統治。

在他征服埃及之前，這片古老的土地與新王國時期比較起來已經發生了巨大的變化——埃及的人口結構發生了質變，大量的異族人隨著外來征服者湧入尼羅河兩岸，尤其是波斯的統治使得埃及變成了一個「小聯合國」。

此時的埃及人口大約三百萬，這裡的居民除了傳統上的埃及人、努比亞人和利比亞人以外，還有波斯人、愛奧尼亞人、卡里亞人、腓尼基人、埃蘭人、西里西亞人、米底人、利西亞人、摩押人、阿拉伯人、雅典人和猶太人等等。

在波斯王朝時期，作為統治者的波斯人和作為雇傭兵的希臘人，以及埃及祭司貴族一起構成了社會上層，廣大埃及本土農民和工匠等構成社會下層。各種文化的交融現象出現，波斯人和埃及人都出現了互相接受對方文化的傾向，希臘人和猶太人與埃及人的通婚也很普遍。

托勒密一世希臘風格頭像。

但無論如何，傳統埃及文化的力量仍很強大，民間仍舊信仰古埃及神話中的神靈。不過亞歷山大喜歡對自己征服區域進行移風易俗的改變，他夢想建立希臘式的共同社會和經濟秩序，將不同文化和宗教的人統一起來。正是由希臘王朝開始，古埃及文明出現了較大程度的改變，這是一個埃及文化與希臘文化逐漸融合的過程。

亞歷山大大帝在埃及短暫停留了六個月，他按照希臘模式改革了埃及的財政、稅收和官僚體系，組建了新的埃及中央政府，派遣總督和六位希臘高官進行統治，並在孟斐斯和東部邊境留下一些馬其頓軍隊駐守。接著他便繼續率軍向東方進發，朝著自己征服世界的夢想前進，直到他在西元前三二三年病故於巴比倫。

亞歷山大大帝病故之後，經過紛亂和兩次內戰，馬其頓帝國被亞歷山大大帝的將軍瓜分。

西元前三〇六年，出身於馬其頓拉古斯家族的希臘將領托勒密，從埃及總督搖身一變成為埃及法老托勒密一世，他是托勒密王朝的開國君主，他的王朝也就是埃及的第三十三王朝。

托勒密一世上臺後的第一件事，就是劫持了亞歷山大大帝的遺體，並將其運到亞歷山卓城安葬。埃及人將這位大帝視為荷魯斯神的人間化身，把他埋葬在托勒密一世的地盤，能夠為托勒密王朝帶來極大的宗教和政治利益，讓埃及人認為托勒密王朝是亞歷山大王朝的「自然延續」。為了進一步增強憑空而來的托勒密王朝的正統性，托勒密一世還娶了最後一位本土法老奈科坦尼布二世的女兒為妻。

托勒密一世埃及風格頭像。

亞歷山大大帝為埃及留下的最偉大遺產，就是希臘化的亞歷山卓城。亞歷山卓就是今天埃及的亞歷山大城，它扼尼羅河入海口，據交通要衝，按照亞歷山大大帝的構想，這裡將成為整個東地中海區域的政治和商業中心。在托勒密王朝時期，亞歷山卓作為托勒密王朝的首都，迅速發展成為地中海區域國際貿易和文化交流中心，在羅馬帝國治下也是整個西方世界僅次於羅馬的一流大都會。

英國歷史學家愛德華．吉朋在其巨著《羅馬帝國衰亡史》中，如此描繪這座城市的繁榮和人煙稠密：

這座美麗而整齊的大城市僅次於羅馬，繞城一周有十五哩，裡面居住著三十萬的自由人和數目相當的奴隸。亞歷山卓港和阿拉伯及印度進行獲利豐碩的貿易，再轉運到帝國的首都和各行省。此地沒有遊手好閒的人員，人們不是受雇吹玻璃，就是紡織亞麻布，再不就是製造莎草紙。不論男女老幼都從事生產工作，甚至盲人和手腳殘廢的人都可以找到適合的職業。

然而，這座繁榮的城市由於其多民族、多宗教混居格局而麻煩不斷：「亞歷山卓的人民是一個混雜的民族，把希臘人的虛榮和多變，跟埃及人的倔強和迷信結合在一起。一件不關痛癢的小事，像是一時買不到肉和扁豆、雙方的禮貌不夠周到、公共浴場弄錯尊卑的次序，甚或宗教問題的爭吵，由於廣大的民眾滿懷無法消除的怨恨，在任何時候都可能引發一場叛亂。」

由上述描述可見，第三十三王朝作為一個由希臘人把持統治階層的外來王朝，在埃及的統治一直是如履薄冰。

如果說亞歷山大大帝的統治是征服者對被征服者模式的話，那麼托勒密王朝則盡力把自己打造成一個真正的埃及王朝。這個希臘裔王室始終居住在埃及，將埃及作為自己的祖國治理。

亞歷山大的王朝時間短暫，所以托勒密王室只能從波斯人的統治中汲取教訓。他們認為波斯人失敗的最重要原因就是沒有處理好外來統治者與埃及本土人之間的關係，所以托勒密王朝竭力使希臘馬其頓統治者與埃及本土權貴結合在一起。

當然，這種結合並不是希臘人無條件迎合埃及的文化。托勒密王朝延續了亞歷山大未竟的事業，採取了令埃及希臘化的方式。但這種希臘化流於表面，只有曼涅托這樣的埃及上層階級受到希臘文化的影響，埃及的底層民眾依舊生存在自己古老的精神世界之中。

總督的神話

對於外部世界而言，托勒密王室是毋庸置疑的希臘人，歷代國王的形象出現在錢幣上時，他們穿著典型的希臘服飾。但在埃及內部的繪畫和雕像上面，他們穿著古埃及法老的傳統服飾。

這是一種堂而皇之的兩面派手法，在托勒密一世還未戴上王冠的時候便開始了。不過，欲取先予的他首先邁出了希臘人埃及化的一步：

托勒密在就任埃及總督的時候，他總結了埃及文化的特點和埃及人的思維方式，認定至少要在名義上接受埃及的宗教信仰和風俗習慣，才能實現長治久安。

換而言之，像亞述或者波斯人那樣立塊石碑吹噓自己是埃及之主是不夠的，你要做埃及人的王，就必須將自己打造成神——實際上這是成功統治埃及的一切君王都驗證過的事情。

西元前三一一年的一塊「總督碑」上記錄了如此一段與歷代法老宣示王權幾乎毫無差異的銘文：

> 我托勒密，埃及總督，把自己交給荷魯斯。
> 我把帕和泰坡兩地的女神潘太努特的領地布陀交還給荷魯斯；
> 從今天開始直到永遠，我擁有埃及的所有村莊、城鎮、居民和土地。

托勒密一世開啟的造神運動一直持續到王朝結束，尤其是在彰顯國王神性的王名頭銜方面達到了登峰造極的地步。

我們在前面介紹過埃及國王有五個王名，這五個王名可以簡稱為：荷魯斯名、兩女神名、金荷魯斯名、登基名和出生名。歷代國王都在這個範疇內做點符合自己心意的小變化。

以浮誇的拉美西斯大帝而言，他的荷魯斯名：被瑪阿特女神寵愛的強壯公牛；兩女神名：擊退入侵者的埃及保護者；金荷魯斯名：被公正強大的拉神選中之人；登基名：瑪阿特女神是強大的；出生名：拉神所生的人。

在這一點上，亞歷山大大帝和托勒密一世的頭銜都比較中規中矩，托勒密二世則稍顯長，從托勒密三世開始完全失控。例如托勒密五世的名字是這樣的：在讚美聲中出現在父親王座上的年輕人；他是英勇的大人，他已經重建了兩土地並使可愛的土地完整，他的心對諸神是虔誠的；他已經改善了埃及人的生活，他是像普塔神一樣的喜慶節日的主人和像拉神一樣的君主；愛其神父之神的繼承者，普塔神所選擇者，拉神的卡的力量擁有者，阿蒙神的活的形象表現者；永生者托勒密是受普塔神鍾愛的，他如神一般，他是埃及仁慈的主人。

如此誇張的頭銜，說明托勒密王朝對人格神化的重視，但這種不符合常規的王名也表明了他們的心虛——俗話說缺什麼吆喝什麼，托勒密王朝頭銜的潛臺詞無非就是：埃及的老鄉，快來信我吧！我真的是拉神的兒子，我真的是人間的荷魯斯……

托勒密王朝的國王一方面將自己打造成埃及的神，另一方面借助神化的形象來鞏固王權。他們很清楚埃及歷史上神權反覆干擾王權的危害，許多頗有作為的埃及國王都不得不向阿蒙—拉神的祭司集團輸送經濟利益和政治特權，這也是激起阿肯那頓宗教改革的一大原因。

托勒密一世顯然不打算延續埃及歷史上王權向神權讓步的慣例，同時也希望自己重蹈阿肯那頓的覆轍。他對這個問題給出的答案是，法老不僅做名義上的最高祭司，還改革古埃及的宗教信仰，創造新的神靈體系，徹底控制傳統的宗教勢力。

托勒密一世仍然允許埃及傳統的多神崇拜，畢竟他的王權神性直接源於應用埃及神話，所以保持傳統埃及宗教是其根本性的宗教制度；同時，托勒密一世創立了全新的國教——塞拉皮斯神（Serapis）崇拜，在埃及固有的頑固迷信傳統和官方政策大力扶持之下，這種新宗教得以大力發展。

男性人形的塞拉皮斯神是托勒密王朝的保護神，他是埃及傳統神和希臘神的認同合一。其崇拜中心在亞歷山大城和孟斐斯地區，兩地都有這位神靈的大型神廟，與此同時其神廟也遍及上下埃及。

古羅馬歷史學家塔西陀認為塞拉皮斯神的原型是美索不達米亞七大神祇之一的水神恩基，這位神靈善良正直樂於助人，是美索不達米亞地區傳統中的完美男性形象，也是最受歡迎的神祇。在最早開始崇拜他的蘇美人語言中，恩基這個名字可以引申出「高級祭司和國王」的意思；在巴比倫語言中，這個名字帶有「生命」的含義。

現代學者一般認為塞拉皮斯來自埃及的奧索拉皮斯神（Osorapis），是冥界之神奧西里斯神和孟斐斯地方保護神阿皮斯神（Apis）相結合的產物——這一點與阿蒙—拉神的出現類似。塞拉皮斯神並不是托勒密一世的發明，他是早已存在於古代埃及的神靈。

塞拉皮斯神代表的復活重生、農業豐收等含義，與希臘神話中幾位主要神靈的功能對應，也能滿足希臘人的宗教情感，並且又是埃及人自己的神靈，所以，托勒密王朝選擇他作為國家的保護神來崇拜，又不禁止埃及人對其他神靈的崇拜，令這個國度的上層和下層皆大歡喜。

托勒密王朝掌握了埃及祭司的任命權力，國王將自己變作了昔日的底比斯大祭司——國王，自己做宗教領袖直接控制祭司群體。藉由任命神廟祭司、召開神廟會議、派官員管理神廟，這些希臘統治者掌握了神廟和祭司集團的命運。

每一位國王登基時都要任命一個直屬自己的大祭司，埃及每年召開一次國王主持的最高宗教會議，各地的祭司首領向國王彙報各地神廟和祭司的狀況，一來彰顯了希臘裔法老的宗教首領地位，二來也能切實解決一些宗教方面的現實性問題。至少到托勒密第五時，祭司集團會議每年召開一次，國王任主席。召開會議的目的有兩個，一是強化國王作為神廟或者宗教首領的事實，一是瞭解神廟和祭司的情況，解決一些現實問題。

托勒密王朝對各地神廟的控制非常嚴密，除了依靠自己在登基時任命的大祭司，地方神廟的各級祭司和各級地方官吏，都有代替國王管理宗教事務的義務，每一個諾姆、每一個城市、每一個村莊中的大小官員，嚴密監控轄區的神廟和宗教狀況，防止任何威脅到法老權威的現象發生。事實上托勒密王朝在宗教方面直接管理到老百姓頭上，很多國王都曾以敕令形式規定埃及人的宗教儀式，細緻到祭祀的場所，祭品的品種，祭壇的建築方式，參加宗教儀式的時間、地點和授權形式等等。

在托勒密時代，人們將祭司稱呼為兄妹神的祭司、仁慈者神的祭司，這些都是象徵國王與王后的神靈，埃及的主流祭司已經是國王的祭司。與此同時阿蒙—拉神的祭司選擇了低調，伊西絲的祭司則向國王請願，請求救助他們免於地方官員的迫害，宗教領域內的勢力版圖已經出現了巨大的改變。

托勒密王朝的統治者，也善盡埃及國王本來就有的首席祭司職責。他們恢復了古老的傳統，自己以身作則履行各種古老的宗教儀式，按照埃及傳統試行魔法以作為全國各級祭司的表率，畢竟按照傳統如果國王懈怠的話，其他祭司的努力也是無用功。

例如托勒密二世主持的紀念托勒密一世的宗教大遊行中，這位國王走在隊伍的中間，前面是由祭司抬著神靈雕像，其中托勒密一世和王后的雕像稱為索塔爾，國王後面是眾大臣、地方代表、地方神廟的祭司、米利都等附屬國的代表，以及這些大臣、代表、祭司奉獻的祭品。托勒密二世作為國王、神以及最高祭司主持儀式的整個過程，這種對宗教職責的堅持不懈一直持續到王朝結束。

經過如此的宗教改革之後，托勒密王朝的王權始終沒有受神權左右過，祭司集團徹底失去了古代埃及傳統上的獨立性，淪為國王的統治工具。這是從中王國時期開始的歷代國王所期望的理想局面：王權徹底壓制了神權。

托勒密的法尤姆

在托勒密王朝的近三百年統治時期內，這些希臘統治者構築起一個多級金字塔權力結構。權力金字塔尖是國王，他或她是國家的象徵，集最高軍事外交內政和宗教權力於一身。

國王之下是托勒密王朝的宮廷和中央兩個系統的官僚，雖然其中一些高官的權力很大，但絕對沒有埃及傳統中像「維西爾」那種職位，能威脅到王權，同時插手軍事、行政和司法。

托勒密王朝的宮廷系統由廷臣、侍從官員、王室警衛、宦官和奴隸等組成，他們是王室「自己」的人，負責滿足王室成員的生活享樂。他們的頭銜有傳達官、首席獵人、王家侍衛武官、首席司膳總管、首席司酒官、首席醫師和普通醫師、家庭教師和國王的教父、臥室侍者、護衛、助手或隨從雕刻者、男管家和馬車夫等等。這些宮廷官僚還擁有一些榮譽頭銜，如王友、第一朋友、貼身護衛長官、朋友和繼承者，從西元前二世紀開始，這些頭銜也授予諾姆一級的官員。

托勒密國王的中央官僚主要分布在行政、經濟、司法、宗教、軍事和外交等部門，其中首席大臣負責掌管埃及的國印或國王的私章，他主導外交工作；王室祕書處理國王的信件；首席祕書處理百姓的請願書和頒發王室命令；由多人構成的檔案館管理各種記錄、書信和敕令；王室敕令起草者負責做國王陛下的代筆人；首席財政大臣直接管理國家的經濟，任命所有與財政有關的官員，還負責所有的民事事務，各諾姆長及諾姆內的各級行政官員由他管理；首席司法大臣管理國內所有的司法事務，托勒密王朝允許希臘傳統法律和埃及傳統法律同時存在運行，並分別建立了適用兩種法律的法庭，此外還設有巡迴法庭直接處理希臘人與埃及人之間的糾紛；戰爭大臣負責徵兵、軍餉和軍人土地分配問題；此外，還有上節提到的王家大祭司控制宗教領域。

中央官僚之下是空前複雜的地方官僚體系，埃及的行政區分為三部分：埃及境內司法獨立的希臘殖民城市、埃及之外的占領地和埃及本土。

埃及境內主要有四大希臘城市：亞歷山卓、托勒密斯、諾克拉底斯和帕雷托紐姆。這些城市的居民中以希臘移民居多，它們有自己的人民大會、市議會、行政官和城市法律，由國王任命的總督管理。

在前三位托勒密國王統治時期，埃及的國力處於黃金時期，控制了埃及之外的很多地區：賽普勒斯、敘利亞和昔蘭尼加、腓尼基、巴勒斯坦、克里特、利比亞、加勒比、伊奧尼亞島嶼與愛奧尼亞，甚至包括遙遠的色雷斯。這些屬地歸屬托勒密國王個人所有，由駐軍總督負責當地的採礦、貿易以及稅收等事務，其他事務由各地區人民按本民族習慣自決。不過從托勒密五世開始，埃及逐漸失去了這些海外屬地。

埃及本土依舊按照古埃及悠久的傳統分為上埃及和下埃及，以及劃分成若干諾姆。每個諾姆都有一名埃及人諾姆長管理農業事務，有一個希臘人總督負責當地軍事事務。很快總督便壓制了諾姆長，成為統管軍政的諾姆最高長官，而諾姆長則變成處理財政事務的小民事官。為了制止這種軍閥化傾向，托勒密王朝在西元前二世紀初，任命了兩個分別節制上下埃及各諾姆駐軍長官的大總督。

諾姆之下分成若干稱為「托坡斯」的地區，每一托坡斯設一名托坡斯長。埃及最小的行政單位是村，村長稱為「考馬克」。托坡斯長和考馬克管理屬地包括社會治安、農業生產和公共建設等事務，並且要負責管理轄區內的王室土地收益。

地方官僚中還有分散在各諾姆中的地方財政官，他們是首席財政大臣的地方代理人。在地方官僚中還有歷史悠久的書吏，這些人稱為王室書吏。王室書吏由於有通曉埃及和希臘雙語的優勢，逐步取代了由希臘人擔任的地方財政官。

王室書吏之下是區書吏和村書吏，村書吏不僅從事老本行的記錄工作，還直接進入田地監督農夫勞動。區書吏則是村書吏和王室書吏之間上呈下達的仲介。雖然書吏有很廣泛的監督權，但稅收這個職責並不屬於他們，各地徵稅工作由各地駐軍總督、托坡斯長、村長承擔，具體執行者則是「穀物收集者」、「半稅農」和「稅農」等基層官員。

托勒密王朝還出現了員警，埃及的村莊中設有員警站，埃及的員警多才多藝，除了維持治安之外，還肩負著協助尼祿河水位測定和土地耕種規劃等使命……托勒密王朝為埃及帶來了郵政人員，這些郵差將國王的命令從北方傳遞到南方，並把南方的各種書信、請願書等傳遞到北方。

在權力金字塔之下，就是作為地基的埃及老百姓了。為了養活這個龐大的權力金字塔，托勒密王朝以各種名目徵收賦稅，當時埃及的稅收種類多達兩百多種，除土地稅繳納實物外，大部分繳納貨幣稅。

按照埃及的傳統，國王是全國土地所有者，他把土地分成王田和授田兩種，授田分為給權貴的賜田、給神廟的廟田、給軍人的軍田和私人土地四種類型，其中前兩者一般都免稅或繳納輕稅，後兩種要按收成總數比例納稅，包括「什一稅」和「六一稅」不等。其中軍田扣稅後的收成就是該土地所屬軍人的軍餉。

普通埃及人的納稅登記由村書吏負責，所在村莊的人口、土地、房屋、耕牛、牲畜的數量和財產多少，都在國王的掌握之中。甚至到了即使一個人去打魚，也要派一名書吏監視記錄，以保證百分之二十五的魚作為稅收轉入國王手中的地步。

以上就是托勒密王朝的權力金字塔構成情況，龐大的官僚體系支撐著托勒密埃及運轉近三個世紀。

在托勒密時代，中央官僚和將領由希臘人擔任，地方官僚一般由土著埃及人擔任。但這種以民族身分為條件的官僚制度，往往激起官僚內部的矛盾。

王朝的一切官僚都隸屬於國王，一切地方官僚都隸屬於國王和中央官僚，地方各級官僚又隸屬其上級，每位官員服從上司有如奴隸，又像奴隸主般驅使下屬，於是整個權力金字塔處處彌漫著腐敗的氣息。

很快，職位壟斷在富裕階層手中，古老的父子世襲死灰復燃，同時雪片似的揭發請願書，則從埃及各地飛向托勒密王朝的中央機構。

雖然國王在銘文《對管理人的指示》中反覆重申：「我認為最重要的是你辦事要細心、忠誠，並且用最好的方法來解決問題……不要參加腐敗的團體，避開任何以不道德行為為基礎的同盟，做一個忠誠的人，假如在這許多問題上你無可指摘，那麼你將得以提升到更高的職位。」但我們能從更多的文獻中看出各級官僚是如何辦事的，一封上下級官僚之間的信中，介紹了地方官對中央巡查長官的招待準備：「根據大人您的指示，我們已經為國王的護衛長克里斯普斯和首席財政大臣的來訪做好了準備：禮物有十隻白頭鳥和五隻家鵝，五十隻野鵝，二百隻野雞，一百隻野鴿子，我們還借了五頭驢子作為坐騎，還有另外四十頭驢子為大人馱運行李……我們正準備去接他們，再會。」

從這封真實的信件中，至少可以看出兩位中央長官的胃口不錯，他們所獲得的這一切顯然都是免費的。

波斯人對埃及的統治是掠奪性的，以至於經常堂而皇之地搶劫神廟。就算是被視為解放者的亞歷山大大帝，對埃及也沒有起到太多建設性作用，他匆匆離開前任命的埃及總督克里奧美尼斯的統治不得人心，第三十二王朝時期埃及的經濟遭受了嚴重摧殘。

既然托勒密一世所開創的第三十三王朝繼承了如此慘澹瀕臨破產的國度，那麼他們又是如何建立起一個龐大的腐敗官僚統治體系，從而維持了王室的無恥奢華生活呢？這全賴從托勒密一世開始，連續幾任國王都算是理智的統治者，所以他們首先保住了埃及不被其他馬其頓軍閥吞併，同時又將上下埃及的民生經濟從疲敝已極中恢復過來。

對於托勒密一世而言，埃及是他「用長矛征服的土地」。他有長矛，亞歷山大大帝的其他部將自然也有長矛，縱然托勒密一世透過卓越的政治和外交手段占有了埃及，但仍不能避免他的王朝自一開始便處於昔日同僚的進攻當中。

國家安全是托勒密王朝首先要解決的問題，然而我們從過往的歷史中可以看出，長期衰弱的本土埃及軍隊可謂標準的弱雞……和以往的埃及國王一樣，托勒密一世從沒幻想過依靠埃及人來保衛埃及——托勒密王朝的戰鬥力由職業軍和雇傭兵來保證。

職業軍是托勒密一世在將軍時代率領的馬其頓士兵，這些嫡系老兵的戰鬥力毋庸置疑，他們曾跟隨亞歷山大大帝征服了大半個已知的文明世界。不過忠誠可靠的職業軍數量不多，他們充當了世代為兵享有特權的王室衛隊。

雇傭兵的來源五花八門，主要來自希臘各城邦、馬其頓和小亞細亞地區，他們在托勒密王朝誕生之前就長期存在埃及了。希臘雇傭兵在古代地中海世界擁有堪比瑞士衛隊的口碑，他們從西元前一千年前便已出現，這些只認錢不認人的亡命徒盡忠職守，他們曾在希臘城邦爭霸中彼此廝殺；他們曾跟隨波斯大軍入侵故鄉希臘；他們曾與埃及起義者一起圍攻波斯駐軍；他們曾在波斯總督指揮下殘酷鎮壓埃及起義者——希臘人自己都將希臘雇傭兵稱之為「蝗蟲」，因為他們不怕報應，連供奉希臘神靈的神廟都能下手屠殺搶劫，就更別提埃及人的遭遇了……甚至在亞歷山大大帝與波斯帝國決戰時，大流士三世手下依舊有四萬餘人的希臘雇傭兵毫不留情地「和東方的敵人一起打自己人」。

在托勒密王朝創立初期，以希臘裔為主的雇傭兵構成了埃及軍隊的核心力量，本土埃及人只占軍隊的很少比例。但隨著時間推移，埃及軍隊中的埃及人和利比亞人逐漸增加到占三分之一比例。

要保證這樣一支軍隊的軍心和忠誠，顯然一靠豐厚的軍餉，二靠退役後的待遇——還是要花錢。托勒密一世顯然變不出這麼多錢來，他想出了一個延期付款的好主意：分地。

古埃及經濟以農業為核心，土地是埃及的經濟基礎，是埃及人的生存之本。土地意味著收成，意味著穩定的收入，意味著退役後的生活，意味著家庭的生存，意味著士兵的利益與埃及的安全牢牢捆綁在一起。但從哪裡獲取如此多的土地來分配給士兵呢？雖然埃及的全部土地在傳統觀念上都屬於國王，但貿然將其從原有控制者手中剝奪，必定會激起大規模反抗。

更為棘手的是，從亞歷山大時代開始，大批希臘移民湧入埃及，這些人中有來自雅典等希臘城邦的公民，也有很多馬其頓王國的子民。雖然希臘人留給後世的印象大多集中在睿智的學者和無畏的英雄上面，但希臘移民毫無疑問是為了尋找生存機會才會來到埃及，他們之中絕大部分的成員一無所有，指望能在埃及獲取土地改變命運。埃及人自己當然也不會好心的將手中土地拱手讓出，如何解決土地資源配置就成為一件頭等大事。

於是從托勒密一世開始，第三十三王朝持續開發埃及的農業，開發重點是傳統的埃及魚米之鄉法尤姆。法尤姆地區有得天獨厚的自然條件和開發潛力，埃及的統治者自第十二王朝的阿蒙尼姆赫特一世開始，便持續在此地進行大規模的土地疏浚和產業開發。

在二十世紀，英國埃及學家皮特里在埃及古羅布和卡宏等地發現了大批紙草文獻。其中記載了托勒密王朝對法尤姆的農業開發事業，始於托勒密一世在塔布突尼斯重建了第十二王朝的一個神廟，終於法尤姆的一個希臘人，代替克麗奧佩脫拉七世向地方保護神鱷魚神奉獻了一塊石碑。

托勒密王朝在法尤姆的農業開發是一項長期而堅定的事業，首席財政大臣直接負責法尤姆的農業開發事宜，他負責調派專業工程師對濱湖窪地的農田水利進行建設和管理。歷任國王也多次親臨法尤姆督察開發進度，文獻中記載了托勒密二世在他統治的第三十二年視察法尤姆時，嚴詞訓斥瀆職的工程師克里昂。

在托勒密王朝舉國之力打造下，法尤姆地區建立起埃及版的「都江堰」灌溉網路：勞工在湖泊綠洲之間修建了四十公里長的水渠，並在尼羅河與法尤姆相交處修建複雜的防洪水道，根據尼祿河水位高低調節流入法尤姆的水量。托勒密王朝還在中王國水渠的基礎上擴建，以便將氾濫季節過後法尤姆地區過多的洪水排入尼羅河。法尤姆內部的莫伊利斯湖被一條條輻射狀水渠引入農田，保證在乾旱季節也有充足水源進行灌溉。這種內外結合的複合型灌溉系統，使得法尤姆克服了幾千年來的尼羅河氾濫魔咒，從此不管尼祿河水位高低如何，這裡都是埃及的糧倉。

在保障了灌溉的同時，托勒密王朝在哈瓦拉修建水閘，限制尼羅河洪水流入法尤姆的莫伊利斯湖。在乾旱的沙漠氣候條件下，莫伊利斯湖的湖水從中王國時期的十七點五米深，迅速蒸發到西元前二百年左右的二至四米深。圍湖造田創造出大片肥沃的土地，解決了人多地少的困境。

萬事俱備，只欠種田——那麼士兵們，發工資的時候到了！

向士兵分配土地並不是托勒密的獨創招數，早在第二十六王朝時期，塞易斯國王就開始把土地分給埃及本土士兵，這些士兵無論是否正在服役都有權得到份地，但這些土地要交替著耕種，並不是長久屬於某一個人的。

托勒密一世的分配模式更類似中國古代的屯田制度，這是一套結合農業開拓、老兵安置和武裝殖民的三合一處理系統。首先，國王分給士兵的土地基本上都是待開墾的荒地，士兵要想獲利就必須自己或雇人開荒。沒人願意讓自己的土地荒廢，所以開發出來的土地就得到了開墾的保障，國家也會產生持續的稅收。此外，職業軍和雇傭兵的土地都安排在特定區域。分配時按軍銜高低分給份額不等的土地。根據紙草文獻的記載，最受優待的馬其頓職業軍可以得到約二百畝到四百畝的土地，而待遇最低的埃及本土士兵則有八十到一百六十畝土地。

上述的份地數目是官方頒布的理想數字，實際上普通大頭兵得到的並沒有這麼多。根據紙草文獻中的記載，在法尤姆的齊爾克奧西里斯村，每個職業軍騎兵占有土地在八十畝到三百二十畝之間，而埃及本土士兵占有土地在二十四畝到六十畝之間。

不過即使是以齊爾克奧西里斯村最低的份地面積來衡量，其產出也足夠維持士兵的生活開銷。隨著軍銜提升，軍人的土地能為自己和家人帶來一份體面的生活，以至於歷代國王都收到不少為親人爭取入伍機會的請願書……

希臘士兵一般會雇用埃及人耕種自己的份地，扣除勞務報酬和稅務之後的收入就是他們的軍餉。這塊土地一直屬於他們，直到去世為止，之後是否可以由兒子繼承要由國王決定。西元前二三九年左右的一份文獻上寫道：「下面列出的騎兵已經死了，因此國王收回他們的份地。」不過這種不近人情的例子似乎並不多見，因為這些士兵的兒子通常也是士兵，所以一般情況下這類土地都世襲繼承了。

除了作為軍餉之外，職業軍人和雇傭兵到達一定年齡退伍後，也能按照上面的原則分得一定量的份地作為國王提供的養老金。托勒密二世曾在給區軍事祕書的一封信件中，命令後者妥善安置老兵，要保護好他們的人身安全，解決吃飯和住房等實際生活問題。

當然，作為埃及古老傳統的延續，托勒密國王也將這些土地賞賜給自己的權貴大臣。與對待大頭兵時的錙銖必較截然相反，國王在對待自己的親信時出手很大方，托勒密二世在分給首席財政大臣阿波羅尼烏斯土地時，一揮手就是三萬餘畝！

法尤姆的土地大開發大大緩解了尼羅河谷的人口壓力，解決了王朝創立初期的財政開支和軍費支出。這片新土地成為希臘人和埃及人的混合居住點，托勒密一世時期，法尤姆的移民主要是六千五百名馬其頓職業軍士兵，隨後雇傭兵也迅速移民至此。到西元前三世紀末，此地的軍事移民數量就達到了五萬人。

托勒密王朝還在法尤姆地區建造了大量的沙杜夫提水器和揚水車，經由這些設施將水源提取到法尤姆附近乾旱的高地上，進一步創造出新的田地。沙杜夫提水器是古埃及傳統農業器械，揚水車則是希臘人帶來的洋玩意兒。除了這些以外，國王大力推廣新的耕犁等農具提高了耕作效率，脫粒機也出現在埃及鄉村的曬穀場上。包括棉花、硬質小麥、橄欖樹以及葡萄樹等各地優良品種，大規模引進法尤姆，終於打造出一個夢幻般的魚米之鄉。

在托勒密二世時代，法尤姆的可耕地面積就達到了一千兩百平方公里至一千六百平方公里，比中王國時期擴大了兩三倍。也正是在這位國王的時代中，法尤姆第一次變成了諾姆，以王后阿爾西諾的名字命名為阿爾西諾諾姆。在這片生機盎然的地區中分布著一百四十五個村莊，生活著十餘萬人口。

羅馬時期的地理學家斯特拉波這樣描述法尤姆：「法尤姆是埃及最突出的地區，不僅自然環境優美，土壤肥沃，產品豐富……橄欖油隨處可見。酒、穀物和其他產品也是如此。」

隨著托勒密王朝的統治日趨牢固，整個埃及社會呈現穩定狀態，法尤姆的希臘老兵娶了埃及妻子形成希—埃家庭，開始真正意義上的血統融合。在托勒密時期的紙草文獻上，埃及的家庭中經常出現希臘名字和埃及名字共存的現象，而且兩種名字出現的頻率幾乎一樣。

這種底層民眾之間的通婚，並不是托勒密王朝希臘化的方向，因為這種婚姻的後果是希臘人的血統不再純正，而混血後裔受到母系文化的影響更大。這種希—埃家庭的第一代子女可以說希臘語，接受希臘式的教育，同時懂得遵行埃及文化的行為規範。但在幾代以後，這些後裔反而「埃及化」了。

亞歷山卓城裡的希臘權貴竭力保護自己的血統純正性，他們自認為是優等的民族，想方設法使希臘的文化傳統不因社會環境的改變而改變。希臘人努力在陌生的土地上營造家鄉的氛圍，他們建立的城市和村莊都是希臘式的。他們相互通婚，用希臘語交談和書寫，他們觀看希臘戲劇，欣賞希臘音樂，只要是希臘人較多的地方就有體育館，無論是城市還是鄉村。

但這一切的掙扎註定是徒勞的，西元前三世紀的托勒密王朝由希臘人留下的紙草文獻基本上是用希臘語寫成的，而此後的文獻資料則兼有希臘語和埃及語。即使是在「希臘化」程度最高的亞歷山卓城，當古希臘歷史學家波利比烏斯於托勒密四世時期到訪時，不禁對這些同族大搖其頭：「源自希臘人的那部分人口已變成混合的種族，不再是真正的希臘公民，不再擁有希臘公民的美德！」

也正是從托勒密四世開始，他迫於埃及國內外形勢的急轉直下，不得不大大提高埃及人的地位，從這一時期開始埃及人可以充任軍隊和地方的高級官員，資深的埃及老兵可以得到與希臘軍人在理論上同樣多的土地——當然從齊爾克奧西里斯村的例子來看還是打了很大折扣的。

這種結果其實並不意外，畢竟當時希臘移民與埃及本土人的人口比例為一比八。儘管希臘文化在權力上占據絕對優勢，但埃及人在數量上占絕對優勢。希臘人並不是住在完全封閉，與埃及人隔絕的獨立區域，當他們分散居住在埃及人周圍時，就像灑進水裡的砂糖一樣被溶化了。

居住在埃及的希臘人接受了埃及的文化，他們也在死後製成木乃伊埋葬。希臘文化也融入埃及的古老傳統之中，為傳統的木乃伊面具帶來全新的製作手法。古代埃及的木乃伊面具表現人物正面，較少個性化表現；而希臘時期的木乃伊面具人物通常是四分之三側面，表現更多人物個性，非常逼真生動。到了羅馬時期，法尤姆附近發現的木乃伊已經開始用繪製在木板上的希臘式人物肖像，取代傳統的木乃伊面具。埃及墓葬裝飾圖案既有奧西里斯、伊西絲和阿努比斯，也有希臘人鍾愛的橄欖桂冠、玫瑰花飾，以及作為羅馬社會上等人標誌的紫色元素，非常明顯是不同文化融合的結果。

埃及學家認為托勒密王朝前期黃金時代的出現，主要依靠的就是法尤姆的成功開發。出生於埃及的古羅馬歷史學家阿庇安曾有過如下記載：「托勒密二世統治時，稅收是充足的，可以支援規模巨大的軍事建設，埃及的軍隊包括二十四萬名步兵和騎兵、三百頭戰象和三千五百艘戰船。」

到托勒密三世統治時期，埃及已經完善了自己的陸軍和海軍。

陸軍一般由王室衛隊、重裝步兵、輕裝步兵、騎兵和戰象中隊等組成。馬其頓人組成的王室衛隊駐紮在首都亞歷山卓城附近；重裝步兵分為三個軍團，每個軍團約一千人，按馬其頓方陣的模式訓練；輕裝步兵由輕盾兵和特種持盾兵組成；雇傭兵中的克里特人、色雷斯人和卡里提亞人按照各自族群的武器裝備和戰術組織起來。騎兵也分為數目不等的重裝騎兵和輕裝騎兵，騎兵軍團的名字往往以雇傭兵的來源地命名，如色雷斯騎兵、帖薩利亞騎兵、美狄亞騎兵和波斯騎兵等等。

托勒密一世時使用印度戰象組成了戰象中隊，但很快塞琉古國王截斷了埃及與印度之間的路線，埃及不得不轉向努比亞獵取戰象。此後托勒密王朝的戰象來自非洲，尤其是托勒密二世留下了大規模獵取和訓練大象的紀錄。

海軍由一支國王艦隊作為核心，以來自地中海區域的雇傭兵艦隊作為輔助。國王艦隊顧名思義是由托勒密國王親自出錢建造的，水手都是埃及人，划槳奴隸也來自埃及。這支艦隊的維持費用由亞歷山卓城、希臘和腓尼基城市的富人供給，他們還有義務為艦隊提供海員、水手和槳手。

經過前三位國王的勵精圖治，托勒密三世時埃及的國力達到鼎盛期，幾乎恢復了地中海區域的帝國雄風，並維持了四十年之久。

即使在托勒密王朝的衰退期，法尤姆也依舊支撐著這個已達到七百萬人口的國度不至崩潰。有趣的是，托勒密王朝的國力衰退，與因為過度開發導致的法尤姆土地沙漠化幾乎同步出現，王朝末年時期的法尤姆灌溉系統已經失去作用，周圍沙漠不斷襲擊村莊和農田，人口流失，城鎮廢棄。到羅馬時期，法尤姆地區已經嚴重沙漠化，時至今日的埃及，仍未能完全恢復托勒密王朝時期開發的可耕地面積。

權力的遊戲

托勒密王朝有個令人哭笑不得的傳統，他們所有的國王都叫托勒密，絕大多數王室女子都叫克麗奧佩脫拉、貝勒尼基或阿爾西諾。

為了表明自己的埃及化，托勒密王朝的國王與自己的姐妹結婚。但原因並不是因為他們信仰古埃及的宗教，事實上絕大部分的托勒密王室成員都不懂埃及語，他們是為了做給受統治的人民看——法老果然延續了幾千年來的傳統。

托勒密王朝兄妹婚的始作俑者是托勒密二世，他娶了姐姐阿爾西諾二世為妻，並立她為王后，也因而獲得了「菲拉戴爾夫斯」（意為「愛他姐妹的人」）這個神聖的稱號。

此後托勒密王朝基本放棄了馬其頓人的婚俗，轉向埃及傳統的王室婚姻傳統：托勒密四世娶了姐姐阿爾西諾三世；托勒密六世娶了妹妹克麗奧佩脫拉二世；托勒密九世娶了妹妹克麗奧佩脫拉四世；托勒密十二世娶了妹妹克麗奧佩脫拉六世；托勒密十三世娶了妹妹克麗奧佩脫拉七世。另外，還有父女婚和母子婚等形式。例如，托勒密八世與其侄女克麗奧佩脫拉三世結婚等等。

托勒密王朝的近親婚姻鞏固了統治，獲得了統治埃及的合法地位。托勒密二世把在世的王后阿爾西諾二世變成了女神，在埃及所有神廟中受到崇拜。由此將托勒密王后的地位大大提高，掀起日後家族內亂的濫觴。

托勒密三世與昔蘭尼公主貝勒尼基二世結婚，並沒有效仿父親娶自己的親姐妹。貝勒尼基二世原本嫁給馬其頓的帥哥王子德米特里，沒想到這位上門女婿來到昔蘭尼之後竟然勾引了丈母娘阿帕瑪。剛烈的公主二話不說領兵殺進老媽臥室，當場宰了德米特里，然後收拾行李再嫁給托勒密三世。

再婚之後的貝勒尼基二世生下四個孩子，並因為祈禱出征敘利亞的丈夫平安歸來，獻祭頭髮給女神阿芙蘿黛蒂的神廟。第二天頭髮在神壇上失蹤，希臘天文學家薩摩斯的科農安慰她說：陛下的頭髮被女神放到了天上，留在星空中，他隨手一指留下了后髮星座的浪漫傳說。

有菲洛帕托爾（意思是「愛他父親之人」）之稱的托勒密四世是個荒淫無度的暴君，他與姐姐阿爾西諾三世結婚，還在寵臣的讒言下把自己的叔叔利西馬科斯、兄弟馬格斯、母親貝勒尼基二世都殺了。他之所以被稱為菲洛帕托爾，可能是因為托勒密四世還沒來得及弒父篡權的緣故。

托勒密四世除了是個暴君之外，還是個無能的昏君，塞琉古帝國在他手上奪走了敘利亞，埃及內部的土著起義暴動也是層出不窮。他的寵臣索西比烏斯和阿加托克利斯在主子死亡之後祕不發喪，並除掉了王后，以免她按照埃及傳統以共治者身分擔任攝政王，從而將年幼的托勒密五世控制在股掌之中。

托勒密五世與塞琉古帝國締結合約，並娶了安條克三世的女兒克麗奧佩脫拉一世，隨著這位外來王后進入埃及宮廷，王室女性的政治嗅覺蘇醒了……

雖然做了塞琉古帝國的女婿，但托勒密五世更傾向於靠攏羅馬這個新興霸主。他制定了進攻敘利亞的計畫，但沒來得及實施便英年早逝，埃及一直有傳言認為他死於被人下毒。

托勒密五世去世前，便已授予王后克麗奧佩脫拉一世「維西爾」這個古老的稱號。在他去世之後，克麗奧佩脫拉一世趁著托勒密六世年幼當上攝政王，統治國家直到去世為止。克麗奧佩脫拉一世去世後，托勒密六世與自己的妹妹克麗奧佩脫拉二世結婚，這對兄妹夫妻作為共治王共同統治埃及，同時他們的弟弟托勒密八世也瓜分了一部分權力。

西元前一六四年，托勒密八世趕走哥哥托勒密六世企圖獨自統治，但後者在羅馬援助之下很快又奪回了政權。

這個先例一開，托勒密家族的無休止內訌便上演了。在追逐王位的過程中，托勒密家族上演了一齣循環播放的兄弟姐妹手足夫妻骨肉相殘肥皂劇。事實證明，權力的誘惑無論對男對女都一樣是致命的。

托勒密八世在奪權失敗後，被發配到海外屬地昔蘭尼加，等到托勒密六世死於征討敘利亞的戰爭時，托勒密八世大搖大擺地回到埃及，娶了自己的姐姐，也就是托勒密六世的王后克麗奧佩脫拉二世。

一年後，這個陰謀家謀害了自己的侄子托勒密七世，又與自己的侄女，也就是克麗奧佩脫拉二世的女兒克麗奧佩脫拉三世私通並結婚，這一切都發生在他的姐姐兼妻子克麗奧佩脫拉二世的眼皮子底下。克麗奧佩脫拉二世曾經利用亞歷山卓的市民暴亂將自己的弟弟趕下臺，但托勒密八世五年後又捲土重來奪回王位。

托勒密八世去世以後，其王后克麗奧佩脫拉三世成為埃及的統治者，她的兒子托勒密九世完全是個傀儡。這位國王被迫與自己的弟弟托勒密十世分享權力，結果這兩兄弟及其母親之間的明爭暗鬥，造成托勒密九世三次執政和托勒密十世兩次流放的鬧劇。

西元前八十年，托勒密十世在羅馬做人質的兒子托勒密十一世，被大獨裁者蘇拉送回埃及即位。他與自己的伯母、托勒密九世的遺孀貝勒尼基三世結婚並共同執政了十九天。這對名義夫妻因兩人都想獨攬大權而翻臉，托勒密十一世殺害了王后貝勒尼基三世，據說還立下遺囑將埃及贈送給羅馬共和國，這一行為激怒了亞歷山卓市民，暴動者衝進王宮砍掉了國王的腦袋。

埃及豔后克麗奧佩脫拉七世希臘風格頭像。

托勒密十一世被殺後，托勒密家族只剩下托勒密九世和一個身分不明的希臘女人生的兒子，於是他被立為托勒密十二世。從托勒密十二世開始，埃及開始介入羅馬的內部爭鬥，或者說埃及變成了羅馬內部政治鬥爭中，一個富有而無能的豬隊友。

羅馬人並沒有將托勒密十一世的遺囑當回事，但托勒密十二世卻不敢得罪地中海對面這個強大的鄰居。他為了確保自己的王位和王朝的命運，在政治上極度諂媚羅馬。這位國王親自前往羅馬向龐培和凱撒行賄，讓他們承認自己的王位繼承權，使自己的名字列入「羅馬人民的盟友」的行列中。

托勒密十二世更看好龐培，認為他會成為羅馬的統治者。於是他在國內徵重稅來重點資助龐培，眼睜睜看著龐培消滅了本都王國，兼併了塞琉古帝國。雖然他不可能不懂唇亡齒寒的道理，但他不敢對羅馬做出任何反抗。

西元前五十八年，羅馬占領了埃及最大的海軍基地賽普勒斯島。托勒密十二世這個羅馬人民的老朋友依舊沒有吭一聲表示抗議，這下埃及人受夠了，他們起義推翻了這個窩囊廢。

托勒密十二世帶著女兒克麗奧佩脫拉七世跑到羅馬做了好幾年的寓公，埃及人擁立了托勒密十二世的另外一個女兒貝勒尼基四世即位。

雖然埃及人派出多達百人的使者遊說羅馬不要支持托勒密十二世復辟，但這個國王在對待自己人民的時候卻反應迅速——代表團在羅馬遇襲，傷亡慘重，根本沒能抵達元老院陳情。於是托勒密十二世在龐培的支持下得到羅馬元老院的支持，在三年後帶著一支由羅馬軍團和雇傭兵組成的軍隊打回亞歷山卓復位。他重登寶座後的第一件事，就是殘酷地處死了自己的女兒貝勒尼基四世。

羅馬士兵從此駐留埃及，托勒密王朝至此已經喪失了獨立性。

西元前五十一年，托勒密十二世在去世前夕，留下遺囑讓自己的兒子托勒密十三世和女兒克麗奧佩脫拉七世結婚並共同統治埃及——大名鼎鼎的埃及豔后登上歷史舞臺。雖然克麗奧佩

埃及豔后克麗奧佩脫拉七世埃及風格石像。

脫拉七世名為埃及豔后，但她根據父親的遺囑身兼埃及王后及國王。她與歷史上其他女性攝政王完全不同，就算是新王國時代的女法老哈特謝普蘇特也難以與之相比，因為她是合法即位的女王。她父親的這份遺囑還特別請「羅馬人民為執行者」，可惜羅馬元老院懶得搭理，還是老朋友龐培表態批准了這份遺囑。

托勒密十三世登上王位後，就和自己的妻子妹妹決裂了，克麗奧佩脫拉七世見勢不妙，只好跑到敘利亞避難。

西元前四十八年，龐培在羅馬內戰中被凱撒打敗。龐培一尋思能投靠誰呢——當然還是老朋友托勒密啦！他渡海跑到埃及，結果立刻被托勒密十三世殺死。率軍追到埃及的凱撒一上岸，就看到法老陛下派人送來的人頭，但凱撒對托勒密十三世的做法極為反感。克麗奧佩脫拉七世立即從敘利亞返回埃及，她獻身於凱撒換取支持，凱撒要求兄妹倆遵循托勒密十二世的遺囑，和睦相處共同執政。托勒密十三世對這個「鄰居老王」十分不滿，他出動軍隊圍攻凱撒，但凱撒談笑間埃及軍隊就被羅馬軍隊打得灰飛煙滅。

西元前四十七年，托勒密十三世兵敗被殺。這樣一來，埃及豔后成為埃及唯一的國王了。但她還是依照傳統與自己的弟弟托勒密十四世結婚，做了名義上的共治夫妻，以及凱撒公開的情人。

克麗奧佩脫拉七世是位傑出的女政治家，她不僅維持搖搖欲墜的托勒密王朝長達十八年之久，還在相當程度上維護了埃及的國家尊嚴。據說羅馬大將安東尼曾邀請克麗奧佩脫拉七世參加自己的宴會，她不但沒有參加，反而叫安東尼屈尊前去參加她在樓船上舉行的晚宴，這被稱為「法官去拜會被告」。在這段時間裡，她「不像是一個被保護國的兒皇帝，倒像是一個獨立國的君主」。

克麗奧佩脫拉七世給凱撒生下了兒子凱撒里昂，西元前四十六年，她帶著凱撒里昂和托勒密十四世一起參觀羅馬，並且一直以凱撒情婦的身分住在凱撒的別墅裡。

西元前四十四年，凱撒被羅馬元老院的政敵刺殺。在公布凱撒的遺囑時，克麗奧佩脫拉七世傷心地發現自己和兒子居然什麼都沒有得到。同樣百感交集的還有凱撒最重要的手下安東尼，因為凱撒將自己年輕的侄孫屋大維指定為養子和政治繼承人，忽視了他的存在。克麗奧佩脫拉七世在凱撒遺囑公布當天便返回埃及，托勒密十四世很快可疑地去世，凱撒里昂成為埃及國王托勒密十五世，與母親共治。

里昂美術博物館藏，創作於一六三七年的《凱撒將埃及豔后扶上王座》。

西元前四十二年，接受了屋大維政治聯姻提議的安東尼來到埃及。但屋大維的這位新晉姐夫又拜倒在克麗奧佩脫拉七世的石榴裙下，他把懷孕的妻子打發回羅馬，然後和埃及豔后又生下一子一女。

在此期間，心懷不滿的屋大維對安東尼展開嘴炮攻勢：馬克・安東尼違背了共和國悠久的貴族傳統，他毫無道德感地遺棄了自己的妻子（你竟敢欺負我姐姐）！他毫無廉恥地成為埃及女王的奴隸（你竟敢背叛我們的政治聯姻）！最為是可忍孰不可忍的，是他居然放棄了光榮的羅馬傳統和公民身分（你竟敢成為一個下賤的埃及人）！

按照傳統，羅馬元老院數次召喚安東尼回羅馬接受質詢，但安東尼毫不理睬。他在艱難地征服了亞美尼亞之後，違反傳統在埃及而非羅馬舉行凱旋式。就在亞歷山卓城中，這位頭腦發熱的戰爭英雄公然宣布與屋大維的姐姐奧克塔維亞離婚，迎娶克麗奧佩脫拉七世，還將羅馬帝國的東方領土分給自己的孩子——凱撒很風流，但女人從來不會影響到他的政治判斷，對他來說埃及豔后與其他女人一樣都只是他的工具。在這一點上，凱撒與安東尼截然不同……

如果說上述舉動還屬於是可忍孰不可忍的話，那麼安東尼最後宣布凱撒里昂才是凱撒真正的繼承人這一條，徹底造成了「誰都不可忍」的結局——它否定了屋大維的合法身分，並且意味著埃及法老將成為羅馬的主人。

屋大維是個年輕的政治家，他的權力基礎並不在於他為羅馬建立的業績，而在於他作為凱

繪製於一八八四年的《安東尼與克麗奧佩脫拉會面》。

撒繼承人的身分，羅馬公民和軍團之所以擁戴他完全是衝著這一點。現在凱撒真正的兒子以及世界上最富有的老媽和最強大的繼父組成的踢館團隊威脅太大，不能不讓屋大維做出魚死網破的反擊。

羅馬的內戰以兩人互相叫罵的宣傳戰方式開始：安東尼指責屋大維是一個無能的富二代暴發戶、一個偽造凱撒遺囑的無恥篡權者；屋大維則指責安東尼是個非法私吞共和國東部省份的賣國賊，他沒有經過元老院的同意就與其他國家交戰，他不經過法庭判決就處死了貴族塞克斯圖斯．龐培。

雖然安東尼在宣傳上明顯比不上占據道德制高點的屋大維，但他也不是孤軍奮戰：羅馬版圖內包括希臘在內的很多省份都支持安東尼，兩個執政官和三分之一的元老都逃離羅馬抵達希臘加入他這一邊。

不過這些羅馬政客押錯了寶——西元前三十一年，屋大維以討伐賣國賊安東尼和東方女妖克麗奧佩脫拉七世的名義率軍進攻，雙方在希臘西海岸的決戰以安東尼戰敗而告終。

西元前三十年，屋大維揮軍入侵埃及，攻破亞歷山卓城，安東尼自殺。按照羅馬人的記載，東方女妖克麗奧佩脫拉七世在試圖誘惑屋大維未遂，並知道屋大維打算將自己作為戰俘押送到羅馬城舉行凱旋儀式公開羞辱之後，使用毒蛇將自己和托勒密王國一起殺死。但後世的研究者普遍認為是屋大維殺害了克麗奧佩脫拉七世，並且將在場的兩位女僕一併滅口。更何況屋大維宣稱埃及豔后還給自己寄送了一份表示自己要自殺的信件，這種示警性的舉動更不符合自殺者的行為邏輯。

事實上克麗奧佩脫拉七世在最後時刻仍然盡到了一位母親和國王的職責：她安排十七歲的托勒密十五世到紅海邊的伯勒尼基港避難，吩咐他向印度逃亡再建托勒密王國。但小法老的希臘僕人背叛了他，他們將主人送給了屋大維。

謹慎的屋大維冷酷而理智地處死了托勒密十五世以及安東尼的孩子，埃及的第三十三王朝和法老時代至此結束。

古埃及的終結

托勒密王朝結束之後，埃及成為屋大維的私有領地，此後一直歸屬羅馬帝國皇帝直接管轄——這就是古埃及時代所謂的羅馬王朝。

此時的地中海世界完全進入羅馬時代，屋大維統治著一個前所未有的強大奴隸制帝國。他將埃及的穀物源源不斷運往羅馬出售，養活快速膨脹的羅馬人口。

羅馬時代的埃及作為一個特殊的帝國行省而存在，羅馬皇帝派一個具有騎士身分的人到埃及任總督，代替自己統治這塊私有領地，皇帝本身掌握著行政、立法、司法、軍事等權力，不允許其他任何人染指埃及。當時的埃及基本保持了托勒密埃及原有的行政區劃，官員都從羅馬騎士階層中選拔，由皇帝親自任命，這些官員的統治權力由駐扎在埃及的羅馬軍團予以保證。

雖然屋大維曾自稱埃及法老，也有幾任帝國皇帝曾身穿埃及法老服飾，在埃及的紀念物上亮相，但這不過是羅馬人的一種政治表演。埃及底層民眾只知道直接統治自己的羅馬總督，而不知道遠在羅馬的帝國皇帝，更別說按照古埃及傳統將羅馬皇帝當作人間的荷魯斯神來崇拜了。

羅馬時代早期的埃及在其統治者眼中，只是一個提供稅金和糧食供應的龐大私人領地，歷代皇帝對埃及的政策都是盡可能地占有、掠奪埃及行省的資源和財富。羅馬總督按照羅馬的方式對埃及進行人口普查，以便於統計人頭稅。羅馬時代的埃及人基本分為三個階層：羅馬公民、亞歷山卓市民和土著埃及人。皇帝規定羅馬公民和亞歷山卓市民享有免稅特權，土著埃及人則需支付全額的人頭稅。

除了人頭稅之外，土著埃及人還要向羅馬統治者繳納各項名目繁雜的稅種：土地稅、糧食稅、房產稅、牲畜稅等等。人口普查資料還被用於制定各村莊的勞役壯丁數目，本土埃及人需要從事公共或者軍事工程上的勞役，他們在亞歷山卓搬運公糧，在尼羅河的重要河道上築堤、清淤，在駁船上擔任船夫，在採石場開採石料，在孟斐斯為軍隊採辦伙食等等。

雖然早期的羅馬皇帝沒興趣干涉埃及人的神話信仰，但歷史的車輪已經滾滾而來——基督教興起了。

據尤西比烏斯的《教會史》一書記載：聖馬可於西元四十一年至四十四年開始在埃及傳播其福音書，並且在亞歷山卓城建立了第一座教堂。他的第一個門徒是鞋匠阿涅努斯，後者於西元六十一年至六十二年成為亞歷山卓城第一任主教，這比第一位羅馬主教的出現還要早六七年。

基督教的形成過程融入了許多東方神學的內容，其中古埃及的傳統神話對基督教影響極大。基督教教義中的創世學說、死後復活、末日審判、天堂地獄和靈魂得救等宗教觀念，都受到埃及神話的啟示。埃及神話中對可怕冥界的想像，催生出基督教多層地獄傳說的雛形，而埃及古典文學作品中很多關於救世主降臨的預言故事，如第十八王朝時期的《涅菲爾提預言》暗指中王國那位三易其名的孟圖霍特普二世統一上下埃及的故事。在這個著名故事中預言一王「將戴白冠、紅冠，他平定叛亂，人民為之歡呼，亞細亞人和利比亞人不得不跪伏在他面前」；「正義又將重新來臨，而邪惡將遭到唾棄。所有的人見到這一切都會感到欣喜歡樂，也都將追隨這位國王」。諸如此類的古埃及文學故事，影響了從猶太教的彌賽亞到基督教的基督降臨傳說。

基督教進入埃及的早期階段是以亞歷山卓城為核心立足的，占城市五分之二區域的猶太聚居區中的一些傳教士、逃亡者和商人積極傳播基督教義，此城中保留的希臘文明與基督教文化發生碰撞交融，結果在西元二世紀末產生了世界上最早的亞歷山大教導學院。這所學校植根於埃及傳統文化環境中，大量汲取了希臘羅馬的教育精髓，為宣傳和維護基督教而創立，但對所有信仰者都敞開大門，甚至盲人也能在此接受教育。在這所學校中的基督教學者得到鍾煉其思想精髓的機會，基督教的早期神學思想也隨之成形。

亞歷山大教導學院著名的校長克萊門特主教受過良好的希臘式教育，又熟悉埃及傳統文化。克萊門特改變了早期基督教是個「沒有文化的、不聰明的團體」的農民百姓形象，使之登堂入室走進亞歷山卓貴族階級的生活。

克萊門特的繼任者歐立根神父的名字意為「荷魯斯所生」，這位擁有埃及本土血統的神父把《聖經》和希臘哲學結合成基督教神學體系，「三位一體」原則正是由他所系統闡述。

基督教在埃及萌芽的同時，羅馬委派的「亞歷山大及全國的最高祭司」卻不是一個神職人員，而是個羅馬行政官僚，他的職責是控制埃及宗教界，使其不至於產生反抗帝國的民族主義思想。與此同時埃及各諾姆以下的官員不再要求羅馬公民身分，他們大多由希臘人擔任。至於本土埃及人，不管他們是否通曉希臘語都沒有資格擔任官員。

在這樣毫無希望的治理之下，埃及人掀起了一些起義和暴動進行反抗，然而這些反抗全部都被羅馬軍團弭平。既然武力反抗失敗，那麼埃及人只好投入精神世界尋求安慰。

儘管當時埃及傳統神話中的神靈依舊受到崇拜，但在經歷了如此漫長痛苦煎熬和多次外族入侵的打擊下，埃及人對他們虔誠信仰了數千年的神靈動搖了。埃及的長期衰落促使民間產生了救世主的精神需求，基督教的普世觀念正好符合埃及人對宗教的迫切需要，因而得以在埃及迅速傳播開來。

羅馬皇帝戴克里先打算摧毀埃及的基督教信仰，但埃及人依舊表現出自己「頑固迷信」的特質，哪怕是在馬克西米努斯統治時的大規模屠殺發生時，他們依舊不放棄基督教信仰。在底比斯平均每天有五十到一百名「頑固」的農民基督徒被殺，在無助與失望的情緒中，埃及的基督教徒又開創了世界上最早的修道運動，以在沙漠邊緣的隱世修行來反抗帝國的統治。

早期的修道運動是本土埃及人的運動，一種是以安東尼為代表的個人苦修制，另一種是派克米烏斯宣導的集體修道院制度，此後這種修道制度傳遍基督教世界。

隨著西元三一三年「君士坦丁敕令」的頒布，基督教在東羅馬帝國境內獲得了合法地位，羅馬的國策使得基督教會成為國家機器的一部分。在基督教鹹魚翻身的同時，羅馬帝國對基督教以外的異教採取了殘酷打擊的手段，狄奧多西一世關閉了所有異教的神廟，並停止了古代奧運會。與此同時，基督教經過長期蟄伏而產生的極端傾向也開始爆發，他們將自己遭受過的壓迫轉嫁到其他古老信仰頭上。

繪製於一八六五年的版畫插圖《亞歷山大市哲學家希帕提婭之死》。

在西元四世紀之前，埃及民間仍然保持著對古老多神宗教的信仰，克萊門特就曾記載當時埃及民間依舊堅持動物崇拜，他感歎埃及人仍然信仰各地的地方神靈，以及那些公牛、驢、狼、魚和螞蟻。在這一時代埃及人仍然採取木乃伊的埋葬儀式，在墓葬中描繪阿努比斯神的形象。而在埃及的希臘城市中，希臘後裔依舊保持著希臘文化和對希臘神靈的崇拜。但隨著拜占庭帝國文化專制主義政策頒布，所有異教信仰和文化都隨之煙消雲散，狂熱的基督徒修士瘋狂迫害異教徒。

早期基督教史學家所奎德在他的《教會史》中，對西元四一五年著名的希臘女哲學家和異教徒希帕提婭之死做了如下描繪：

亞歷山大城中有個名為希帕提婭的女人，是哲學家席昂的女兒，她不但在文學與科學領域造詣甚深，也遠遠超越與她同代的哲學家。她承繼了柏拉圖與普羅提納斯的學派，向聽講者闡述他們的哲學理念，許多人不遠千里而來，只求能獲得她的點撥。基於良好的教養，她有一種沉著從容、平易近人的氣質。她經常出現在公共場合、出現在當地的行政長官面前，從不因參與男人的集會而羞窘難為情。而對於男人而言，由於她超凡的尊嚴與美德，他們只有更敬愛她。

她是受到政治忌妒的受害者，在那段日子裡這種現象很常見。由於她經常與歐瑞斯提斯晤面，在基督徒中便有謗言流傳，說就是她在阻擋歐瑞斯提斯與總主教和好。也因此，有些基督徒就受到怒火與執迷的熱血驅使，由一個名叫彼得的禮拜朗誦士為首，埋伏在希帕提婭返家的路上，將她拖出馬車，帶到一所叫作西賽隆的教堂中脫個精光，以磚瓦殺死了她並將她分屍。她傷痕累累的四肢則被帶到一個叫作辛那隆的地方焚燒。這起事件臭名滿天下，不只是針對西瑞爾而已，而直指整個亞歷山大城的基督教會。當然，容許這類屠殺、爭鬥或利益交換，是距離基督教精神最遠的一件事情。這件事發生在四旬齋齋期的三月裡，是西瑞爾擔任主教教職的第四年，霍諾留第十次、狄奧多西二世第六次擔任羅馬執政官時期。

在文明化程度較高的城市中尚且如此，廣大埃及民間的情況更無須多言。各地的地方官僚率領士兵驅逐了埃及神廟中的祭司，用基督聖像和十字架覆蓋了那些古老的象形文字和異教圖畫。

於是，在基督教廣泛傳播的同時，古代埃及神靈被基督信仰取代了，古老埃及宗教的痕跡也被迅速清除。古典的埃及語演化為科普特語，科普特文使用一種基本上完全從希臘字母派生出來的書寫系統，象形文字被希臘文字取代，隨著西元三九四年最後一篇象形文字銘文被銘刻在菲拉神廟上，古老的僧侶體文字退出了歷史舞臺——埃及人遺棄了自己的古老文字和語言。

到了西元五四〇年，東羅馬皇帝關閉了菲萊島上的最後一處埃及神廟，苟延殘喘的古埃及文化正式壽終正寢。

西元六四一年，阿拉伯大將阿莫爾·本·阿斯率軍征服埃及。阿拉伯人將本土埃及人稱呼為科普特人，意為「埃及的基督教徒」。

科普特人對新來的征服者基本上採取了合作態度，但隨著阿拉伯移民的湧入和埃及的伊斯蘭化，他們也逐漸成為自己國家的邊緣人群。到十一世紀時，阿拉伯語已經成為埃及人的通用語言。

今天的科普特人在血緣上與阿拉伯人同化，使用阿拉伯語，只是大多數依然信仰基督教。

第二章

兩土地的生活

埃及人認為地球是一個漂浮於水中的圓盤，天空是漂浮於大地之上的拱形物體。埃及處在大地圓盤的中間，兩土地就是世界的中心。圓盤周圍的波浪形邊緣是異邦蠻族居住之地，那是未開化的烏煙瘴氣之地。

四根代表四方的柱子支撐在天與地之間，有些金字塔銘文將四根柱子描述為天空女神努特弓起身子的四肢，還有些金字塔銘文將天空描述成一頭牛，牛腹的斑點就是滿天星辰。這些描述表現出古埃及人的宗教神話多元、動態而零散的狀態，這一切內容都彼此衝突卻又和諧共存。

埃及人生活在一個封閉的環境之中，尼羅河兩岸的狹長綠洲與無人區之間的劃分清晰無比：埃及人可以一隻腳踩在肥沃的黑土地上，另一隻腳踩在毫無生機的褐色沙漠上。埃及以農業立國，沙漠與可耕地的對比隨著尼羅河的氾濫回落而迴圈變化。尼羅河谷地猶如一個密封的伊甸園，容納它養育的子民到飽和狀態。與世隔離和半城市化的人口這兩個特徵造成了埃及極為獨特的文化。

古埃及文化是地中海地區最為寬厚包容的一種，它能夠容納任何不同的思想和流派，並把它們編織在一起。埃及人接受新東西的同時並不擯棄舊東西，他們習慣於將所有元素融合到自己的思想中。

埃及人認為外國人是愚昧的和未開化的，他們口中與神和動物相區別的人，指的是埃及人，而生活在埃及周圍的利比亞人、亞洲人或非洲人則不屬於真正的人。這個埃及人的定位並不是以膚色來衡量，它指那些居住在埃及、接受埃及文化和生活方式、信仰埃及神靈的任何種族和膚色的人。

這種包容的人的概念是逐步發展的。在埃及歷史早期，埃及人並不喜歡異族人成為國王，希克索人統治者遭遇到的反抗情緒就比較典型。後來在外國人選擇定居於埃及並且融入埃及之後，他們也被接納為埃及人中的一員。所以當亞洲人、利比亞人和努比亞人完全視自己為拉之子並信仰埃及神話的時候，出身於這些異族的國王也一樣受到擁護和愛戴。

自然力量直接影響了古埃及文化的誕生和發展，人們對於無法掌控的東西懷有恐懼與敬畏之心。隨著時間推移文明發展，埃及的天體崇拜中太陽崇拜逐漸走向鼎盛，月亮崇拜逐漸減弱。在早王朝和古王國時期，認為天空是極樂世界，北斗七星是不會隕落之星，北斗七星所在的區域也成為埃及人心目中的極樂世界。在中王國之後，才認為地下是極樂世界。

埃及人痛恨黑暗和寒冷，他們相信溫暖的太陽是一切生命的源泉，所以太陽神在埃及人的心目中是至尊之神和創世之神。一旦到了夜晚，「整個大地陷於黑暗之中，好像它要死亡一樣」。因為太陽從東方升起，所以東方也是再生的地方；太陽從西方落下，所以西方是來世之所。埃及人的生活區域位於尼羅河東岸，墳墓則基本分布在尼羅河西岸。埃及人認為太陽的原動力主要是坐著兩頭翹起的木製太陽船的太陽神，另外兩種原動力是聖甲蟲和公羊，第四種原動力是獵鷹，太陽神會在獵鷹翅膀的護佑下進行天際巡行。

在埃及人的想像中，太陽在早晨出生，經過了嬰兒、童年、青年、壯年和老年的全過程後，晚上回到冥界被天空女神努特「擁進懷抱」，如同胎兒在母腹中孕育一樣，經過一夜的休整在晨曦中獲得再生。

埃及人以三種不同形狀的太陽神來象徵太陽的重生過程：早晨的太陽叫作哈拉赫特（**Horakhety**），他是一個朝氣蓬勃的青年，有時還被描繪成兒童形象；中午的太陽叫作拉，成年沉穩的他擁有至高無上的權力，他的職權範圍無邊無垠；傍晚的太陽叫作阿圖姆，他象徵著老練和智慧，同時也顯現衰老和虛弱。

尼羅河是生命之源，夏天的河水寧靜緩慢地流淌在乾涸的河床深處，尼羅河兩岸莊稼枯萎，泥土被曝晒成沙塵隨風吹向沙漠。就在大地飢渴到奄奄一息之時，沉寂的尼羅河開始氾濫，洶湧的河水衝出河道漫向兩岸的土地。河水帶來的上游淤泥補償了兩岸在夏季失去的土地。洪峰過後水流趨緩，重新露出水面的土地重獲新生。人們重新開始播種，生命又回到埃及的土地上。

一代代埃及人目睹太陽經過黑夜洗禮後勝利再生，和尼羅河經歷枯竭洗禮後勝利再生，他們總結出這是生命總能戰勝死亡的真理。於是，埃及人認為自己生活在世界的中心，太陽和尼羅河給自己帶來生命和幸福生活。但埃及一直處於威脅之中，沙漠總是要吞噬耕地，象徵著混沌不斷侵犯秩序。太陽平時溫暖大地，但它在夏天的酷熱卻給人類帶來了毀滅。尼羅河帶來生命的水源和肥沃的土壤，但它每年的氾濫卻不可預料。

所以埃及人特別強調凡人與神靈的溝通，他們依靠從國王開始的各級祭司的魔法，來確保從個人生活到家國興亡在內的一切事務，都按照秩序和規律進行。

埃及人習慣於單調對稱的地理環境：尼羅河兩岸的土地、扇形的河谷三角洲都表現出有規律的一致性對稱。在這種環境下，所有破壞對稱的自然現象都會引起埃及人的極大關注，他們凝望盤旋於空中的雄鷹，瞥見如鬼魂般遊走於沙漠邊緣的豺狼，觀察如石塊般潛伏於沼澤之中的鱷魚，目睹發情公牛表現出的旺盛繁殖能力。

埃及人認為這些動物突出於地形常景，具有超越動物本性的意義，帶有超自然的神祕力量，並把牠們全部人格化。事實上埃及人幾乎把所有可以與個人產生關聯的事物人格化或者說個性化了：從自然環境到動植物，從有生命的到死亡的，從人體整體到局部器官，從客觀存在到主觀意識……這一切都是為了讓埃及人可以與想像中的神靈交流，解決他們對未來的疑惑和恐懼，以及生命中最大的難題：面對死亡。

在古埃及，死亡是人們在活著時就要考慮的首要問題。埃及人並不是被動地等待死亡，每一個埃及人都設法儘早開始建造並裝飾自己的墳墓、製作棺木，準備各種安度冥界的咒語等等。埃及人並非不熱愛現世生活，也絕不是坦然面對死亡——花費巨大人力物力做準備，恰恰是為了戰勝死亡，去贏得享受永恆來世的機會。

在整個古埃及歷史時期，埃及人始終沒有停止為來世做準備。但隨著時間流逝和人文環境變化，古埃及人經歷了對來世從堅信到動搖再到懷疑的幾個階段。人們對永生的理解從靈魂和肉體的不消不滅逐漸轉向在後人的記憶中永駐，這種對天國的懷疑自然而然地促使人們更加注重現世。

現在，就讓我們看看尼羅河邊的世情百態，體驗期待來世、等待復活的埃及人的生活吧……

第一節 神靈創造的世界

我是誰？我從哪裡來？我到哪裡去？

這三個問題是西方哲學的永恆命題，也是人對自己存在意義的拷問過程。這三個問題既深奧又實際，古代埃及人像其他古老民族一樣，創造出原始宗教和神話體系來解答這個永恆的問題。

在古埃及的文獻中經常會出現「永恆」這個詞，在象形文字中有兩個表示永恆的詞，一個代表太陽，一個代表大地。其中太陽與白晝和拉相關，大地與黑夜和奧西里斯相關。太陽船載著太陽神每日從東方地平線上升起，巡遊世界後返回冥界。

這個過程從創始之初便循環往復，這就是沒有終點的永恆。這是日與夜的交替，是不同世界的迴圈，世界在這種永恆的更新中不斷運轉，信仰也在世代交替中不斷延續。

象形文字中的神話

因為信仰古埃及神話的人早已不復存在，破解後的象形文字，就成為後世瞭解埃及神話的最主要管道。

西元前四千年左右，被稱為聖書體的古老文字出現在埃及。這種文字用來記錄稅收、登記王室財產和上埃及的國王贈送給神廟的禮物。又過了一千年，它們開始頻繁出現在石碑、雕像和建築牆壁上，成為後人瞭解埃及神話的關鍵證據。

聖書體文字乍看起來似乎出自自學成才的業餘卡通繪畫者之手，但它絕不是幼稚的圖形化文字。聖書體文字的書寫方式，就代表著神話故事和神靈定位，例如賽特的怪獸形象文字被專用於「混亂」一詞的限定詞，所有女神的名字都用眼鏡蛇作為限定詞，一般神靈的名字後面都跟著一個神靈坐像，但唯獨對拉神一般不這麼做，當他的名字出現在段落中時，即使根據語法應該在句中或句尾，在實際書寫時都會放在句首表示對萬神之父的崇敬——這一切微妙含義在翻譯成其他語言之後都喪失殆盡了……

聖書體文字。

這些刻在石碑上的文字對神話的描寫，並不如我們想像的那樣完整，埃及人認為聖書體文字擁有神祕的力量，尤其是在描述神靈世界那些邪惡的事情時。例如賽特殺害了奧西里斯的時候，聖書體文字的描寫有可能使這種罪行成為永久的現實，所以他們一般會避免直接將其表述出來。

古王國時期的莎草紙發明以及僧侶體文字的出現，大大改善了埃及神話的記錄保存問題，一名書吏就能輕鬆解決以前需要召集一隊石匠在石頭上刻字的工程了。不過古王國時期並沒有留下關於埃及神話的整體性描述，在已發現的文獻中，很多是關於每個神靈的形象和故事——這尤其集中在《金字塔銘文》的咒語當中。

這也很容易理解，畢竟《金字塔銘文》的用處並不是神話史詩，而是保護王室主人安全度過冥界抵達永恆的來世。它們透過宗教儀式將死者與神話中的任務和故事等同起來，例如這段咒語：「阿圖姆，你來到混沌之水中的原始丘之上，你升起在赫利奧波里的府邸中的奔奔石頭上，你吐出舒，你咳出泰芙努特，你把象徵卡的雙臂放在他們的周圍。」

古埃及神話伴隨著古埃及的歷史並行發展，古王國結束後的第一中間期帶給埃及人極大震撼，埃及神話中關於秩序與混沌交戰的主題也由此而生。

到了中王國時期，既然永生不再是王室的專利，埃及的達官貴人自然也有權在棺木上刻寫石棺銘文來幫助自己安全前往來世。祭司以神靈第一人稱的語氣，或者以神靈對談的方式講述神靈自己的故事，這些故事隱喻著埃及神話故事的脈絡。通過這些文字，埃及神話故事得以變得極為豐富。

僧侶體文字。

神話宗教在埃及人的生活中無處不在，影響了文學、政治、藝術的每一個領域。中王國時期開始流行的教諭文學故事中，經常通篇都是關於埃及神話的內容，例如在《韋斯特卡爾紙草》中記載的埃及民間故事集中，講述了胡夫與巫師傑特的故事：

胡夫國王喜歡在自己宮殿的酒宴上聽故事，大致上相當於古埃及版本的脫口秀。有一次霍達德夫王子說別人給您講的都是虛幻的故事，我可以給您講一個就在我們身邊、就在埃及的偉大巫師中的故事。

胡夫一聽來了興趣，他讓兒子繼續說下去。

霍達德夫口若懸河地將一百一十歲的巫師德迪介紹給自己的父親：這位老人雖然年齡相當於普通埃及人壽命的三倍，十分驚人，但他依舊精神矍鑠，不只牙口好，還很能吃。他每天要吃掉半頭公牛和五百塊麵包，還要喝掉一百罐啤酒。

當然這位德迪並不是以老飯桶著名的，他的確有匪夷所思的巫術！人們都說他可以砍下一個活物的頭，然後再使其復活；他像遛狗一樣遛獅子；他知道智慧之神圖特的祕密……您一定希望見到他，讓他為您設計大金字塔。

世俗體文字。

胡夫一向認為自己就是人間的太陽神，和拉神是平等的哥兒們關係。可即便是身為神王的他，也自認做不到德迪老頭諸多奇跡中的任意一條。於是胡夫下令：兒啊，去把這老巫師給我找來！

霍達德夫前往德斯尼弗魯城找到了正在享受精油按摩的老巫師，既然是偉大的胡夫國王在召喚，德迪便精神抖擻地帶上自己的魔法書和僕人，一起跟隨王子來到宮殿。

胡夫一見到德迪就問：怎麼以前我從不知道還有你這麼一位偉大的巫師呢？

德迪回答說：因為陛下您現在才想到召我來嘛……

緊接著，胡夫和德迪針對巫術的正當使用問題，展開了充滿智慧的交流：國王陛下建議立刻找個囚犯來砍頭，看看德迪是不是真的能接回去。德迪說大家剛一見面就殺人不大好吧，事實上殺頭牛都過分了，這樣吧，宰隻鴨子好了！

胡夫表示同意，衛兵立刻找來一隻鴨子和一隻鵝，將這兩隻不走運的家禽斬首。德迪嘴裡念念有詞，不一會兒鴨子和鵝的身子和頭自動接在一起，大聲叫喚起來，估計在抗議這不公正的命運。

胡夫還嫌不過癮，又讓人牽來一頭母牛砍了頭，看著德迪又使用咒語將其復活，這才確信眼前的糟老頭子真有兩把刷子……

於是國王陛下立刻追問：你知道智慧之神圖特的住所在哪裡嗎？

德迪敷衍著說我哪知道大神的住所啊，不過我知道他智慧的祕密就藏在赫利奧波利斯的神廟裡，會有人把它帶給陛下的，但這個人不是我。

胡夫感到不滿，說那這位信使究竟會是誰呢，明說行不行？

沒想到德迪忽然轉變了話題，預言一位大祭司的妻子盧蒂耶迪將生下三個非凡的孩子，他們將成為埃及的國王。

胡夫一聽這個預言，立刻就顧不上智慧之神祕密的事情了——那位盧蒂耶迪生下的分明不是他的後代，難道我的江山就要這麼亡了嗎？

德迪看出胡夫心中充滿了陰鬱和驚慌，他安慰國王說你的兒子還會是國王，但總有一天她的兒子也會成為國王。

這顯然安慰不了胡夫，他沉默一會兒後開口問道：這些孩子什麼時候出生？

德迪又開始推三阻四，說自己要去參觀拉神的神廟云云。於是胡夫安排他住在霍達德夫王子的家裡，每天供應老頭半頭牛、一千塊麵包、一百罐啤酒外加一百捆洋蔥……總之，精誠所至金石為開，終於有一天，口氣很大的德迪告訴陛下，盧蒂耶迪將在第一個冬月的第十五天分娩。

另一方面，赫利奧波利斯大祭司的妻子盧蒂耶迪果然即將分娩。

大祭司向女神伊西絲和她的妹妹奈芙蒂斯祈禱，向青蛙女神海克特（Heket），以及創造生命氣息的庫努姆神等四方神靈祈禱，他懇求諸神照料三個嬰兒，並讓他們一個接一個成為埃及的國王。

太陽神拉知道了大祭司的祈禱，他吩咐女神化身為舞女，庫努姆神扮作挑夫來到大祭司家中，伊西絲女神親自為嬰兒接生並取名，女神預言這三個男孩子都將成為埃及（第五王朝）的國王。當她們離去的時候，留下三頂王冠藏在大祭司的房子裡，大祭司夫婦發現後終於明白這三個孩子其實是太陽神拉的兒子，所以他們註定會成為埃及的國王。

後來有一天，盧蒂耶迪因為一點過錯狠狠責打了自己的侍女。於是這個知道主人祕密的女孩打算向胡夫國王告密。她先去徵求自己大舅的意見，這位大舅嫌外甥女把自己扯進這可怕的事情當中，竟然把這女孩又狠狠揍了一頓……這倒楣的女孩哭泣著走到河邊打水時，被一條鱷魚吞噬了，她那沒心沒肺的大舅厚著臉皮來到大祭司家裡，看著盧蒂耶迪正因為懊悔和恐懼而跪在地上扯自己的頭髮。侍女的大舅將事情告訴盧蒂耶迪，說我的外甥女已經被鱷魚吃掉了，你的孩子是安全的云云。於是最後憂心忡忡的胡夫到底也沒找到這三個註定稱王的孩子，他們將會一個接一個登上第五王朝的王座。

這個故事證實了埃及神話中關於國王都是太陽神拉之子的說法，第五王朝的國王宣揚他們是拉神與赫利奧波利斯大祭司妻子所生的兒子，用這個故事來證明自己的正統性。

新王國時期的《亡靈書》講述了更多關於埃及神話的細節故事，縱使絕大多數埃及人並不能閱讀象形文字，但他們可以依靠咒文中的複雜小圖畫來理解其含義。這一時期的埃及神話進一步豐滿，諸如天地分離等過去時代幾乎未見的說法也都出現。與此同時，這些神話故事也變得更加生動有趣。例如關於荷魯斯與賽特的較量過程，在新王國時代的文學作品中便顯出超出世人所料的狂野想像力。

愛爾蘭都柏林的徹斯特比提圖書館中藏有《徹斯特比提紙本一號》的紙草卷軸，它屬於新王朝後期底比斯帝王谷陵墓工地中的一個小貴族家族所有，是這個家族私人圖書館中的收藏品。在這個文獻集中有以僧侶體文字書寫的《荷魯斯和賽特的爭鬥》一文，在這篇神話故事中，講述了一個令人大開眼界的復仇故事。

一般人印象中的荷魯斯與賽特故事是個古埃及版的王子復仇記，背負著殺父之仇的侄兒通過鬥智鬥勇擊敗了篡位的叔叔登上埃及王位。這部《荷魯斯和賽特的爭鬥》中描述的也是這個故事，但細節充分顯示出了古埃及文化對性、婚姻和暴力的有趣態度。

故事的開頭自然還是奧西里斯遇害後，伊西絲含辛茹苦扶養孤兒荷魯斯長大。自認為蟄伏已久的荷魯斯找到賽特討回王位，賽特自然不同意交出權力，這叔侄倆的爭吵驚擾了整個埃及。

年輕的荷魯斯非常有法治精神，他將賽特告上眾神的法庭，指控對方是個殺人犯和盜竊犯，要求懲處凶手並繼承父親留下的埃及王位。

荷魯斯的悲情控訴博得好幾位大神的同情，大家七嘴八舌地贊成這苦孩子的意見，於是判決荷魯斯勝訴。沒想到還沒輪到賽特跳起來反對呢，萬能之王太陽神卻搶先宣布判決無效，因為法庭竟敢沒有在判決前先諮詢自己這個造物主的意見，他因此惱羞成怒。

狡詐的賽特趁機提出應該通過一場決鬥來判輸贏，他很有信心擊敗荷魯斯這個毛頭小子。智慧之神圖特也無法做出決斷，他寫信給另一位極具智慧的戰爭女神奈特諮詢意見。奈特的屁股坐在荷魯斯這一邊，她回信說如果不把王位判給荷魯斯，她就讓天空撞擊大地毀滅這個世界。

圖特向參與審判的眾神展示了戰爭女神的回信，跟大家說：大夥兒怎麼看？大家一看，好傢伙，連恐怖襲擊的威脅都來了，紛紛表示：唉唷，瞧把她氣得，那就按照奈特的意思辦好了……

結果太陽神更生氣了，他不顧大家集體的決定，自顧自地告訴自己的玄孫荷魯斯說：你還只是個小孩呢，怎麼能做國王？快別鬧了，回家找你媽吃奶去！

這下眾神可氣壞了，大家齊聲抗議太陽神的粗魯不公，據一些不願透露姓名的吃瓜神靈表示，至少有一位大神當面爆粗口辱罵了太陽神。

太陽神一怒之下躺在自己的帳篷裡臥床不起，這下天空失去了光明，大地一片黑暗。

諸神沒辦法勸說這位耍賴的老祖宗起床，直到太陽神的女兒——最美的愛與豐饒女神哈托爾把她的下身展示給父親看，這位使小性子的創物主才重現天空。

太陽神召來賽特和荷魯斯，讓他們分別為自己申辯。

賽特狡辯說：偉大的太陽神，上下埃及之王自然應該是我啊，請想一想，除了我之外，還有哪位強大的神靈可以每天都保護您不受混沌之蛇的襲擊呢？

太陽神一聽這個，立刻一拍大腿說：可不是嗎，決定了，就是你啦！

這下伊西絲氣瘋了，她怒斥太陽神和賽特合夥欺負自己孤兒寡母，眾神用盡辦法也不能讓這位高聲咒罵的寡婦安靜下來。最後賽特翻臉說：你們再不把這個黃臉婆攆出去的話，我就每天殺掉你們中的一個！

眼看賽特要玩黑的，這下眾神都慌了手腳：哎，你也講講道理，幹什麼喊打喊殺的？最後大家同意在一個小島上繼續開會，同時命令神界擺渡人獵鷹神奈姆提不得將伊西絲送到島上來。

但這種小伎倆難不住伊西絲，她先是幻化成一個老嫗，以一枚金戒指賄賂了奈姆提來到島上，又化身成一位風情萬種的美女迷住了賽特。色迷心竅的賽特對伊西絲殷勤備至，他同情地聽這個哀傷的美女講述了一個陌生人如何奪走她兒子牲畜的暴行後，義憤填膺地表示，沒想到天下竟有如此卑鄙無恥之事！

在古埃及語中牲畜和遺產發音基本一致，於是伊西絲勝利地宣布賽特已經承認自己有罪！島上的其他神靈早已受夠了賽特的淫威，他們大聲贊同伊西絲的說法，不過也答應賽特要嚴懲瀆職船夫，倒楣的奈姆提被沒收贓物並砍掉腳趾。

事情發展到這一步，連太陽神也認為事情該結束了：他以早上形態的哈拉赫特和黃昏形態的阿圖姆兩次宣布荷魯斯應該是埃及之王。

但賽特不接受判決，反而要求與荷魯斯進行另一場競賽：兩位神都變成河馬，然後潛入水下比賽憋氣……

荷魯斯接受了挑戰，但伊西絲卻擔心他會溺水而亡，於是她決心用一根魔力魚叉來幫助兒子作弊。

伊西絲看著水下的兩隻河馬投出魚叉，結果一叉子就準確命中了荷魯斯。聽著兒子慘叫一聲灌進去一肚子水，伊西絲連忙瞄準另一隻河馬。這時候賽特提醒她說：伊西絲姐姐，我是你親弟弟，手足情深啊，你就不能放我一馬嗎？

伊西絲一時心軟放走了賽特，但荷魯斯卻怒氣衝天地跳出水面，一刀砍掉了母親的頭——在其他版本中，荷魯斯則是以強暴自己的母親來洩憤。

這下輪到眾神法庭來審判大逆不道的荷魯斯了，圖特治癒了受重創的伊西絲，並且將荷魯斯關押起來。

晚上當荷魯斯熟睡時，賽特溜到他身邊挖掉他的雙眼並埋藏起來。被暗害的荷魯斯痛苦哀號，哈托爾女神發現這個受害者後，用瞪羚的奶水讓他的眼睛復原。與此同時，被賽特埋藏起來的荷魯斯眼睛則長成了荷花。

眼看事情越來越一發不可收拾，諸神開始做和事佬，勸說這一對叔侄和解。

賽特趁機邀請荷魯斯來自己家中做客，等到荷魯斯來了以後，他殷勤招待侄兒留宿。等到夜半三更時分，怪叔叔賽特竟然試圖與侄兒發生關係。

在埃及神話中，如果被對方在體內留下了精子，就意味著從屬於對方。但早有警惕的荷魯斯奮起抵抗保護了自己的清白，他把賽特的精子抓在手中拿回去給媽媽看。伊西絲說兒子的這雙手已經被玷汙了，於是不由分說一刀砍掉了荷魯斯的雙手丟進水中，接著又給他做了一雙新手。

接著伊西絲摩擦荷魯斯的陰莖得到了一些他的精子，灑在了賽特花園中他最喜歡吃的萵苣上面。當賽特吃掉這些加了特殊「佐料」的萵苣後，他就懷上了荷魯斯的孩子。

太陽神再度召集法庭研究賽特與荷魯斯之爭，賽特得意揚揚地說荷魯斯已經從屬於自己。這時荷魯斯讓圖特分別召喚他和賽特的精子，看它們都在哪裡作答。結果賽特的精子在水中作答，荷魯斯的精子在賽特體內作答，並從賽特的頭上出來形成一個閃閃發亮的圓盤，圖特便將這個圓盤置於自己頭上。

這下諸神法庭宣布荷魯斯的主張有理，但賽特又蠻橫地拒絕接受，反而提出來要和荷魯斯比賽划石頭船。

這次不知為何賽特居然沒有使詐，他真的將一座山頂製成了大船；而荷魯斯則心懷叵測，他用杉木做了一條船，然後塗上石膏冒充石頭。

比賽結果毫不意外是賽特輸了，這位凶神憤怒地變成河馬去襲擊荷魯斯的船，荷魯斯便用魚叉去刺殺賽特，結果又被眾神制止。這種偏心的行為讓荷魯斯極為憤怒，他駕船駛向塞易斯，對一向寵愛自己的女神奈特抱怨說正義仍未得到伸張。

圖特感覺如此僵持下去不是辦法，於是建議眾神法庭寫封信給荷魯斯在陰間的家長——冥界之主奧西里斯諮詢意見。

奧西里斯讀完信後顯然對兒子的遭遇感到不滿，他回信質疑道，自己被賽特害死後，為何荷魯斯的長子繼承權也被凶手奪走，難道你們眾神都是瞎子嗎？他還提出是自己創造出大麥和小麥並維持了世界運轉，所以他的繼承人不應當遭遇不公的對待。

太陽神看了這封措辭強硬的回信也非常不滿，他粗暴地回應奧西里斯說：吵啥玩意兒！告訴你，就算沒有了你，世界上也一樣會生長出糧食。

奧西里斯這下氣瘋了，他回信指斥太陽神是個一手製造不公的老糊塗蛋！既然已經撕破了臉，奧西里斯也把狠話一籮筐地抖出來：冥界只有一個王，那就是我奧西里斯！我在江湖上混呢，就憑三樣東西：夠狠！義氣！兄弟多！我們冥界的怪獸是不怕任何神靈的，它們可以把所有犯錯者的心臟挖出來拿去審判。

既然奧西里斯把話撂在這裡了，眾神也都識趣地閉上了嘴，連太陽神也不再擺架子，大家一致承認奧西里斯拳頭最大，說什麼都對。於是太陽神換成阿圖姆的形象出面，吩咐伊西絲將賽特五花大綁帶上法庭受審。

賽特憤怒地質問太陽神：老大你怎麼這樣對我？

阿圖姆慈祥地笑笑說：兄弟，就是用來出賣的嘛……

賽特看自己在劫難逃，終於同意讓荷魯斯擔任埃及的國王。於是他被太陽神帶到天空中同吃同住監視居住，從此變成了雷雨之神。

就這樣，經過八十年的艱苦努力，荷魯斯終於伸張了自己的權利，成為上下埃及的國王。

當荷魯斯登基的時候，全埃及天地同慶，伊西絲大叫大笑欣喜若狂……

通過這些駭人聽聞驚世駭俗的神話故事，我們可以瞭解古埃及人對性的理解和開放態度。

賽特和荷魯斯的爭鬥是古埃及兩千多年文學史上的熱門話題，在西元前兩千年到西元前一千年的時間裡，這個故事在埃及各地被不斷重構。在這段時間內，賽特和荷魯斯總是能和平解決爭端。而在西元前一千年之後，歷經外族入侵的埃及神話中，象徵外國邪惡勢力的賽特總是被殘忍處決，他的追隨者也被殲滅。

賽特和荷魯斯的故事並非孤例，在埃及如此廣闊漫長的歷史時間內，埃及的神話體系也被反覆重構。不同地區形成了自己的地方神話，最後形成了各自不同的體系與精彩異常的故事。

三個神學體系

古埃及的時間跨度是如此之大，以至於他們對於神靈和世界起源有多種不同看法，由此也帶來各種異常複雜多樣的神話。從很早之前開始，埃及先民的定居點不論有多大，都會修建聖壇供奉自己的神靈。在前王朝時期的繪畫陶器上，已經出現了荷魯斯隼鷹和奈特女神的箭等神靈象徵物。在上下埃及的不同地區，人們將河馬、公牛、豬和名為賽特的動物擬人化，並與各地的守護神相聯繫。

地方守護神則慢慢演變成諾姆神，每一諾姆均有某一種動物或少數植物，或其他東西被作為主神加以崇拜。在底比斯之類的地方，地方首腦同時也是地方神靈的大祭司。最終，埃及的四十二個諾姆都擁有了各自的地方神靈體系。例如上埃及的第十七諾姆就是豺諾姆，因為它的守護神是阿努比斯；第十五諾姆是野兔諾姆，它的守護神是圖特和赫利奧波利斯的八神團。在一部西元前四世紀的《尤米爾哈克紙草》中，講述了賽特的追隨者曾在豺諾姆的一座山丘上聚集，但阿努比斯在夜間將他們的頭顱全部砍下，鮮血讓當地一直出產紅色礦石。這部紙草講述的雖然是豺諾姆的地方神話，但這個神話依然處於荷魯斯與賽特爭鬥的國家整體神話之中。

埃及的每個諾姆都如豺諾姆一樣有自己的地方性聖靈、聖地和聖物，在埃及各地出土的草紙文獻上記錄了埃及各地不同的節慶、禁忌等風俗，各地的墓地形式、神聖的動植物、聖地和聖湖都各有千秋。

總而言之，古埃及人雖然信仰古埃及神話，但同一時期的埃及人拜的不是同一批神。就拿埃及常見的尼祿鱷來說吧，這種危險的動物在法尤姆是備受尊敬的神聖鱷魚，人們認為牠們代表了仁慈的河水和沼澤之神索貝克神。而一旦這些鱷魚遊到鄰近的諾姆中，又不巧碰上了紀念奧西里斯神的宗教活動，那麼立刻會被虔誠而群情激奮的當地鄉親列為獵殺目標。鱷魚？那可是邪神賽特的隊伍！當初跟著賽特謀害奧西里斯和荷魯斯爺倆的就有牠，現在撞上了能叫牠跑了嗎？大夥抄傢伙上！

上、下埃及自第一次統一開始，就從沒成功統一宗教神話體系。所以古埃及的神話是一個奉行多神信仰的宗教系統，數十個諾姆的神靈被集中在一起，至今埃及學家也沒能完全搞清這一龐大的神明系統。在古埃及的漫長歷史中，不同王朝的國王都把自己家鄉的地方神抬高為國家主神。為了樹立新主神的威信，國王的祭司百般設計新神靈的神話故事，於是便有了許多輪流執政的太陽神、死神、冥府神和守護神。就這樣，後人從古埃及的文獻中看到了擁有空前複雜親屬關係、並且不斷融合的埃及神靈。諸神之間令人費解的融合和變形，會神奇地獲得新的名字和更大的能力，例如之前我們提到過的太陽神拉和阿蒙神融合成太陽神阿蒙—拉。

當年在商博良破譯象形文字之後，埃及學的研究者曾經滿懷希望地試圖切實瞭解古埃及神話體系。隨著大量象形文字被翻譯成西方文字，學者卻失望地發現刻在神廟牆壁上的銘文大多是些國王向神靈奉獻的供品清單，棺木上的咒語也局限於保護死者安全通過冥界等等。學者期待已久的像《聖經》一樣的埃及神話集成內容從來沒有出現過，他們得到的只是一大堆關於神話的碎片和隻言片語。

通過總結古希臘學者的記錄和近現代破譯的象形文字，我們可以得到一個模糊的古埃及神話核心內容：

當一切開始的時候，造物主誕生於原初的海洋努恩之中，隨著第一塊土地奔奔石從努恩中升起，太陽神或太陽之子出現了，世界迎來了第一次日出。

太陽神受到混沌勢力的威脅，又被保護他的神靈救出。

太陽神用自己的體液、思想、語言和雙手創造出生命，人們從憤怒的拉神之眼的眼淚中躍出。

空氣之神分開了大地之神和天空女神，於是埃及作為神界的一部分被創造出來。

當這一切出現後，代表混沌的伊斯菲特和代表秩序的瑪阿特開始了無休止的戰爭。

太陽神失去了他的眼睛所化成的女兒和保衛者，但最終這位女神被說服回到父親身邊。

太陽神遭遇到人類和神靈的背叛，他毀滅了大多數人類之後，離開大地來到天國。

埃及最早的國王奧西里斯被他的弟弟賽特謀殺，奧西里斯的姐妹伊西絲和奈芙蒂斯尋找奧西里斯被肢解的身體。

伊西絲復活了奧西里斯的身體，並孕育出他倆的兒子荷魯斯。

奧西里斯被製成木乃伊保護起來，以免遭到賽特的攻擊。

神聖的母親伊西絲在沼澤地裡生下荷魯斯，小荷魯斯被混沌生物下毒謀害，後來又被某位神靈治癒。

長大後的荷魯斯與賽特為爭奪埃及的統治權而戰，在混戰中賽特的睪丸受傷，荷魯斯則失去了他的眼睛。荷魯斯受傷的眼睛被一位可能是圖特的神靈復原，而賽特最後被擊敗或安撫放棄了王位，荷魯斯為他的父親復仇成功。

荷魯斯成為人間之王，奧西里斯成為死者的審判官和冥界的統治者。

太陽神每晚都要進入冥界，這時諸神和幽靈都要保護他的身體，使之免遭混沌怪獸阿波斐斯（Apophis）的攻擊。

太陽神聯合奧西里斯實施復活。

夜晚結束，太陽神在黎明升起更新萬物。

最終造物主感到厭倦，他返回原初的海洋，世界隨之回歸混沌。

雖然我們對埃及神話的瞭解依舊處於考據猜測的階段，但縱使是這些殘缺不全的內容也足以讓我們瞭解這個已經消失的偉大文明，讓我們能夠體會古埃及人的核心社會準則。

這些神話內容雖然歷史悠久，但並不意味著它們出自祭司之口，便要懷著敬畏之心去接受；那些涉及性愛的內容雖然鮮明露骨，也不必因此而認定古埃及文化是粗俗不堪的低等文明。

研究埃及文化，需要透過現象看本質。例如在荷魯斯與賽特的爭鬥故事中，諸神在做出判決前都需要在神界法庭上陳述理由，哪怕是尊貴如太陽神，他的老糊塗決定也會遭到其他神的駁斥指責——從中可以看出正義公正的概念在古埃及人心中是何等重要。

古埃及的神靈中既有動物神，也有半人半獸神，也有人神合一神和女神，這種狀況隨著時間的推移一直共存，而非依次淘汰逐次替代。這種現象本身就是歷時幾千年的一部原始宗教進化樣本，它顯示了古埃及宗教的發展過程。世界上的原始宗教大多都經歷過類似動物—人獸—人的發展過程，但唯有埃及神話的全過程是完整顯現出來的。

埃及神話由自然崇拜和動物崇拜、萬物皆神的狀態，向神明由人擔當的發展過程，為古希臘多神教和後來的一神教，提供了形成的神學基礎。而今天我們所瞭解的古埃及神靈，大多源自同樣信仰多神教宗教的古希臘學者的考據。

古希臘人深受包括埃及在內的「東方世界」文化影響，他們將埃及神話概括為三大神學體系：赫利奧波利斯神學、赫爾摩坡利斯神學和孟斐斯神學。

赫利奧波利斯是下埃及第十三諾姆的首府，在希臘語中的意思是太陽城，顧名思義這裡是太陽神的崇拜聖地，希羅多德曾經描述過那裡舉行的太陽祭。赫利奧波利斯神學中的宇宙由太陽神阿圖姆創造，他的具象是原初甲蟲。原初甲蟲是埃及人心目中的聖甲蟲，牠們的甲殼可以在強烈陽光下閃出青銅、翠綠或者深藍色的神器光芒。有一個非常令人激動的事實是在中國也有聖甲蟲存在，不過我們一般稱其為「屎殼郎」……

關於聖甲蟲在埃及神話的宇宙論中占有如此重要角色的原因，一說是聖甲蟲推著糞球象徵

蓋布與努特生下奧西里斯、伊西絲等子女，都兄妹成婚。

著太陽神每天從天神努特的子宮——東方地平線中誕生；另一說認為象徵著牠將旭日從冥界中推出。無論如何，聖甲蟲崇拜的起源應該與古埃及發達的農業關係密切，埃及人無疑是將耕作時常見的屎殼郎推糞球，與天空中太陽的運轉聯繫起來。

在赫利奧波利斯的創世神話中，以原初之水努恩為萬物之始，努恩充塞宇宙四方形成無盡的混沌，此時的宇宙全是黑暗與無形的混亂。在這片蒼茫無垠的原初之水中，首先出現了一塊原初小丘——以現代人的邏輯而言，古埃及的原始邏輯思維充滿了悖論：既然混沌之水充斥了一切空間，那麼又是從哪裡來的水面可以讓小丘露出水面呢？

赫利奧坡利斯神學的創世之神阿圖姆。

人類一思考上帝就發笑，埃及人一講邏輯，研究者大腦便短路。所以不必在邏輯的旋渦中掙扎，繼續赫利奧波利斯的創世旅程吧。原初小丘也被稱為原始丘，它即是最古老的原初之神阿圖姆。阿圖姆後來與太陽神拉構成複合神，再加上努恩，就構成了誕生埃及綠洲文明最重要的水（努恩）、土（阿圖姆）和陽光（拉）三元素，而阿圖姆出現在努恩之中，反映了尼羅河每年一度的洪水來吞沒尼羅河谷，洪水消退後無數小丘顯露出來，布滿淤泥的肥沃土地上很快就奇跡般地布滿了各種生命：草木、花卉、昆蟲、動物，以及埃及先民。

由赫利奧波利斯祭司撰寫的《金字塔銘文》第六〇〇號祝詞中這樣歌頌阿圖姆的誕生：「啊，阿圖姆！你誕生之時升起如山，你像聖壇之石，在赫利奧波利斯的鳳凰神廟中璀璨生輝！」

在全部埃及神話中，赫利奧波利斯體系擁有最為系統的神譜。在神譜中的眾神都是阿圖姆的後裔：《金字塔銘文》第五二七號說，原初之神阿圖姆最初獨自待在世上，因而倍感寂寞，於是將自己的陰莖放在手中摩擦獲得射精的快感，生出了舒和泰芙努特兩兄妹。

埃及神話中一神兼具兩性的例子特別多，原初之神具有不受性別限制、無須性伴侶就能自我繁殖後代的特質。除了阿圖姆之外，尼羅河之神哈皮和孟斐斯的普塔神、底比斯的穆特神也都具有這類特質。甚至包括伊西絲女神，在巴黎羅浮宮第三〇七九號紙草文獻中也曾如此記載：「儘管我是個女人，我也要變成一個男子。」儘管伊西絲說這話的前提是為了使丈夫奧西里斯的名字永存人世，但埃及學者認為這並非一般的悲傷寡婦在丈夫靈前賭咒發誓，而是表現出埃及人獨特的邏輯思維方式。古埃及人認為神靈同時擁有男女兩性的能力是正常而自然的現象，這反映了他們原始自然的生理觀，是先民原始生殖崇拜的一種特殊表現

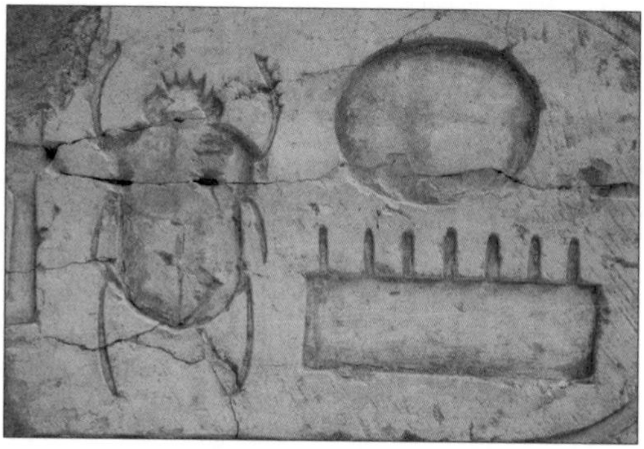

阿圖姆的具象是原初甲蟲。

形式。除了伊西絲之外，荷魯斯之子、照管木乃伊肝臟的依姆賽特在中王國時也表現為一個沒有鬍鬚、擁有女性黃膚色的兩性同體形象。

赫利奧波利斯體系中除了手淫神話之外，還另有一脈口生神話，講述阿圖姆從口中吐出了舒與泰芙努特兩兄妹。埃及學家認為這種口生神話與手淫神話相輔相成，表達了古埃及人通過神聖的語言或生命的呼吸來創造生命的思想。這兩種神話在赫利奧波利斯體系中並存不悖，前者強調的是自然、生理和物質的一面，後者側重的是理性、心理和精神的一面。

舒是古埃及的風神，舒的妹妹和妻子泰芙努特是雨神。舒是「黑暗中的空間，是光明與空氣，是生命的顯現，他是黎明的微風，太陽的前導，他的光明使物形顯現，使美充盈於空中」，泰芙努特則象徵著「世界的秩序」。他們生下了大地之神蓋布和天空女神努特，完成了開天闢地的偉業，帶來了第一次黎明。舒的頭上戴有鴕鳥羽毛的頭飾，雙手分別握著權杖和生命的象徵安克架（頂端呈環形的十字形叉架），這是只有神靈和國王才有資格持有的。泰芙努特是有母獅之首的女神，偶爾也表現為一隻完整的獅子。

舒將天空與陸地分開。

舒將天空與陸地分開，埃及人時常祈禱舒帶來順風，以便於他們在尼羅河上航行。當泰芙努特的眼淚灑落在大地時，地上的植物便繁榮成長。泰芙努特是一位脾氣暴躁的女神，她曾帶著水和濕氣飛到了努比亞，讓埃及的土地乾涸，民不聊生。她還變成一隻獅子四處殺戮以宣洩對太陽神父親的憤怒，思女心切的太陽神派舒和圖特勸說泰芙努特返回埃及，於是救命的甘霖又重回埃及大地。

在另一版本的故事中，阿圖姆曾派遣自己的兒女舒和泰芙努特外出勘探茫茫原初之海。舒和泰芙努特一去不歸，於是阿圖姆又派出自己的一隻眼睛去尋找他們。獨眼費心盡力地把舒與泰芙努特找回後，卻看見阿圖姆重新創造的另一隻眼占據了它原來的位置，無家可歸的獨眼勃然大怒，變成一條眼鏡蛇找阿圖姆算帳。阿圖姆安撫眼鏡蛇後將其盤在前額，作為王冠上的護符。

舒與泰芙努特生下地神蓋布和天神努特。

作為大地之神，蓋布通常全身呈象徵生命的綠色，植物從他的背上發芽，水從他的身體裡迸發。努特最常見的形象是一位身體伸長橫貫大地的女性，她的雙手和雙腳能觸及大地的東方和西方的邊界。每天當太陽落下時努特吞下太陽，因此黑夜到來了；到了早晨努特給予太陽重生，太陽便從地平線出現。在古埃及，有關蓋布和努特兩位神的最常見的景象是蓋布斜躺在底下，努特弓起身子在蓋布之上，他們的姿勢象徵著天與地分離，人們在他們中間生活。

蓋布與努特生下奧西里斯、伊西絲、賽特以及奈芙蒂斯。這四個子女分為兩對配偶，分別代表上下埃及，其中兩個兒子都被視為王者之神即法老的化身。大哥大姐奧西里斯和伊西絲代表著下埃及農業文化，小弟小妹賽特和奈芙蒂斯則代表著上埃及的游牧文化。

奧西里斯是冥王和亡者之神，他最常見的形象是一個被繃帶包裹著的木乃伊，頭上戴著阿特芙王冠，手裡分別拿著象徵國王權力的連枷（一種打穀的工具）和彎鉤權杖。對奧西里斯的崇拜遍布整個埃及，但是最大且最重要的地點位於古埃及早期的王室墓地阿拜多斯。

伊西絲是生命、魔法、婚姻和生育女神，她最常見的形象是一位頭上戴著王座的女性，她的一隻手拿著安克架，另一隻手裡握有蓮花杖。在古埃及，她被視為偉大的母親和忠貞的妻子、大自然、魔法、亡靈和幼童的守護神；她是奴隸、罪人、手工業者和受壓迫者的朋友；她也聽取富人、少女、貴族和統治者的禱告。伊西絲體現了理想女性作為妻子和母親的所有道德與良知，埃及人相信魔力無比強大的她知曉所有的祕密，並能影響天空、大地和死者的世界。

賽特是混亂、邪惡、黑暗以及沙漠和外國之神，他常見的形象是一位有著動物頭人身的男性，在他的手裡也分別拿著權杖和安克架。在奧西里斯神話中，賽特用計謀殺了自己的兄長奧西里斯奪得了埃及王位。後來，在荷魯斯長大後，他找到叔叔賽特為父親報仇並奪回了王位。

奈芙蒂斯是喪葬女神，她守護房屋和死者，同時也是生育之神。她常見的形象是一位穿著修長緊身裙的女性，頭上戴著一個表示她名字的頭飾。在她的雙手中分別拿著權杖和安克架，奈芙蒂斯是賽特的妻子，同時也是伊西絲最忠誠的同伴。她曾背著自己的丈夫賽特，和奧西里斯生下了阿努比斯。

荷魯斯是戰神和法老守護神，是神聖王權的象徵。他最普遍的形象是一個鷹頭人身的男性，頭上戴著象徵埃及統一的雙王冠，他的左手拿著權杖，右手拿著連枷和安克架。

阿圖姆、舒、泰芙努特、蓋布、努特、奧西里斯、伊西絲、賽特以及奈芙蒂斯構成了赫利奧波利斯體系的九柱神，在這個體系中也發生了荷魯斯與賽特的爭鬥故事。

在赫利奧波利斯版本的神話中，經蓋布召開九神會議審判，蓋布先是讓荷魯斯與賽特分別擔任上下埃及之王，後來又變卦將全部遺產給了他孫子荷魯斯，而自己做了上下埃及之王。在上埃及的智慧和月亮神圖特之城赫爾摩坡利斯，同樣產生出繼承赫利奧波利斯神學內容，並發展出自我理論的另一神學體系。兩體系之間最大的不同是太陽不再作為宇宙進化中最初的一環，而是成為最後的一環。赫爾摩坡利斯神學的創世學說同樣起源自天地之間的混沌之中，當世界仍沉默在洪水之中時，原初之鵝生蛋的叫聲打破了死寂，帶來了輝煌的生命。此外還有一種更普遍的說法是四對蛙和大毒蛇連接他們的生殖力而創造了一個卵，卵被放在水中浮現出來的小丘上，從這個卵中產生了八神團並組成了四對配偶。

八神團名單如下，其中女神的名字由男神配偶的名字轉化而來：

努恩和努涅特，代表原初之水；
哈赫與哈烏特，代表永恆；
庫克和庫克特，代表黑暗；
阿蒙與阿蒙奈特，代表空氣等不可見的神祕事物。

在第一對出現的神靈眷侶中，努恩的形象往往被描繪為一個蛙頭人，而其妻努涅特女神為毒蛇頭的女人。其中青蛙代表著自混沌中來的複雜而精細的創世過程，蛇是尼羅河洪水退去後重現的第一種動物，代表了「新生」的力量。

努恩由於代表原初之水的身分，被看成是赫爾摩坡利斯諸神的創造者，通常把它稱為「諸神之父」。但後期阿蒙取代了他的位置，成為偉大的太陽神造物主。

赫爾摩坡利斯宇宙創始神話及其有關的八神團的傳說保存在各種文獻中，在《金字塔銘文》中講到八神團中的最先和最後的兩對神時說：「你的獻祭糕餅屬於你，守護了諸神的努恩和努涅特，警衛了諸神的努恩和努涅特。你的獻祭的糕餅屬於你，守護了諸神的阿蒙和阿蒙奈特，警衛了諸神的

壁畫上的底比斯三神：阿蒙、穆特和孔蘇。

阿蒙和阿蒙奈特。」八神團以意念在努恩的身體，也就是原初之水中創造了第一塊乾燥的火之地。在那裡，諸神創造了他們的兒子——原初之蛋。原初之蛋經由阿蒙的呼吸而受精，最終孵化出了負有創造一切其他的神、人、動物、植物等等義務的神。

另一個版本是八神團以意念在原初之水中催開了蓮花，從蓮花中誕出了諸神。八神團完成了開天闢地的工作，共同統治世界，他們還參與了太陽的升起和尼羅河的氾濫，這兩者對於埃及的意義無須多言。

底比斯三神：阿蒙、穆特和孔蘇石像。

在成熟期的赫爾摩坡利斯神譜中，風神舒、雨神泰芙努特和地神蓋布、天神努特都由阿蒙所生，這時阿蒙的妻子稱為穆特，再加上他的兒子孔蘇，這一家神統稱為「底比斯三神」。

阿蒙神通常被描繪為人形，他常見的形象是頭戴一個頭箍，由頭箍上筆直伸出兩根鷹或者鴕鳥的羽毛，他的代表神獸是鵝和公羊。在埃及的宗教神像中，阿蒙經常被以羊面獅身像的形象來展現。當新王國時期底比斯的實力強大之後，阿蒙神與太陽神拉結合成為阿蒙—拉神。阿蒙對埃及以及埃及以外的世界影響甚大，有種說法認為基督教祈禱詞中的「阿門」來自猶太教，而猶太教中的這個詞又來源於埃及神話中阿蒙的名字。

穆特就是阿蒙奈特，穆特在埃及語言中的意思是「母親」。她常見的形象是頭戴上下埃及雙王冠的女子。當阿蒙與拉合併後，穆特也與赫利奧波利斯神學中荷魯斯的妻子哈托爾合併。但最終被廣泛流傳到世界各地的女神形象依舊是伊西絲。

孔蘇常見的形象是頭戴月亮輪盤的鷹臉男人，或者是頭戴月亮輪盤的木乃伊。在埃及民間故事中，孔蘇與另一位月神圖特下塞尼特棋時以自己的月光為賭注，結果圖特贏了比賽，因此孔蘇只有在滿月之時才能展現自己所有的光芒。

大英博物館中藏著一塊「夏巴卡石碑」，這塊石碑在西元前八世紀左右時由第二十五王朝的努比亞國王夏巴卡下令建造，由工匠細心地雕刻完成，其內容是一卷當時已被蟲蛀的古代紙草文獻的複製品。當幾千年過去以後，這塊石碑在位於開羅西南二十三公里處的孟斐斯普塔神廟遺址附近被發現。雖然古埃及的神話和文化早已斷代消失，不過當地人並沒有冷落這塊石碑——埃及的鄉親把努比亞法老陛下的神聖石碑當成磨盤使用，石碑上的一部分神聖象形文字已經和麥子一起變成了粉末……

石碑記載的內容被稱為孟斐斯神學，是古埃及三大神學流派之一，正是藉由這塊古代夏巴卡的石碑，或者說是近代埃及人的磨盤，關於古埃及的世界起源觀念和奧西里斯神話傳說得以重現。由於石碑上的文字不完整，所以很多神話的細節是後世推測補充的。這也說明了關於埃及歷史文化的一切資料能保存下來是多麼的艱難，它們中的細節隨時會因為新發現的考古證據而發生顛覆性變化。

孟斐斯神學體系中包含有不止一個創世神話，這個體系的起源可以追溯到五千年之前。

夏巴卡石碑上的內容包括四部分，全部以第三人稱的口吻進行講述：第一部分描寫了夏巴卡陛下這位崇拜普塔—塔—泰納神 的上下埃及之主如何復原古代的文獻。第二部分是關於王室宗教儀式的內容，將王權的歷史追溯到荷魯斯與賽特爭奪王位的大辯論中。由荷魯斯祖父蓋布召集的眾神法庭最初裁決由賽特做「他出生之地」上埃及的統治者，荷魯斯做「他父親被溺死之地」下埃及的統治者。但最後大家同意由荷魯斯成為唯一的國王來保障埃及的統一。第三部分描述了奧西里斯之死與塔普神創世的過程，荷魯斯在獲得勝利之後也被認定為孟斐斯的守護神普塔—塔—泰納；第四部分講述了宇宙的起源，以及塔普神與復活的奧西里斯神結合成塔普塔—索克爾—奧西里斯 ，這位複合神負責復活被埋葬在孟斐斯墳墓中的死者，使他們得到永生。

夏巴卡石碑中描繪的創世理論是這樣的：

經由普塔而存在的神明：
在偉大寶座上的普塔。
普塔—努恩，阿圖姆之父。
普塔—努涅特，阿圖姆之母。
偉大的普塔是九神的心與舌……

阿圖姆的形象在心中，在舌頭上成形。因為偉大的普塔經由他的心和舌賜給所有的神明和他們的卡以生命。而荷魯斯以普塔之形象出現，圖特以普塔之形象出現。

所以心與舌控制四肢，因為他（心、舌、普塔）在所有神明、人、牲畜、爬蟲、生物的身體中和嘴中，想他所愛想的，說他所希望說的。

他（普塔）的九神在他之前，如牙齒和嘴唇。他們是阿圖姆的精液和雙手，因為阿圖姆的九神乃是經由他的手指和精液而出生。但九神又是這嘴中的牙齒，宣讀所有事物的名字，蘇和特芙奴由此而出生，九神由此而出生。

視力、聽力、呼吸──他們向心報告，產生所有的瞭解。而舌頭，則重複心所構思的事。於是所有的神明都誕生了，他的九神完全了。因為神的每一句話都是經由他的心所構思，舌所說出的。

經由這些話，所有創造糧食和設備者的知能都已創造，所有的性質都已決定。於是那行為人所喜之事的人得到正義，行惡事者則受到懲罰。於是生命被賜給和平者，死亡被賜給犯罪者。於是所有的工作，所有的手藝，手的動作，腿的運動，所有肢體的動作，都是經由心所構想、舌所說出的命令而產生的。

因此普塔被稱為「萬物和神明的創造者」。他生了所有的神，創造了所有東西，食物、糧餉、祭品、所有的好東西。所以人們知道並且承認他是最偉大的神明，於是普塔在創造了萬物和所有神聖的語言之後感到滿意。

他創生了眾神，
他創造了城鎮，
他建立了諾姆，
他把眾神放在其神殿中，
他安排好他們的祭品，
他建立了他們的神殿，
他照自己的意思造他們的身體，
於是眾神進入了他們的身體，
是各種木、石、土所造的，
各種在他之上生長的東西，
他們由之而生。

於是所有的神和他們的卡聚集在他面前，全都滿足地與兩地之主結合。

在普塔之殿中給予眾神歡欣的是塔特恩的穀倉，所有生命之主，提供兩地的糧食，因為奧西里斯在他的水中被溺死。伊西絲和奈芙蒂斯四處找尋他，見到了他，並且看顧他。荷魯斯趕快令伊西絲和奈芙蒂斯抓住奧西里斯，不讓他沉下去。她們將他帶上岸。他進入了在永恆之主們的光輝中的隱祕之門，在那早晨升起者的臺階上，在坐在寶座上的拉的路上。他進入宮殿，加入了年歲之主塔特恩普塔的眾神之間。

於是奧西里斯來到土地上，到皇家城堡之前，在他所來的地方的北方。他的兒子荷魯斯成為上下埃及之王，在他父親奧西里斯以及眾神的前擁後抱之中。

孟斐斯神學的內容糅合了赫利奧波利斯和赫爾摩坡利斯神學的內容，宣稱創世神普塔自天地間的混沌中而生，他與代表原初之水的努恩和努涅特結合，其中與努恩結合後成為父親，與努涅特結合後成為母親，從而生下了太陽神阿圖姆。

接下來普塔以心中的思維和口中的語言，利用阿圖姆的手指和精液創造了舒、奧西里斯、賽特、圖特、荷魯斯和瑪阿特女神。普塔還用呼氣和咳嗽的方法，從口中吐出了天空女神努特和大地之神蓋布。普塔給予這幾位神靈以視力、聽力、呼吸和情感，然後又再次使用思想和語言的力量，宣讀出所有東西的名字，創造出世間萬物。

關於創世，還有另外兩種說法：一個說創造了赫爾摩坡利斯八神團，八神團又創造了太陽神；一個說普塔雌雄同體，不用麻煩努恩和努涅特直接生出了阿圖姆。

總而言之，言而總之，普塔是一切的源頭，他創造了一切，包括赫利奧波利斯和赫爾摩坡利斯神學的一切成果都被這位孟斐斯的主神接收了。雖然這一野心因為孟斐斯地方勢力不足以影響全國而未能實現，但也充分說明了古埃及人的主神觀念是不斷發展的，正所謂城頭變幻大王旗，絕非一神教那般堅如磐石毫不動搖。

普塔本是孟斐斯地方神，本職工作是工匠、手藝人和墳墓的守護神。在古王國時期，普塔作為地方主神與當時的國家主神阿圖姆－拉相安無事。但隨著孟斐斯與國王的關係疏遠，當地的祭司集團便產生分離主義傾向，宣稱阿圖姆、圖特和荷魯斯都不過是普塔的創造物和表現形式而已，孟斐斯神學也因此而出現。普塔是孟斐斯的造物主神，他是工藝與建築之神，也是工匠與藝術家的保護神。他的常見形象是綠色的皮膚，身上穿著裹屍布，有象徵神職人員的光頭，手上拿著結合三種力量符號象徵的權杖：象徵授予王權的權杖、象徵生命的安克架和喪葬禮器傑德柱（象徵奧西里斯的脊椎骨）。普塔神有時會化身為孟斐斯的阿庇斯聖牛——正是那頭害得岡比西斯二世背負「屠牛者」冤名的公牛。不過他更時常以塔普塔－索克爾－奧西里斯的身分與光之神索克爾和冥王奧西里斯融合，一同保護死者的靈魂通過地下的冥界抵達來生。

孟斐斯神學的創世神普塔。

塞赫麥特是普塔的妻子，她是上埃及的戰爭、烈日與治療女神，也是法老的守護神，還是太陽神拉的女兒。她的常見形象為獅子臉，身穿紅衣，戴著太陽輪盤與聖蛇的女子，她的呼吸製造出沙漠。傳說拉因為人們的瀆神不敬行為而震怒，所以挖出自己的眼睛化為塞赫麥特去制裁人類，但因為塞赫麥特過分殘暴的殺戮，拉只好取走她的「狂野憎恨」換成「關愛善良」，於是塞赫麥特變成了下埃及的貓神貝斯特（Bast）。但當外敵入侵埃及時，貝斯特又會轉化成塞赫麥特保衛埃及。

奈夫圖是普塔和塞赫麥特的兒子，他是香水之神，最常見的形象是一個頭戴盛開蓮花的年輕男人。

普塔、塞赫麥特和奈夫圖一家三口。

印何闐是一位特殊的神靈，他就是那位為左塞王設計階梯金字塔的「維西爾」，被奉為埃及建築之神與醫藥之神，也被視為普塔留在人間的兒子。他的經典造型是一個坐在椅子上、手握紙草卷軸的光頭男人——這正是埃及祭司和書吏的代表性形象。

儘管赫利奧波利斯、赫爾摩坡利斯和孟斐斯三大神學體系的內容不盡相同，但都表現出埃及人心目中對於太陽和尼羅河的崇拜信仰，這兩個元素是埃及神話的創意源頭，也成為埃及神話中的永恆主題。

在埃及人信奉的諸神中，最具影響力的是太陽神和冥王。雖然奧西里斯沒有獲得創世神的主神地位，但是他那死而復生的著名神話更讓埃及人為之著迷。當然，在埃及的不同地區，還有其他林林總總千奇百怪的神靈。關於他們的故事和傳說，隨著埃及文明的斷絕，留給後世無窮無盡的遐想和猜測。

神靈的僕人

在埃及人心目當中，神靈究竟是以一種怎樣的形式存在的呢？

這是一樁無頭官司，因為在埃及流傳下來的各種宗教文獻中說法差異很大，有的說法認為阿蒙神等造物主存在於宇宙之外，他們是不可知不可見的超自然力量；有的則強調造物主無處不在，神靈存在於他的一切創造物之中。

有一個名叫布特哈蒙的書吏在寫給已故妻子的信中描述了自己的宗教思想，他認為拉神和他的九柱神早已離開了埃及，這些神靈就像那些歷史上的國王一樣離開了這個現實世界。神話裡的所有故事都發生在一個遙遠的過去時代，那時的確是奧西里斯和荷魯斯統治的神靈王朝，但隨著賽特的背叛和謀殺之舉，神靈最後退回地下神界中以人類難以想像的形態生活。只有那些死去的人才能進入神界，並且目睹那些形體巨大、閃閃發光、帶著強烈香甜氣息的神靈。

人們相信神靈雖然不在人間生活，卻能以各種方式與埃及人交流：他們可以通過風暴、洪水和瘟疫等可怕的自然災難顯示自己的力量，他們可以附身於國王、侏儒等特殊的人類身上，他們可以出現在神聖動物、神聖樹木和神聖物體之上。所以埃及國王總是喜歡大肆建造神廟等公共建築，因為這樣埃及的工匠就可以通過製造雕像、繪畫和象形文字來為神靈製造出人間的暫時本體，當神靈願意在這些物體上棲息停留的時候，他們的存在定然會為埃及人帶來種種恩惠。

在所有為神靈所準備的棲息之所中，自然是神廟最為合適。如果說雕像和文字是神靈「在街上，在橋下，在田野中」遊走時暫時停駐的泊車點，那麼神廟就是他們的家。

神廟是神靈在人間的家，也是埃及宗教文化的中心。

一般的埃及神廟大都有一堵與外界隔絕的厚實高牆，進入神廟前須經過一行行獸身人面像組成的道路。神廟內則有巨大的方尖碑、堅固厚實的門道和雄偉的柱廊。神廟的大門並不是對所有人都敞開的，在埃及，能夠開啟神廟大門的人，只有國王和祭司。祭司的誕生與古埃及的神廟和喪葬習俗有著密不可分的關係，埃及的祭司都是所處時代的精英人士，他們掌握了各自領域的技術專長：處理屍體、執行葬禮儀式、獻祭動物等祭品，以及照管神像和神廟

由人到神的印何闐。

等等。

西方埃及學家認為祭司並不是現代意義上的宗教領袖，而是一種在神廟中工作的宗教職位的統稱。因為古埃及人認為神靈每天也有穿衣吃飯的生活需求，所以在神廟裡服侍神靈的就是「神的僕人」——祭司。祭司這種神的僕人是長期工作而不是鐘點工，早在史前埃及時期，尼羅河谷的定居點中就出現了為每個氏族公社侍奉神靈的特殊人群，他們就是埃及祭司的濫觴。

神廟是神靈的家園，祭司負責神廟的設計、建造、管理等事宜。第十九王朝的塞提一世想要在赫利奧波利斯建造一座太陽神廟，於是祭司急忙拉著繩子就去測量土地。神廟中有些祭司本身是專業建築師和工程師，第二十王朝拉美西斯九世時的阿蒙神高級祭司印何闐就帶有「國王工程長」的頭銜。不要說區區神廟，連國王的金字塔以及國王與阿蒙—拉神的巡遊聖船，也都是由他們設計建造的。

祭司肩負著清潔神廟的重任，這種清潔不只限於打掃衛生——第二十五王朝時，來自亞洲的外族入侵者頻繁襲擊神廟，使得這些聖潔場所被玷汙。努比亞法老下令由「阿蒙的第四預言家」蒙特姆貝特清潔被冒犯的神廟，使其恢復神聖潔淨，這位預言家並不是拿著水晶球的吉卜賽人，他的這個頭銜是埃及祭司的一個等級稱呼。

清潔神廟是個肥差，第二十二王朝的利比亞裔國王塔凱羅特二世統治時，卡納克神廟的祭司哈爾塞斯向法老請求獲得「清掃神廟及其器皿物件的世襲權利」。塔凱羅特二世時期正值天下大亂之時，哈爾塞斯的要求是否得到滿足尚不得知，我們只知道這位國王的木乃伊被放在第十二王朝一名叫阿明尼的官員的石棺中，似乎負責照管國王身後事的祭司可並不怎麼可靠。

除此之外，祭司中還有專業記帳的會計師。這些人稱為祭司書吏，他們負責登記國王對神廟的慷慨賞賜。正是因為有來自王室的大批禮物，祭司才可以在日常祭神儀式中向諸神提供奢華的祭品。祭司甚至還是表演藝術家，他們會在宗教節日中上演奧西里斯神話，通過扮演各種神靈角色來宣揚宗教故事……總之，祭司構成埃及複雜宗教機器上的每一個零件，只有他們才能令埃及的神廟運轉如常。據阿蒙的高級祭司羅伊的銘文記載，僅其廚房就有祭司、書吏、神聖祭品的優秀僕人、烤麵包的、揉麵的、製糖果的、做蛋糕的等諸多工作人員。另據《艾貝特紙草》和《艾姆赫斯特紙草》記載，高級祭司還掌管神廟的鐵匠、採石工人、神廟農民和奴隸等。由此可見，神廟機構十分龐大。

每一座神廟都像一個自給自足的小城鎮，這裡有儲存穀物的倉庫、圖書館、學校和住宿房屋。每一座神廟中除了祭司之外還有大量的雇傭人員：工匠、手藝人、書吏、屠夫、麵包師傅、牧人、廚師、僕役和警衛等等，這些人並不是普通的信眾，他們依附於神廟形成了一個人數龐大的社會生態圈。祭司就是這個神廟生態圈中的統治者，他們有嚴格的等級和頭銜，不管職位高低都竭力使自己和凡塵中的俗世之人有所區別。祭司舉止得體，不穿有袖的、打褶的衣服，希羅多德見到的祭司「穿著長長的裙衣，軀體赤裸外露，鬍子和毛髮刮得一乾二淨」。

由於埃及人相信來世，因而需要有專家指點自己在活著與死後的生活法則。上至國王下到賤民，生前準備墓室，死後抵達來世都需要專業的指導。因此專業處理喪葬事務的人員與神廟的神職人員一起，也一併被歸於祭司群體。古埃及人非常注重喪葬禮儀，也只有喪葬祭司有足夠的專業知識和訓練來完成製作木乃伊、舉辦殯葬儀式、施行冥事法術等工作。第五王朝的一個王宮管家曾立下遺囑，要兒子充當貴族凱努卡的喪葬祭司，並為其製作喪葬祭品，以供死者重生後生活。第十八王朝的圖特摩斯一世在視察奧西里斯的阿拜多斯神廟之後，向喪葬祭司如此吩咐：供祭我的墓，安置我的祭品板，維護我的紀念碑，題我的名字，記住我的銜號，讚美我的畫像和雕像——這正是喪葬祭司的職責。

除了上述職責之外，喪葬祭司還有保護和修復王室木乃伊的職責，這正是底比斯祭司反覆修復帝王谷木乃伊並重新安葬被盜墓法老的原因。埃及人對這些辛苦工作祭司的期待，正如第二十六王朝時期帕夫涅弗德內特雕像銘文上的喪葬禱詞寫的那樣：「啊，承擔神聖職責的每個祭司，奧西里斯將恩賜你，你為我朗誦喪葬祭品的祈禱。」

關於祭司的培養體系目前還缺乏具體的資料，目前能確定的是埃及祭司的知識水準參差不齊，從科學家到半文盲都有。新的祭司進入神廟前，至少會接受相應神學理論的基礎教育，男祭司還必須做包皮環切術，很多埃及人都會在少年時做這項手術，如果沒有及時做而又成為祭司，那麼就得補上這一課了。神廟會為新生力量舉行「納新」儀式，主持儀式的祭司會將聖水灑向受禮者使其淨化，然後為受禮者的手舉行塗油儀式，最終將受禮者帶到聖壇的神像前獲得神靈的感化——「神的力量使他獲得了敬畏」，之後受禮者就會成為神廟中祭司的一員。

關於埃及祭司的性別問題，一直存在兩種對立的說法，一種堅稱祭司都是男性，另一種大談女祭司在埃及歷史中的獨特作用。造成這種混亂局面的源頭就是希羅多德這個大嘴巴，他在自己的《歷史》一書中先是信誓旦旦地指出「婦女不能擔任男神或是女神的祭司，但男子則可以擔任男神或是女神的祭司」，但轉過幾頁又八卦兩個不幸的埃及女祭司曾被腓尼基人賣到了利比亞和希臘……

那麼，古埃及到底有沒有女祭司？顯然希羅多德老先生沒法給大家一句痛快話了……以目前掌握的歷史資料和考古證據來看，在埃及神廟中存在婦女是毫無疑問的。至少從第四王朝開始，在阿拜多斯的神廟中就描繪了女祭司正拍手歡迎國王到來的情景。古王國和中王國時代，婦女一般充任奧西里斯神廟和哈托爾神廟的女祭司。第五王朝時期一個位於吉薩的女性墳墓銘文中介紹墓主是「王室之女、哈托爾的女祭司」；第六王朝一位官吏墓碑上介紹「他的妻子，他的所愛，王室光彩之人，哈托爾的女祭司塞皮」。

上述這些女祭司大多屬於身分比較高級的神廟樂器演奏者或歌唱者，她們在宗教儀式上搖著一種搖鈴樂器「Sistrum」進行演唱，這種搖鈴是哈托爾女神的聖物，演奏搖鈴的情景尤其以底比斯附近的神廟中所常見。這些女祭司的領導者被稱為「女音樂家之長」或「高級女祭司」，同時這些領導者通常就是高級祭司的妻子。在大多數情況下，高級女祭司被直接描繪成神或神的妻子。如在埃勒凡泰尼的克努姆（Khnum）神廟中，高級女祭司擁有克努姆的妻子之名「薩提特」（Satet）的頭銜；在伊德富的荷魯斯神廟中，高級女祭司的頭銜是「坐在寶座上的她」，暗示了女祭司是荷魯斯妻子哈托爾女神的化身。

新王國時期眾多的墓葬銘文都曾提及這種唱歌者女祭司，並且這種職位還可以在母女之間世襲。圖特摩斯三世時代的底比斯地方官塞努費爾的銘文誇耀了他的妻子是「阿蒙的女唱歌者」麥麗特夫人，他的女兒則是「阿蒙的女唱歌者」穆特娜芙特小姐；涅菲魯西地方官伊姆努費爾的妻子則是「圖特的女唱歌者」麥麗特女士。有些歌唱者女祭司還是男祭司的伴侶，「阿蒙第三預言家」大祭司卡姆赫爾伊布森的妻子是「阿蒙的女唱歌者和神廟中的婦女」赫努塔烏伊，他的女兒是「阿蒙的女唱歌者」阿蒙涅瑙皮特；甚至連阿蒙霍特普三世國王的岳母闐烏也是「阿蒙的音樂家和哈托爾的讚揚者」。充當唱歌者的女祭司身分尊貴，涵蓋了從權貴到王室婦女的廣大上流階層，於是無怪乎經常能看到國王賞賜她們土地的紀錄。

除了唱歌跳舞演奏樂器的專職女祭司之外，神廟中一些輔助性事務也由普通家庭出身的婦女負責，通常做法是「神廟的專職管理人員把居住在神廟附近的居民分為若干小組，以便他們輪流到神廟裡擔任與自己社會地位相應的神職」，而這些出身底層的婦女真正的身分，一般是樂師、僕役以及下體異常雄偉的阿敏這類特殊神靈的神廟妓女之類。

自新王國時期開始，王后也成為名義上的最高女祭司，即「阿蒙神的妻子」。帝國時期

女祭司的搖鈴樂器。

的國王期盼來自阿蒙—拉的支持，所以支持自己的妻子加入名義上的太陽神後宮隊伍——在理論上所有的女祭司都可以算成是侍奉神靈的妻妾。擔任阿蒙神妻子的王后並不只是掛個虛名而已，她要「淨化神廟，給神獻祭，並且在夜間念誦經文」。王后的祈禱能讓阿蒙降臨神廟享用祭品並在此過夜，以便把一切妖魔鬼怪阻擋在埃及國土以外。與此同時，王后還主持詛咒外族的魔法儀式。這一切宗教職責都需要小心謹慎對待，千萬馬虎不得。

在後期埃及的動盪之中，各方勢力都覬覦埃及王位。來自阿蒙—拉祭司的支持成為取得王位的關鍵，所以這一時期的許多法老派出自己的長女或姐妹擔任「阿蒙神的妻子」。這些公主終身不嫁，並在年老後收養養女作為自己的繼任者。與此同時，這些公主親自負責祭祀活動，並介入神廟的日常管理事務。傳統上的男性阿蒙神大祭司地位逐漸衰弱，甚至被架空權力排斥在外。從第二十三王朝到第二十六王朝期間，至少有五個阿蒙神高級女祭司掌握了底比斯的實權。這些公主新娘控制了大量財富，如第四個阿蒙神的妻子尼托克麗絲即位後，每天有一百九十一公斤的麵包作為俸祿，她在十一個諾姆中占有一萬一千餘畝土地。

除了神廟祭司之外，喪葬服務中的女祭司也不少見。第四王朝孟考拉國王時期的王宮管家涅孔涅赫本身是貴族赫努卡家族的喪葬祭司，他將自己的職位遺贈給了他的十三個孩子，其中包括他的女兒赫日赫克努。涅孔涅赫的墓室銘文中表示，「現在正是我的這些孩子在瓦格節、圖特節和每一個節日給王友、赫努卡家族及其父母製作祭品了」。喪葬女祭司還是表演者，她們在葬禮上裝扮成伊西絲和奈芙蒂斯，這實際上是把死者比作奧西里斯以示敬意。負責Cosplay表演的也包括男祭司，他們扮演阿努比斯和荷魯斯。

有一份紙草文獻記錄了兩個女祭司在底比斯的阿蒙—拉神廟中，向奧西里斯吟唱的歌詞：

啊，地下世界之主！

你擊退了災難，趕走了邪惡，使和平來到了我們中間……

你比其他任何神都高貴！

你使死者復生，活者生存。

啊，食物之主！

你是綠色植物的王子，你是諸神祭品的給予者，你給死者以食物……

當你的遺骸被收集到一起時，我們歡呼！

阿努比斯來了，伊西絲和奈芙蒂斯來了。

她們把你的遺骸收集到一起，她們尋找你那散布在四方的肢體，並把它們放在一起。

你將被宣布為世界的繼承人和唯一的神，你是諸神設計的完成者。

所有的神都哀求你，來到你的神廟而不害怕。

啊，奧西里斯，伊西絲和奈芙蒂斯的最愛，你將永遠安息在你的居所！

在表演這首歌的過程中，兩位喪葬女祭司扮成女神吟唱舞蹈，其他女祭司負責在葬禮中燃燒香燭、為眾神和死者獻供品。她們如男祭司一樣履行了實際的儀式職責，表明了自己在埃及祭司群體中的重要地位。不管祭司是男人還是女人，在神廟中他們都必須遵循共同的儀式，侍奉共同的神靈。

古埃及日常奉神儀式分為早、中、晚三次，其中以早晨的儀式最為繁複。在黎明之前，神廟附屬的工廠、倉庫、麵包烘房便開始忙碌起來。奴隸和僕從升起爐火開始烘烤麵包和糕點，書吏將各種祭品逐一登記下來，低級祭司用聖井裡的水清洗祭肉。

時間流逝，東方漸白。有身分的祭司帶著食物、水和葡萄酒，以及洗澡用的化妝品來到神廟——有時候他們會住在神廟裡面。祭司穿著用精細的亞麻線紡織成的古王國風格「聖衣」，高級祭司會另外在肩上增加一些豹皮製成的衣物以示身分。在這個大眾普遍打赤足的炎熱國度，祭司需要穿上白色的便鞋。為了防止蝨子和汙垢，確保以聖潔的身體面對神靈，祭司每三天要去除一次體毛，因此在埃及壁畫上的祭司都是光頭，連睫毛都沒有。埃及祭司的這一習俗還用在進入神廟並停留一段時間的外來者身上，在後期埃及時期，許多來埃及神廟中尋找埃及文化真諦的希臘學者，都遵守了這樣的傳統。

神廟裡的一切都是聖潔的，這裡的廊柱宏偉高大，上面裝飾著美麗的蓮花或莎草圖案。神殿內的天藍色天花板上有日月星辰點綴，支撐天花板的柱子直插其間，抬頭望去給人以沿著道路可以登上天庭與神靈溝通的感覺。大家沿著臺階步入聖水池清洗自己的身體，埃及人認為聖水就像孕育世界的原初之水，不僅能潔淨身體，而且賦予人們新生的力量。希羅多德記載說埃及祭司每天洗四次澡：白天兩次、晚上兩次。從聖水池沐浴已畢，祭司用鹽水漱口清潔口腔、用聖油香脂塗抹身上，之後才能走向諸神居住的永恆世界。

當太陽升起，金光覆蓋大地之時，祭司在神廟中齊聲朗誦黎明的頌歌：「天空之門被打開，地上之門被打開！偉大的神靈，在寂靜之中醒來吧！」司祭者點燃火把進入黑暗的聖殿，他登上神殿的臺階開啟封泥，打開神聖的大門。由高級祭司擔任的司祭者一般都有著「某某神的第一僕人」、「某某神的第一預言家」等頭銜，他是神廟祭司群體中地位最高的人。司祭者在聖壇上揭開神像的面紗後退下臺階，大家一齊在露出真容的神像前吟詠頌詩，並為神靈呈獻香脂和象徵秩序與公正的瑪阿特神像，然後將麵包、蛋糕、蔬菜、水果、葡萄酒等作為早餐供奉給神靈。埃及神話認為神靈享用這些祭品的「精神營養」，也就是說看看問問就成了。這些祭品的

祭司要剃光所有體毛。

「物質營養」就算神靈的打賞小費，留給眼前這些祭司僕人享用。當然現在還不能失了禮數急著去吃，神靈主人還沒梳洗呢！

祭司脫去神像上的舊衣服，用香脂和聖水清潔神像，再給神像穿上用精美亞麻布製成的白、藍、綠、紅四套衣服，並戴上手鐲和腳鐲等飾品，用化妝品為神靈塗抹裝扮。這些珍貴的物品來自神廟中的寶庫，這間小屋子裡面儲存有珍貴的祭禮物品、神聖供品和神聖樂器等等——每當動盪之時，這裡也是所有入侵者的第一目標。神靈梳洗已畢，司祭者一邊念著咒語一邊用右手小拇指向神像前額施以塗油禮，之後會向神像和聖壇灑些清潔的聖水。其他祭司在香爐裡的香料煙霧和讚美詩的朗誦聲中向祭壇呈獻祭品，並誦讀書吏記載的祭品條目，平常日子裡的祭品一般是五種穀物、泡鹼和香料，重大宗教節日裡會有其他貴重祭品呈獻。最終大家熄滅火把離開聖殿，關閉大門並用封泥封好——祭司離開時已經把食物一併打包帶走，現在終於到了大夥兒早上收工，享用物質營養的時候了。

為了維護聖潔的形象，祭司在飲食上也有許多的禁忌。日常的豬、牛、羊肉不能吃，大蒜、黃豆、魚也不能吃，而葡萄酒倒是可以喝的。根據希羅多德的描述，某些神廟的祭司也有吃肉的情況，所以可能不同的神靈崇拜對肉類禁忌各有不同的緣故，目前已知的禁忌中就有不能吃與神廟所供奉神靈化身有關的動物肉。例如你要在荷魯斯的神廟內堅持吃老鷹肉，那鐵定是邪神賽特派來的臥底了……

神廟裡中午的儀式較為簡單，主要為次等諸神和國王的神殿前灑水和敬香，以及清潔祭禮容器，更新聖水池中的聖水等等。晚上的儀式也很簡單，祭司在聖殿周圍的小寢廟禮堂中舉行各種宗教儀式並施行魔法。當夜幕降臨，祭司關好所有的房門退出神廟，神廟中的諸神進入夢鄉。此時負責天文學的祭司登上屋頂觀測天象，他們要確定精確的時間以迎接第二天黎明的到來……

埃及諸神的神像平時在神廟中享用人間香火，但埃及平民沒有資格隨便進入神廟膜拜神像。只有在一些宗教節日裡，神像才會被豎立在「聖船」中的壁龕裡，由人抬著參加遊行。遊行時走在隊伍前列的是拿著熏香的大祭司，其他祭司按照等級依次列隊在後，再後面跟著的就是虔誠的埃及百姓——宗教節日期間全埃及都放假，參與活動的老百姓都由神廟供應免費吃喝，麵包、啤酒、葡萄酒之類想吃多少吃多少，有時候還能得到飾品等賞賜的東西。

埃及各地神像遊行的規模各有不同，比較寒酸的如下埃及布特斯地區的敏神遊行，這位執掌生產與收穫的本地主神，僅僅被放在四輪馬車上草草轉一圈了事。

作為相反的例子，在圖坦卡蒙國王時期的底比斯奧佩節上，阿蒙神像被抬到卡納克碼頭，坐著聖船前往路克索神廟。其中阿蒙神像和圖坦卡蒙國王專用一座大船，而穆特女神和孔蘇的神像則乘坐另一艘船。聖船前進時由岸邊的祭司和縴夫拉著前進——能夠有幸拉聖船可是埃及人的無比榮耀。聖船前進時，河岸上的情景用希羅多德的話來說是「女人揮動鈴鐺，男人吹簫奏笛，到處洋溢著熱烈而歡快的節日氣氛」。在朝拜的人群中擁擠著從農夫奴隸到官僚士兵在內的社會各階層人士，能歌善舞的人對著聖船獻上歌舞，其他人則匍匐在地向國王和神靈朝拜。船隊抵達目的地後，祭司抬著神像走向路克索神廟。岸上早已宰好了六頭作為祭品的牛，六位祭司扛著牛腿準備帶往神廟。

國王和神像登陸了。在音樂家祭司的伴奏聲中，兩名大祭司走在隊伍前面，其中一人領路，另一人手捧熏香。緊接著是抬著阿蒙神像的隊伍、抬著穆特神像和孔蘇神像的隊伍，當然還有圖坦卡蒙國王自己——當時年輕的陛下還沒駕崩，是可以自己走的。遊行隊伍抵達路克索神廟之後，圖坦卡蒙國王作為埃及第一祭司親自主持了盛大的獻祭儀式。儀式結束之後，神像和國王順流而下原路返回，結束了這場極為奢華和宏大的宗教慶典。

祭司與國王

早期的祭司因國王的需要而存在，由國王直接任命。

抬著聖船遊行的祭司隊伍。

埃及神話將國王宣揚為人間的荷魯斯，因此王權和神權天然捆綁在一起。國王既然本身就是神的化身，那麼他的政策和主張也就自然成為神意，所以祭司得以同時擁有神的僕人和國王代理人雙重身分，這種角色使得祭司獲得了極大的權力和優勢。如果我們抽象地觀察埃及的祭司階層，首先會發現他們基本都是知識份子。與中世紀的歐洲只有教士才受過教育一樣，在埃及，很長的時期內祭司幾乎壟斷了知識。

埃及人認為象形文字是神的語言，所以只有祭司這種神的僕人才有權利掌握。祭司是埃及最初的知識份子，醫學、建築學、文字學、歷史學、數學、天文學、工程學等知識都掌握在祭司的手中，祭司相當一段時間內是傳承埃及文明的支柱力量。

神廟並不只是單純的宗教場所，不僅有自己的神廟地產和所屬農田，還有寺廟學校、負責學術研究的圖書館和「生命之屋」、礦井、建築隊伍、雕塑隊伍、紡織工坊等各個附屬行業。古埃及的神學、天文、曆法、法律、醫學、建築等知識，基本都誕生在神廟中的圖書館和生命之屋中。神廟龐大的體系決定了日常事務的繁雜，它採取了「輪班制」的管理運營制度。神廟的祭司分成四批，每月依次輪流主持寺廟工作。在每次輪班交接時，神廟的財產帳目也都經過專業會計人員的清點核對。

因為祭司神聖的性質和地位，他們還實質上獲得了司法權力。在通常情況下，各地方長官會邀請高級祭司參與當地重大案件的審理。埃及百姓也習慣帶著雞毛蒜皮的矛盾衝突直接找到神廟評理，因為平民不許進入神廟，所以祭司會坐在神廟門口的凳子上聆聽和處理這些小型訴訟，以至於後期埃及的文獻中經常會提及「維護正義的神廟之門」這一說法。神廟還催生出戲劇表演的萌芽，在阿拜多斯等地的神廟門前會舉行宗教性質的神話故事表演，最典型的就是關於奧西里斯神的各種傳說。世界上最早的戲劇表演因此誕生，神廟催生埃及戲劇，埃及戲劇又促進了希臘戲劇的出現和發展。

在介紹埃及歷史的篇章中，我們反覆強調國王依賴祭司的情況。而具體反映到埃及人的意識形態方面時，就凝聚成為「瑪阿特原則」。瑪阿特女神執掌真理、正義和秩序，因此埃及的祭司以她的名義宣講這個奴隸制國度中統治階級的社會理想，解釋權貴眼中的社會如何運作的原則，規定埃及權貴心目中的金字塔形社會秩序的藍圖。

金字塔的塔尖是國王兼埃及最高大祭司；

第二層是一人之下萬人之上的維西爾，他有時也是大祭司；

第三層是地方貴族和祭司，他們分別負責具體的世俗事務和宗教事務，並且身分往往是重合的；

第四層是祭司之外唯一會讀寫的書吏和保衛埃及的職業士兵；

第五層是各種熟練工匠，包括各種專業工人和畫家、雕塑家等等；

第六層是農夫和奴隸，埃及的農夫地位類同於農奴，而奴隸通常是戰俘。

那麼，這種瑪阿特結構在埃及社會真正實現了嗎？答案是肯定的。第十八王朝圖特摩斯四世時代的軍隊書吏坦涅尼負責對上下埃及的人口和大小牲畜做了一次普查，在他的紀錄中提到了貴族之下的四種社會階層：軍人、祭司、王室農奴和工匠；而希羅多德則把埃及人分為七個等級：祭司、軍人、牧牛人、牧豬人、商販、翻譯和舵手；羅馬時期的戴奧多羅斯提出祭司、農民和工匠，以及祭司、軍人、工匠、農民和牧人兩種社會構成等等。

埃及的幾百個特權家族控制了最核心的社會財富——土地，他們中的絕大部分是貴族和高等祭司。權貴贊同瑪阿特原則代表的社會正義，正如人民期待「堅持瑪阿特的官員是孤兒的父親，寡婦的丈夫，離婚女人的兄弟」，但法律並不要求他們必須這麼做。祭司自然在諄諄教誨，讓底層、尤其是作為金字塔基礎的農夫和奴隸，遵守瑪阿特原則，這就意味著奴隸安心做好奴隸，農夫安心做好農夫，大家在各自的階層安分守己互不僭越。王權和社會穩定得到維護的同時，祭司自然也就安穩地處在優越的特權階層——這就是第二中間期時的伊浦味祭司為何在紙草文獻中怒罵起義者的原因了，因為那些不肯按照神的意志餓死的暴民，的確是破壞了安分守己的瑪阿特原則……

國王扶植祭司階層，以獲取來自神權領域的支持。在王權的護佑下，祭司成為國王之下最有實力的社會階層。在很多歷史時期祭司階層超越壓倒了王權，而軟弱的國王卻無能為力。於是我們看到祭司積極維護王權，帶來了王權被神權深度捆綁甚至反噬的另一面，所以在埃及歷史上會有如此之多的國王，出手打壓祭司，且改革國家宗教、重新編寫埃及神話——其中最為激進的就是阿肯那頓的那場宗教改革。

但傳統埃及王朝的國王需要神廟體系、神學理論的支撐，所以國王始終無法徹底壓制祭司階層。就算以拉美西斯大帝之強大，也不得不把大部分的對外戰爭戰利品奉送給阿蒙─拉神的神廟。在他當政期間，埃及全國神廟中有十萬祭司，占埃及人口總數的三十分之一。神廟擁有牛羊五十萬頭，祭司階層的財產和神廟的土地享有免稅權利，還享受著全國一百六十九個城市賦稅的供養。到了拉美西斯三世時代，每年要向全國的祭司和神廟奉獻的金銀和糧食達到失去控制的地步，以至於國王最後發現國庫已經破產，連給官員的俸祿都發不出來了。

在國王變成「負翁」的同時，僅阿蒙─拉神的祭司占有了近萬畝的土地、四百餘處莊園、十萬頭牛、六十五座城鎮、八十艘大型渡船、五十座工坊，以及九萬餘名奴隸和農民──這還沒將其他神靈體系的神廟勢力計算在內。祭司階層無休止地發展實力，這種膨脹的巨無霸勢力最終對王權產生了直接威脅。

埃及複雜龐大的神廟體系催生出「大祭司」或「第一先知」這種古代宗教領袖，其中尤以新王國時期底比斯的阿蒙─拉神的大祭司勢力發展最有代表性，這一系祭司貴族以其強大的勢力動搖乃至顛覆篡奪了王權，開始了埃及新的統治時代。

第二節 尼羅河邊的生活

埃及人認為人類生活在神靈創造的世界中，遵循神靈確定的秩序和真理瑪阿特原則。從國王到販夫走卒，所有的埃及人都沉浸於對神靈的膜拜之中，他們給希臘人留下的印象就是「迷信又頑固」。

國王將自己神化為「荷魯斯的化身」和「拉神之子」，祭司為了維護自身利益竭力鞏固對眾神膜拜的信仰體系。於是埃及人自然沉浸在對神靈的崇拜之中，他們相信國王是人間的神，祭司的巫術有神奇的力量。埃及人在哲學思維和科學技術方面取得的一切成就，都來自宗教實踐，所有這些智慧成果自然也被視為來自神靈的啟示、智慧和真理，於是古埃及文明所取得的每一次進步反而鞏固了對埃及神話和宗教的信仰。

古埃及是富饒的，但埃及人的生活卻是很坎坷的。底層埃及人將現實生活中得不到的東西，自然地寄託於對神靈的想像和依賴之上。他們相信一年中的每一天都由確定的神靈來掌控，你一旦遇到惡神當值自然霉運當頭，如果遇到善神管事肯定好運亨通。希羅多德如此寫道：「由於每月每日都有神道主宰，因此人生下來，是富、是窮，是夭、是壽，就已經確定了。」

正所謂圖特月二十三日出生的孩子都是短命鬼，考阿卡月二十日所生的孩子眼睛會瞎——那麼這些孩子的父母該怎麼接受，總不能哭號著在地上打滾吧？更別說在阿圖姆創造九柱神之日出生的倒楣孩子會在性交時死去，這種可怕預言了……

勤勞智慧的埃及祭司早已開發出各種咒符，並計算出尋求神靈庇護的辦法。這些咒符和尋求神靈庇護的方法從出生之前就開始保護埃及人，並且在他們死後也持續發揮著作用。

數千年的時間裡，古埃及人精神生活的主旋律就是虔誠地祈求神靈眷顧。悠悠尼羅河水漲起又落下，一代代埃及人在諸神的注視下出生、成長，最後走向死亡……

尼羅河的孩子

一個古埃及人的生命，往往誕生於建在自家花園或者院子角落裡的「分娩亭」。但在此之前，是長著公羊頭的生命創造之神胡奴姆或普塔神，在飛速旋轉的陶盤上創造出人類和他的靈魂巴的人形，然後由長著青蛙頭的海克特女神負責將生命轉移到陶輪上的兩個人形上去。

古埃及語中「分娩」的象形文字，使用蹲著分娩的婦女形象來表示，無論是埃及豔后還是貧窮的農婦，埃及的產婦都在接生婆的攙扶下以蹲姿完成生兒育女的偉大成就。其區別無非是克麗奧佩脫拉七世蹲在中間有洞的王室分娩椅上，而不知名的窮困農婦蹲在兩塊泥磚上……埃及人認為婦女生產之後是不潔淨的，所以需要待在「產篷」中用半個月的時間恢復淨化，只有產婦身體狀況基本恢復正常之後才被允許回家。在生育前後的時間裡，每一個古埃及的待產媽媽都會使用魔法武器來保護自己和未出生的寶寶。她們模仿神話裡的傳說，編織神祕的伊西絲結。這是太陽神阿圖姆為了保護伊西絲腹中未出生的荷魯斯，而繫在女神子宮深處的神聖棉條，可以防止惡神賽特的破壞企圖。

除了伊西絲和奈芙蒂斯姐妹之外，侏儒神貝斯身材矮小面貌猙獰，也被視為可以驅逐對媽媽和嬰兒有威脅的惡魔，因此他的雕像也被供奉起來鎮宅避邪。其他保護婦孺的還有奈特女神、智慧之神圖特和哈托爾女神等等。埃及人相信每一名婦女分娩時，哈托爾女神都會在場，面對劇痛中的產婦，接生婆會連續說三遍咒語「現在生孩子的是哈托爾」——人們透過將產婦等同於擁有同樣遭遇的女神，使得受苦難的母親受魔法保護。不過這樣的疼痛轉移大法要想起作用的話，估計要產婦的心虔誠無比才能有效……

當然，光喊口號是不夠的。畢竟每一個埃及女人都害怕自己會遭遇難產而死，上下埃及有那麼多家庭，哈托爾女神恐怕忙不過來。所以為了保護這些弱小的婦孺，埃及人還製造出一些特殊的魔法武器，例如大英博物館中館藏的底比斯河馬牙魔杖，這件

尼羅河的孩子在諸神保護下長大。

被稱為「塞涅波魔杖」的古老魔法物品，製造於西元前十八世紀之前。

埃及人認為河馬這種危險動物的長牙中蘊含著力量，所以用它製作的魔杖能夠保護孕婦、產婦和嬰兒免受惡魔鬼怪和邪惡巫師等混沌勢力的危害。

塞涅波魔杖的正面刻著太陽圓盤、拉神之眼、聖甲蟲、天界獅子和把守冥界出入口的雙重斯芬克斯，它們代表了太陽神穿越冥界重生的過程。還有幾個頭顱、幾個被捆綁的俘虜和毒蛇代表黑暗邪惡的混沌力量，正被貝斯等神靈按在地上摩擦……塞涅波魔杖的背面中心位置有一個手持安克符號的女神，河馬和青蛙等神聖動物在她周圍對抗混沌力量，將神界的超自然力量引入人間，為了母親和孩子而戰。

神話上的助產手段如上所述，那麼古埃及婦產科醫學上的準備又是怎麼做的呢？埃

伊西絲和奈芙蒂斯姐妹是保護家庭婦孺的善良女神。

美麗的哈托爾女神保護所有的孕婦和孩子。

及人認為孩子所有的硬組織都來自父親，所有的軟組織都來自母親。他們將子宮稱之為「人之母」，這聽起來似乎很感性；但他們又認為人之母在腹腔內可以任意游動，凡是游動到錯誤地方就會引起病痛，這一點就非常不「理性」了……埃及人意識到精液與睪丸有關，並相信精液從骨頭中誕生，並通過管道從骨頭引向睪丸。最糟糕的是認為接生是一種不潔淨的下賤行當，所以被迫從事這個行當的接生婆缺乏學習和掌握助產知識技術的途徑和動力，這就導致了非常高的嬰兒夭折率。尋常人家夭折的新生兒常常被埋在自己家附近或者自家院子角落裡，這些可憐的孩子被大人用亞麻布或棕櫚樹葉子做成的席子一裹就草草埋葬。富裕的人家就講究多了，他們會將夭折的孩子製成木乃伊埋葬。

古埃及的母親平均會生八個孩子，但其中半數會夭折。一個普通家庭一般會有四個孩子，運氣好的會有六個，甚至更多。在古埃及社會一樣有生個男孩傳宗接代的現實壓力，我們從埃及歷史上可以看出，國王沒有兒子會帶來多大的麻煩。對老百姓而言，一個丈夫可能會拋棄生不出兒子的妻子，就像國王會

一對夫妻和他們的兒子。

埃及全家雕像中孩子與大人往往比例懸殊以示長幼尊卑。

埃及人的家庭。

因此更換他的王后一樣。

古埃及不僅認為兒子有贍養老人和傳遞香火的重要作用，還在宗教神話上對兒子有個極為現實的需求：在父母身後提供符合宗教要求的殯葬儀式，以及為父母死後的精靈卡提供食物祭品，從而使得父母在來世能夠存活，使他們的名字長存不滅。關於這一點我們會在本章的最後一節內容中做詳細闡述。

古埃及對每個家庭的長子有個稱呼——「母親的供養人」，不過在埃及的法律中並沒有明確規定兒子的贍養義務，但是在瑪阿特的社會道德要求和司法審判實踐中，當老人沒有兒子或者兒子不能贍養老人時，女兒必須要承擔起贍養老人的義務。那麼沒有孩子的夫婦該怎麼辦呢？在一篇紙草文獻中曾出現過奈布奈弗爾和瑞奈弗爾夫妻倆購買奴隸的合約，這是一個已經孕育了三個孩子的女奴，顯然主人買她是為了得到孩子——主人與奴隸所生的後代屬於主人家庭成員，而不會變成奴隸。

正在化妝的古埃及貴婦。

能買得起奴隸的畢竟是少數，在紙草文獻中還有很多關於收養協定的記錄。不過以人之常情而論，就算能夠買得起奴隸或者是可以收養孩子，一個妻子還是更盼望能由自己為丈夫生出兒子。在一位名叫塔伊荷泰普特的貴族女性墳墓中，墓室銘文上刻著墓主心目中最輝煌的時刻：「我在十四歲的時候，就嫁給了最高祭司帕夏爾普塔。我給丈夫生了幾個女兒，但一直沒能生出兒子，這使得他非常悲傷。於是我和丈夫一起向印何闐神祈禱，他是傾聽人們的呼聲並創造奇跡的神，他實現了我們的願望——在我生下兒子的那一天，所有的親朋好友都來祝賀！」

古埃及的兒童教育文獻中常有「你不應該忘記你的母親對你的厚恩：她生育了你，並盡其所能地撫育了你。她哺育你達三年之久，她使你成長壯大」之類的話，這說明埃及習俗中的哺乳期大約是三年時間。古埃及的雕塑壁畫中常有母親跪著或者蹲著給自己的孩子餵奶的場景描述，第十二王朝的公主索白克納赫特以及阿肯那頓的王后娜芙蒂蒂給孩子哺乳的形象都被做成王室雕像，更不要說伊西絲女神哺乳荷魯斯的神聖雕像了。公開場合下的哺乳對埃及人來說司空見慣，畢竟古埃及的性觀念非常開放，婦女在宗教節日時會撩起裙子效仿荷魯斯和賽特爭鬥故事中哈爾托女神的神聖舉動，現在不過是當街餵個奶而已，何必大驚小怪？

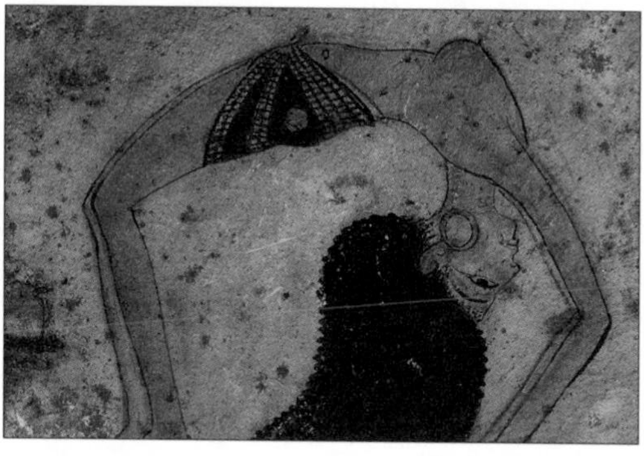

穿著舞蹈用短裙正在做出高難度動作的舞女。

在古代埃及世界中，埃及媽媽經常會在鍋裡熬煮尼羅河鱸魚，等到水開肉爛香氣四溢之時，撈起鱸魚的背鰭然後混合香油，再把衣服一脫按摩師就可以工作了——勤勞智慧的埃及人民在催奶經驗上劍走偏鋒，他們認為用含有鱸魚背鰭的油來按摩女人的脊背才是下奶的良方。魚油按摩這種偏門做法的有效性似乎值得懷疑，對於那些按摩無效的哺乳媽媽，只有向神靈祈求幫助了。當然，家裡有錢的話還是很好解決問題的，雇用一些奶媽就是了。在這一點上，有不少古埃及和古中國的貴婦媽媽非常相似，她們就算自己並不缺奶，也一樣習慣雇用奶媽來餵養自己的孩子。

埃及的奶媽與中國奶媽的不同點在於，雇用雙方要比較一下彼此的家庭背景。如果處於同一階級，那麼奶媽可以把雇主的孩子抱回自己家裡撫養，只要定期帶孩子回家團聚並「驗貨」即可；如果奶媽家裡明顯差於雇主家，那麼自然只好留在雇主家中做奶媽，以免害得新生的少爺小姐受委屈。至於大富大貴的王室之家的奶媽就更講究了——其中還有男性！這些男人自然不會餵奶，他們的作用是負責保證王室嬰兒的安全以及隨後的啟蒙教育，更接近於家庭教師。埃及王室的奶媽群體地位很高，時常出現涉足宮廷政治的情況。有些王室奶媽還獲得埋葬在王室墓地，與王室

一個作坊模型，為國王陵墓服務的工匠能夠得到政府提供的優質伙食供應。

主人同享來世的殊榮。埃及的國王往往與奶媽的孩子關係密切，第十八王朝的圖特摩斯三世娶了奶媽的女兒，他的兒子阿蒙霍特普二世則把自己奶媽的兒子凱奈姆提拔為掌印者和土地總管。

埃及的孩子十歲之前不分男女都在右側留一束稱為「荷魯斯的髮辮」的頭髮，其餘的全部剃光。這種髮型從王子到貧兒都一模一樣，因為保護上埃及兒童的幼年荷魯斯神哈波奎特斯（Har-pa-khered）就是這般——頭髮旁分並吸著手指。

驢子是農民的運輸工具。

生活在埃及的孩子在夏天裡大多是光著屁股滿地跑著長大的，在古埃及各個時期的壁畫雕塑中，孩子們都是戴著手鐲項鍊等飾物裸體出場。只是到了後期埃及時，稍微長大些的女孩子在大熱天也會穿上一條裙子。不過這並不是說孩子一年四季都赤身裸體，在氣溫降低的冬季，他們會穿上媽媽縫製的罩衣和斗篷。埃及的孩子都佩戴著護身符，有時也會有一些袖珍神像飾物。這些飾物往往以吉祥數字「七」來組成，比如七顆瑪瑙組成的手鏈、七段金鏈組成的項鍊等。當然也有純粹裝飾性的飾品，不過上面一般還是會有咒語來保護小主人。

那麼尼羅河的孩子平時玩什麼呢？

還在蹣跚學步的小傢伙手裡捏著繩子，拖著帶輪子的玩具馬和關節能活動的人偶，跟在大人屁股後面走，也會玩媽媽的紡線錘或是自己抱著球滾來滾去。那些大一點的男孩子借助夥伴的脊背玩跳馬；瘋跑一通然後跳進河裡游泳；抓起繩子兩頭比賽拔河；跳過兩名坐在地上小夥伴手臂的「鵝步」遊戲；玩打仗遊戲，並且要上演手拿代表瑪阿特女神的鴕鳥毛和代表國王的權杖來審判打輸了的「戰俘」；有時候男孩會打架，一言不合就把小夥伴揍得鼻青臉腫。女孩很喜歡比賽彼此扔球，贏家可以騎在輸家的背上繼續嬉戲；幾個女孩子可以圍成圈玩「壓製葡萄酒」的遊戲；優雅些的可以左手拿著手狀的木質撥浪鼓，右手拿著鏡子跳「哈托爾舞」；有時候她們會安靜地下一盤塞尼特棋。孩子們總是學著模仿大人，在第十二王朝的考古遺址伊拉琿工匠村中，這些工匠的孩子用泥捏出很多可愛的玩具，有小人、小船、泥球和石棺中的小木乃伊。孩子製作出瞪著眼睛的貓、張著嘴的獅子和鱷魚，甚至他們見過的各種家畜和野生動物。總之，埃及的孩子與世界各地的孩子沒什麼不同。他們在兩土地上無憂無慮地玩耍，直到短暫的童年結束——以最貧苦的農民家庭為例，孩子在大約五歲之後就要逐漸投入勞動之中了。

在古埃及，大多數孩子都會繼承父母的職業。如果你是女孩，你要赤著身子在農田裡拾麥

船隻是古埃及最重要的運輸工具。

穗，幫媽媽做飯、打掃房子和照顧弟弟妹妹，為在地裡幹活的爸爸送飯，抽空學習織布和編籃子，更要懂得如何用自家出產的食物交換其他東西。留在家裡幹活是幸運的，那些更窮的家庭裡的女孩得離開家，去學習如何成為樂師、舞者或僕人……如果你是男孩，你要幫助爸爸在地裡播種，把穀物運進糧倉，為大人準備狩獵的工具，在墓穴中為壁畫上色準備顏料，站在船上觀察河水裡的異常情況，用石塊把陶器表面打磨光滑……

就這樣，埃及的孩子在懵懂中遊戲著，勞作著，成長著。終於有一天，他們到了上學的年紀。

上學記

古埃及是重視教育的，因為沒有受過教育的愚民難以做到遵守秩序敬畏神靈。埃及神話與宗教反覆灌輸瑪阿特原則的重要性，而這種原則要被人民接受就離不開洗腦培訓，其中最有效的手段無疑是結合宗教灌輸的社會教育了。

按照理想的社會構想，無論是貧困的農夫之子、普通的工匠之後，還是富裕的權貴少爺，都要去上學。不過現實是殘酷的，處於社會底層的孩子除非表現出過人的智慧潛力，否則罕有機會能到神廟學校中接受教育。至於女孩，更沒有受教育的機會，除非是富貴人家的小姐，可以請家庭教師或由有文化的媽媽在家教導，學習如何讀寫象形文字和做數學題。專業人士家的女孩子能跟著自己的媽媽學習謀生的技巧，這樣就出現了符合瑪阿特精神的職業傳承——哭喪女的孩子還是哭喪女，舞女的後代依舊做舞女。無論是男孩還是女孩，在家庭中都會接受自己最初的老師——父母的教誨。而埃及父母對孩子的教育，往往都從灌輸延續三千年之久的瑪阿特精神開始進行道德思想教育。

從古王國時期開始，貴族之家就開始以教諭來指導規範年輕人的行為。第四王朝的《王子哈爾傑德夫之教諭》是迄今所知最早的教諭文獻：「你自己要保持身體潔淨和服裝體面，免得他人代勞幫你打理。當你富有的時候要趕緊成家立業，娶一個身體強健的妻子，讓她為你生育子嗣。當你為自己安排好永生的墳墓之時，也要同時為你的兒子修建一棟房屋。」從這簡短的訓誡之中，我們可以看出王子哈爾傑德夫對孩子的忠告和期望，還可以看出即使遠至古埃及，生兒子依舊如同有了保障。

出現在中王國第十二王朝時期的《對各種職業的諷刺》這一篇教諭，描寫了來自塞爾的杜阿凱提沿著水路向南航行，送兒子珀辟前往首都的書吏學校讀書，激勵珀辟在那些官僚貴族子弟中努力學習。這篇教諭的原文早已失落，現在流傳下來的都是新王國時期並不完整的複製品。但這並不影響我們看出一個父親的良苦用心——杜阿凱提用其他十八種職業的艱辛與書吏進行對比，告訴孩子成為書吏是多麼幸福而愉悅的一件事：書吏的生活是舒適的，他們總是穿著優質材料製作的衣服，用乾乾淨淨的雙手握著筆墨，走到哪裡都受人尊重，收入很高而且從不會被主人責打。而其他職業則完全不同，不僅工作辛苦危險，而且工作環境骯髒不堪，終日無休無止地苦幹之餘還要承受主人的虐待毆打。

杜阿凱提是這樣說的：「瞧，沒有任何事物能超越文字的力量！水上有一艘船……就書吏的辦公環境而言，我從沒見過能夠與其相比的其他辦公環境！它比任何辦公處都大，地球上沒有任何事物能像它那樣。

「我看到了一個銅匠，他就坐在爐口邊工作。你看他的手指髒得就像鱷魚的爪子，他散發出比魚蛋更腥臭難聞的味道……

「紡織工坊裡的紡織工人比婦女還不幸，他紡線織布時膝蓋頂著肚子，你瞧他的姿勢簡直都不能呼吸空氣。如果有一天他沒有紡織，那麼主人就會鞭笞他五十下！

「信使把自己的財產都交給孩子後才出發

農民的兒子如果成為書吏，就能改變全家的命運。

書吏在埃及待遇優厚，到了羅浮宮裡也是鎮館之寶。

到國外去送信，他是多麼害怕獅子和亞洲人！當他魂不守舍地返回埃及之後，他的神志才能清醒過來。但到那個時候，他的家庭都變成了赤貧的佃戶，他不可能高高興興地回到家鄉……

「洗衣工人在鱷魚出沒的河岸邊洗衣服……他的食物中混雜著各種髒東西，他渾身上下沒有一個地方是乾淨的……

「我也曾為你提及漁夫，他比任何其他職業的人都悲慘——他可是在遍布鱷魚的河流中捕魚的！

「瞧，任何辦公場所都會受到監督，只有書吏的辦公室除外，因為書吏本人就是監督者！」

隨著珀辟聆聽父親的教誨，現在終於到了去學校讀書的時候了……

古埃及的學生練習抄寫。

古埃及人對於讀書有一種崇敬情結，尤其是對底層民眾而言，讀書幾乎是唯一不用付出血汗淚水就能令其社會地位上升的管道了。在古代埃及，孩子一般在七歲後開始接受較為正規的教育。不過由於古埃及人一般活不過四十歲的嚴峻現實，大多數有能力的家庭會讓孩子從四歲起就開始接受文化教育或者職業訓練。

在新王國時期的一座雕像背後刻著名叫拜凱尼素宏的高級官員履歷，上面寫著：「我曾度過四年無憂無慮的童年時光；當我成為國王塞提一世的馴馬師時，我是一個十二歲的少年；在此後的四年裡，我擔任了阿蒙神高級祭司；在此後的十二年裡，我擔任了神聖的阿蒙神之父這一職務；在此後的十五年裡，我擔任了阿蒙神第三先知；在接下來的十二年裡，我擔任了阿蒙神的第二先知，他欣賞我，他喜愛我；在後來的二十七年的時間裡，他任命我為阿蒙神最高祭司。」從銘文來看，拜凱尼素宏就是在四歲後上學接受了為期八年的馴馬師專業訓練，從此踏上了一帆風順的仕途之路。

古埃及的學校分為四類，分別是宮廷學校、職官學校、神廟學校和書吏學校。在古王國時期出現的宮廷學校是平民難以企及的最高學府，王室家族成員與表現良好的權臣子弟一同在王宮裡學習。這樣做的目的是為將來可能繼承王位的王子培養親信，日後王子登基掌權之後，相熟的同學就可以直接作為執政班子成員了。在新王國時期，作為人質生活在埃及的外國王子，也被送到宮廷學校裡接受教育。這種「教育國際化」的措施背後，是使得埃及附庸國的未來繼承者變得埃及化，以保證他們即位後的忠誠。

宮廷學校的教師通常是維西爾或深受信任的大臣，例如第六王朝時期的權臣烏尼曾被任命為宮廷教師和提鞋者。不要被提鞋者的字面意思誤導，這位烏尼可是能作為國王眼線進入後宮進行暗查的親信。他曾擔任過兩朝維西爾，在古埃及歷史上留下了賢明有才的聲望。

職官學校是世界上最早的職業教育機構，中王國時的宮廷學校已不能滿足埃及官僚機構的人才需求，所以國王允許各政府部門自己創辦學校，以培養自己行業需要的職業技術人才和合格的行業管理官員，拜凱尼素宏就是經過這種學校培養後步入仕途的。

職官學校培養馴馬專業相關人員、圖書檔案管理員、財務會計師、公文抄寫員和書記員等，另外有一類職業培養學校則屬於神廟體系。神廟中具體承擔教育職責的機構是「生命之家」，或者說是宰牛的聖堂屠場：在這個地方時常通過宰殺公牛的儀式來驅除邪惡，使這裡擁有重生和延續生命的能力。生命之家逐漸由聖堂發展成兼有登記處職能，後來又慢慢成為圖書館。這裡儲存了大量的紙草宗教典籍和各科專業書籍，官吏和貴族碰到難以解決的問題時，會進入生命之家查閱書籍尋求答案。在這些求知者中不乏國王的身影，拉美西斯四世就曾進入位於阿拜多斯神廟的生命之屋中研究圖特神的年表。

在中王國時期，生命之家與書吏培養建立起了聯繫——一塊石碑銘文上寫有「生命之家的書吏」，這是書吏頭銜中的一種。生命之家是書吏接受教育的最高學府，上面提到的學生珀辟完成在這裡的學業後，就可以進入高級行政部門擔任祭司、法官等職位，或者如果他的成績夠好的話，可以作為教師留在生命之家培養下一代傳人。

那麼珀辟會不會因此成為一名祭司呢？答案是那可不一定哦……神廟學校是培養神職人員的機構，這裡的學生主要學習宗教和祭祀儀式。既然是培養祭司的接班人，那麼學生來源一定就是祭司和與祭司集團關係密切的顯貴之家。有一位祭司曾直言不諱地寫道：「我遵照法老的命令，創辦和管理學校，學校的全部學生都來自顯貴之家，而非貧窮之家。」

神廟教育有著鮮明的等級特色，它是另一處為統治階級培養接班人的貴族學校。祭司集團壟斷了涉及國計民生的重大知識資源和科學知識，所以埃及的金字塔、王宮等重大工程都必須交給祭司階層進行設計施工和日常管理。若非出身祭司和權貴之家，幾乎不可能學習這些被祕密壟斷的專業知識。

海里歐普斯神廟學校是埃及最為著名的神廟學校，你可以將其視為古埃及版的常春藤名校。在這裡授課的祭司都是埃及最優秀的天文學家、歷史學家、數學家、物理學家和醫學家，這裡有埃及最豐富的圖書收藏，這裡是西元前最具規模的國際學術交流中心，從摩西到哲學家泰利斯、思想家梭倫、柏拉圖等異國的先知和學者都曾在這裡遊學。拉美西斯二世在底比斯建立的卡納克神廟學校和埃及古城愛德福的神廟學校也同樣著名。這些學校影響極大，學習科目非常廣泛，傳授和研究著古代埃及的歷史文學、天文地理、水利建築、雕刻繪畫、音樂舞蹈、神學法律、巫術醫學等課程，涵蓋了古埃及所有知識體系。尤其是在這些高等學府中培養出通曉兩河流域楔形文字「阿卡德語」的翻譯，這種語言是古埃及時代的「英語」，掌握這門通行國際語的埃及外交人才，大都來自神廟學校。

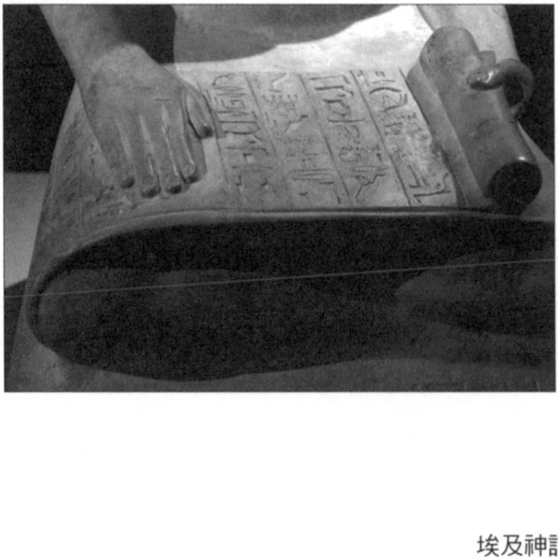

要學會書寫三種象形文字需要付出艱苦的努力。

分散在各個諾姆鄉村的書吏學校是古埃及最為普及的基礎教育機構，一般模式是由有威望、有經驗的年長書吏教授若干個本地學生，這些學生中也包括書吏自己的兒子。書吏學校的辦學規模小且學習地點隨意，在天氣炎熱的情況下，往往課堂就設立在一棵大樹的樹蔭之下，學生席地而坐傾聽老師授課。孩子在這裡只能學到基本的讀寫和數學知識，那些家庭地位較高或是表現出特殊才華被視為有成為祭司或者書吏的潛質的孩子，將被送到更高級的學校接受教育和訓練。

杜阿凱提老爹說的沒錯，作為一個書吏是生活舒適的，哪怕是還處於學生階段。埃及的母親為孩子準備在學校的午餐，從一塊陶片上的記載來看，埃及學童的午餐非常豐富，其中包括三十三種鮮肉、四十八種乾肉和二十四種飲品。不過現實生活中，鄉下學生的午餐就兩樣：麵包加啤酒。

吃飽喝足之後，要開始用功了。從麥迪那工匠村出土的文獻中可以看出古埃及老師以整句話傳授的方式教學生學習閱讀，而不是按照一個一個象形文字來學習然後拼成一句話。老師在授課時要求學生大聲閱讀課本上的例句直到他們牢牢記住，然後再用石灰石在陶片上把這

正在磨麵粉準備做麵包的埃及女人塑像。

些句子寫出來——雖然聞名於世的紙草更便於書寫，但這些昂貴的紙草不能浪費在學生學習寫字的階段。哪怕是在財大氣粗的神廟學校裡也是一樣用陶片練習，位於底比斯西岸的阿蒙神廟曾出土大量的陶片殘片。

埃及的學生是很辛苦的，他們訴苦說「學校裡的作業像山一樣恒久」。考慮到埃及流行三種象形文字系統，每一種文字都有其應用的場合，以至於這三種書寫方式學生都需要掌握的情況，孩子們發出這種抱怨也是可以理解的。我們今天對著象形文字如看天書，而這種文字對古埃及人來說一樣很難掌握。想精通三種象形文字，必須要經過長期嚴格的訓練和刻苦的練習。

學生被要求每天抄寫至少三頁象形文字，不僅要正確還要書寫美觀，這對於初學的兒童來講是很不容易的。孩子們在陶片上反覆練習，只有在他們熟練掌握好複雜的文字系統後，老師才會給他們發紙草，讓他們像個真正的書吏那樣用蘆葦筆蘸著幾千年不褪色的樹膠墨水書寫——這些紙草都是別人用過的舊稿，學生只能按照老師的吩咐在空隙處寫上新內容。

正在做麵包的麵包師塑像。

傳統的埃及書寫用具由用細繩串聯在一起的寫字板、水碗和筆筒組成，每個書吏都隨身攜帶，行走時搭於肩上。長方形的寫字板由木頭和雪花石製成，寫字板上有橢圓形的凹槽，分別盛放紅和藍（或黑）兩種墨水。筆用蘆葦製成，一頭用錘子砸軟後修剪成刷子狀，書寫時用「小刷子」蘸著墨水書寫。黑墨水用於一般書寫，紅墨水用來標記題目、段落起始部分、文中重點和書寫魔法。

在一份流傳到後世的紙草殘片上有一段師生對話：

書吏皮阿伊對阿蒙莫斯說：「第三章是為你準備的。」

阿蒙莫斯回答：「我將會做它！看，我會做它，我會做它。」

皮阿伊說：「帶著你完成的章節過來給我看！」

作業呈給先生過目，結果要麼是做得好獲得誇獎，要麼是做得差接受懲罰。杜阿凱提在提醒兒子注意體力勞動者動輒被主人虐待的時候，隱瞞了學生常常被老師痛打的事實——埃及的很多教諭文獻中，都寫著教師要鞭打不努力學習的孩子。

「不要懶惰，書吏，否則你將立刻被懲罰！不要讓你的思維因逃離課堂而天馬行空，否則你將失敗……不要懶惰地度過一天，否則你將被鞭笞。年輕人的耳朵長在他的背上，只有當他受到鞭打時他才會聽話……」

古埃及的教學之道以體罰為綱，他們特別信奉對調皮孩子得鞭打的真理，教師的指導思想認為「知識是技藝之神圖特通過教鞭送給人間」的，甚至在教諭中寫著學生接受河馬皮鞭鞭笞是一件令人身心愉悅的事情——也不知到底是學生和老師中的哪位因此而身心愉悅？在古埃及的課堂上，上課多嘴講話，挨鞭子！聽課時睡覺，挨鞭子！寫字做題行動遲緩，挨鞭子！懶惰沒寫完作業，更要加倍挨鞭子！

在一塊石板上刻畫了這樣的古埃及上課情景：學生席地而坐，在紙草上奮筆疾書，他們的老師雙手握著寫字板站在學生後面，隨時準備給令自己不滿意的劣徒來一下……帶著父親的殷切期望，學生珀辟會在這樣的環境中逐漸成長。如果一切順利的話，他會熟練掌握象形文字的書寫，並透過學習古埃及經典文學作品，學會使用優美言辭這一書吏的有力武器。等他能夠完成申請書、報告書、經濟或者商業記錄文書等實際本領之後，他可以像拜凱尼素宏那樣選擇在十二、三歲就畢業，然後作為一名書吏被政府或神廟雇用。如果他表現出眾又肯繼續用功，那麼還可以到政府部門申請實習，學習自己期望獲得職位的工作方法，這樣也許會導致他到十七、八歲才能畢業。又假如他真的天賦異稟，也許能像古埃及著名的神童貝肯康那樣十五歲在御馬管理機構畢業，十六歲就留任執教並成為機構管理者，之後一步步走向著名大祭司的人生巔峰……

如果珀辟真的存在過，那麼當他結束自己的學生生涯後，應該可以獲得正職，在兩土地上的某一處獨立生存。到了那個時候，杜阿凱提老爹一定會繼續訓誡自己的兒子：「當你發達的時候建一所房子，用心愛你的妻子，讓她食可果腹，衣能蔽體，並用油膏塗抹她的身體……」總之，珀辟你該自立門戶，成家過日子啦！

蝸居兩土地

太陽照常升起，灼熱的光芒照耀著上下埃及的城鎮和村莊。陽光下的埃及炎熱乾燥，處處灰塵彌漫。家家戶戶都以乾燥牛糞做燃料，做飯時產生的濃厚煙霧在空中經久不散。尼羅河邊的居民點中街巷狹窄局促，房屋周邊堆滿了惡臭的垃圾，老鼠和蟲子占據了垃圾堆，密集成群的蚊蠅飛在人和動物之間嗡嗡作響。生活在這種環境下，埃及人是帶著怎樣的心態度日呢？

在法語國家中有句口頭禪「C'est La Vie（這就是生活）」，這個金句頗有我們口頭禪中「人生不如意事十常八九」的意味，古往今來所有國度的生活都是在不斷的希望與失望中前進的。即使身在古埃及，再多的煩惱也沒有一頓小燒烤解決不了的，如果有，那就再加上啤酒和麵包……必須承認，我們對埃及人墳墓的瞭解要遠遠多於對他們生前居所的瞭解。這是由於埃及自有特殊國情在此——活人的住宅都是用泥磚建造的，從國王到農民都是如此，只是豪華舒適程度有差異，這種材質的建築基本上不用考慮幾千年長度的長期保存了……

我們都知道尼羅河水每年定期的氾濫與消退，這種大自然的規律為埃及文明帶來了生命，也為埃及建築帶來了毀滅。為了不讓洪水席捲家園，埃及早期大多數的城鎮村莊都建在高地上。隨著人口增加，人們向低地遷徙，於是創造出以堤壩環繞聚居區來抵擋洪水的方法。這些堤壩用泥土築造，需要即時監管以防潰堤災難出現。埃及很缺乏優質木材和石料，所以它們優先用於神廟和陵墓建築上，因為這是代表永恆的所在。至於短暫塵世間的蝸居之地，就只好用泥磚修建了。

在西元前三千年時，埃及人就已經精通泥磚建築技術。他們開發出泥磚的建材尺寸標準，工人按照統一的大小標準把尼羅河淤泥與碎麥稈和沙子混合後曬乾，這種建築材料隨取隨用，極為方便，在乾燥炎熱的沙漠氣候條件下可以維持幾代人的時間。埃及房屋的泥磚牆壁很厚實，位於牆壁高處的狹窄窗戶覆蓋著亞麻布簾或木質百葉窗。這些窗戶一般是朝北開的——每年春天撒哈拉沙漠都會刮來夾帶著沙塵的酷熱西風，沙塵害得埃及人很容易患塵肺病。而來自北面地中海的清爽海風給人的感覺是清涼潔淨，埃及人認為這是阿蒙神的呼吸給了他們酷暑中的清涼，因此埃及的房屋一般都會

正在飲酒的貴族。

王室的菜單上有瞪鈴等野味供應。

朝向北方。

為了盡可能讓北風吹進室內，埃及人還在屋頂修建三角形的風塔用來引風，直到今天這種設施仍然在埃及農村很常見。埃及房屋內部採光不足，光線暗淡。夜晚時他們點燃小陶罐裡的蓖麻油照明，這種油燈的氣味曾令希羅多德抱怨不已。有錢人家使用雪花石膏製成的燈，還會加熱香脂讓空氣中彌漫著甜膩的氣息。埃及人當然還有火把，但這種照明工具一般用在葬禮上以驅逐黑暗中的邪魔。

埃及天氣炎熱，垃圾遍地。尤其在洪水退後的九、十月份，蚊蟲蜂起擾民。在古埃及時代的教諭文獻中記載了農民被蚊蟲叮死的可怕情況，上下埃及的居民一直為此感到頭疼。希羅多德說住在三角洲沼澤地帶的埃及人建造塔形的高層建築，晚上睡在蚊子飛不上去的最頂層以防叮咬。希羅多德的說法還沒法驗證，不過在胡夫國王母親的墳墓中倒是發現了圍在床上的木質框架，考古學家認為這應該是蚊帳的架子。埃及不缺亞麻布，至少搭個帳子還是能夠做得到的。

在埃及，葡萄屬於奢侈品，葡萄酒是貴族專享的飲料。

事實上埃及人的房屋與街道的清潔程度成反比，他們喜歡居住在乾淨整潔的環境中，並不喜歡用太多的傢俱塞滿房間。埃及人用泥磚或泥土夯實後鋪成室內地面，然後鋪上光滑的灰土，再鋪上蘆葦、紙莎草或棕櫚纖維編製的席子，將灰塵和沙子遮擋在席子下面。已知的埃及平民房屋內部傢俱擺設較為簡單，以實用為主。一般都會有低矮的桌子和鋪設乾草坐墊的木頭凳子，盛放食物的盤子放在檯面上，扶手椅則是為地位尊貴的客人準備的，睡床一般是泥磚或木質的小平臺，上面鋪著草席子。

有錢人家的傢俱自然會講究很多，新王國時期的權貴臥室中布置了黑檀木和象牙製造的床、扶手椅和沙發，所有傢俱上都有柳條編織的席墊，它們的腿部一般做成動物腳爪模樣，以獅子腿腳造型居多。有錢人用的枕頭一般是木質或者石質的彎月形狀，當然大家可能對博物館中圖坦卡蒙的精美黃金枕頭印象更深，但那是給死人用的明器，活人不用這個。仔細打量埃及人房屋內部設施的話，你還會注意到在用顏料彩繪裝飾的房間裡能看到各種動植物和風景圖案，牆壁上大小不一的木匣和壁龕中放置了亞麻布匹、生活陶器、衣服首飾、化妝品、玩具等零碎物品，以及供奉的各種神像，尤其是能保護婦女兒童的圖特、伊西絲、哈托爾、貝斯等神靈。

在貴族的酒宴上少不了歌舞相伴。

埃及人的虔誠是無可置疑的——他們在諸神的注視下睡去醒來，在諸神的庇護下出生死去。

愛美之心

在埃及人人都佩戴首飾，不管是活著還是死去，首飾始終伴隨著他們——甚至連受到崇拜的神聖動物也同樣佩戴著首飾。早期埃及時只有國王能使用和佩戴金質飾物，因為黃金是「太陽之體」，代表著神聖永恆，後來才逐漸允許祭司和貴族階層佩戴金質飾物；貴族的首飾多用金銀和半寶石製成，半寶石是介於寶石和石頭之間的各種色彩斑斕的礦石，如綠長石、綠松石、孔雀石、石榴石、玉髓、青金石等；平民的首飾一般用釉陶珠子製成，工匠將鹼性釉料塗在石英砂胎或石子上燒製成亮晶晶的首飾；就算是最窮苦的奴隸和農民的孩子，也至少擁有陶器戒指和骨質護身符，在這些粗糙的首飾上刻著貝斯神的肖像，這幾乎是可憐的父母能給予孩子的唯一保護了……

古埃及首飾的種類主要有項飾、耳環、頭冠、手鐲、手鏈、指環、腰帶、護身符及墜子等，它們製作精美，裝飾複雜，複雜的配色蘊含著濃重的神話象徵意義：金色是太陽神的顏色，象徵著生命的源泉，代表神的肉體和永恆不滅；銀色代表黎明的太陽、月亮、星星；天青石代表保護世人的深藍色夜空；綠松石、孔雀石和沙漠長石象徵尼羅河帶來的生命之水；

墨綠色碧玉代表再生的力量；紅色碧玉則象徵著生命。除了顏色之外，形狀也非常重要。埃及的護身符被製成聖甲蟲、生命符號安克、神聖動物、男女神靈、王冠和荷魯斯之眼等形狀，埃及人相信依靠它們的魔法力量可以讓自己吸收好運氣，並驅逐一切厄運、危險的事故、饑渴、毒蛇和惡魔。

對於埃及人而言，整潔的外貌和清潔的身體，以及認真梳理的髮型都代表著一個人的禮儀和氣質。在後期埃及的一個臉盆上刻著這樣一段話：「當你洗臉的時候，願你擁有了健康，並使你身心愉悅」。每天醒來時，埃及人會用含少量泡鹼的清水漱口，然後清潔自己的面孔——埃及人從很早開始就使用肥皂，這種簡單實用的潔膚產品從古代埃及一直延續到現在，其基本化學結構一直沒有發生大的變化。

穿著努格白長裙的埃及女人和穿著繩衣的女奴。

今天的法國香水舉世聞名，在西元前「埃及人」這個詞本身就是香水的代名詞。埃及出產的香水以能在皮膚上長時間持續芬芳而出名，羅馬人購買這種香水，傳說奢侈的埃及豔后克麗奧佩脫拉七世使用十五種不同氣味的香水來洗澡。古埃及時代的貴族宴會上，上層階級的客人會在頭上放置一坨一坨的特殊物品，那是錘形的香料油膏，油膏融化在頭上會散發出清涼的芬芳。而就算是一般勞動者也使用香脂除臭劑來驅除體臭，這些香脂以香料和動植物油脂製成，塗在皮膚上可以保持濕潤、柔軟和光滑。

國王在支付工人報酬時，會將香脂和穀物都算成工資的一部分。在鄉村地區，貧苦的農民將豆角研碎搽到皮膚上來驅除體臭。不光是埃及人身上香氣撲鼻，在埃及人的住宅中往往也飄蕩著香油的味道。在埃德弗和菲萊島的神廟牆壁上，祭司鄭重其事地刻著以葡萄乾、葡萄酒和芬芳的草藥脫油脫脂提煉香油的配方，神靈的居所正是依靠它們來清潔空氣維持芬芳。

愛美之心，人皆有之；愛美之舉，埃及翻倍。埃及人孜孜不倦地追求梳妝打扮的最佳效果，追求美的行列中不分男女老幼。前面已經提過埃及人不論身分高低男女性別統統化妝，特別是隨葬的畫像因為擁有當作死者在來世替身之功能，因此不論男女都穿著自己最華麗的衣服，戴著最精緻的假髮，描繪著最美的妝容——因為那是埃及人希望自己在永生之地能夠呈現出的模樣。

短裙和努格白是古埃及古王國時期的標準男女服飾。

在後續章節我們會介紹到埃及人不光在遺像中濃妝豔抹，他們的木乃伊也一樣需要美顏處理。至於日常生活中，埃及人也毫不猶豫地讓各種顏料香粉「撲面而來」修飾自己的臉。

大約在西元前三千七百年的巴達里文化時代，埃及先民就開始運用天然礦物質進行化妝。考古學家發現過無數埃及的史前化妝調色板，這些調色板是石質的，有些呈橢圓形，有些做成各種神聖動物的形狀。這些調色板的表面還殘留著當年在油脂中調和色素的痕跡，所以讓我們可以很明確地分析出埃及人的美容祕方。古埃及時代最常用的化妝品是畫眼影和眼線的眼影粉，埃及女性在史前時期就普遍畫眼瞼來美容了。埃及人使用的「煙熏妝」顏料主要有綠和黑兩種：從史前到第四王朝時期，來自西奈半島的綠色孔雀石為埃及人帶來了化妝用的綠顏料「烏玖」；第四王朝之後綠色不再流行，來自西亞貝都因部落和蓬特的方鉛礦石帶來了黑顏料「麥斯戴邁特」。麥斯戴邁特在埃及歷史上經久不衰，埃及的墳墓中經常會發現裝在袋子裡的方鉛礦石隨葬品。在古王國時期這些顏料與給死者用的七種聖油一起記錄在文獻中，可見其代表的神聖意義。

壁畫上的神靈穿著的正是華美透明的王室亞麻布衣料服裝。

當時間發展到第十八王朝時期，古埃及的化妝用具、裝飾品和化妝術已經大行天下，哪怕是最貧困的家庭中也能見到：埃及人用紅褐土和油脂混合起來做成唇膏；他們還發明了眼線筆，用來將油性的烏玖和麥斯戴邁特勾勒在眼圈和睫毛處，讓眼睛顯得又大又亮。

古代埃及人人愛美，其中最愛美的是居住在大房子裡的法老。在數量龐大的王室官員當中，直接負責為國王化妝的就有二十多位。這些官員各自負責的領域無微不至地覆蓋了拉神之子身軀從頭到腳的每一寸地方：理髮師專門負責理髮、修面；美甲師專門負責指甲的修理與美化；美容師專門負責為法老噴香水、塗眼瞼、抹香脂等；甚至還有負責為國王穿鞋的專業人員。這些王室官員的墓誌銘上驕傲地記載著自己的官職資訊——「化妝箱管理員」「化妝眉筆管理員」，並且都自稱是國王的朋友。

上行下效，權貴的生活也一樣窮奢極欲。除了剛才已經介紹過的美容措施之外，大富大貴人家在視覺享受上也有很高的追求。在貴族飲宴之際，華麗的廳堂之內都有美女奏樂並歌舞相伴，這些美女通常只穿著繩衣保持裸體，在一旁服侍的女奴也是如此打扮。權貴的奢侈私人生活主導了埃及社會審美的風向標，而時代和環境的變遷則促進了埃及衣冠的不斷演變，時尚的流轉貫穿了整個古埃及文明史。

一八二八年，一塊刻滿了聖書體象形文字的完整石碑被打井的埃及農民挖出來。埃及的統治者對這些遠古異教產物毫無興趣，於是將它作為禮物送給時任奧地利首相梅特涅，這塊石碑因此得名「梅特涅石碑」。

一九五〇年，這塊石碑被收藏於紐約大都會藝術博物館。

梅特涅石碑上一共出現了埃及神話中的五位重要神靈：伊西絲、小荷魯斯、拉—荷拉克提、奧西里斯和圖特。這塊謎一般的石碑上包含有十三篇咒文，其中有一個咒語與古埃及醫學直接相關：

話說伊西絲女神在三角洲沼澤中生下荷魯斯，從此開始了撫養孤兒的艱苦生活。神靈也一樣要吃飯才能活下去，可是當伊西絲外出尋找食物回來時，她的寶貝已經昏迷不醒。著急得近乎瘋狂的女神請求沼澤地中的居民來幫助自己，其中有位博學的大媽斷定是蠍子或者毒蛇咬傷了孩子。伊西絲一遍又一遍地重複尖叫「荷魯斯被咬傷了」，這瘋狂的呼喊讓天空中的拉神之船都停了下來。太陽神吩咐圖特到地面上看個究竟，圖特在聽到伊西絲的哭訴之後，使用「生命之氣」治癒了小荷魯斯。圖特將「黑暗的獅子」、「高貴的聖甲蟲」等保護中毒者的神祕神靈告訴伊西絲，並且承諾世上所有患病的人或動物都可以因此而痊癒，就像小荷魯斯曾經歷過的那樣。

這個石碑是埃及人尼薩圖姆出資製作的，這位慷慨的祭司宅心仁厚，他沒有將這些咒語抄寫在紙草卷軸中私藏起來，而是花錢請人刻在石碑上對公眾展示——用來幫助那些患病的可憐人。雖然絕大多數的埃及人並不識字，但他們相信用手摸摸石碑上的文字就能讓神靈的力量治癒自己，病人的親屬則向石碑潑水，然後把這些「聖水」帶回去拿給病人服用或沐浴。

雖然看似可笑，但當你注視著石碑上那些幾乎被一雙雙滿懷希望的手磨平的地方，不能不心生同情——這幾乎是那些正遭受苦難的人的唯一希望了……

有種關於古埃及醫學的看法是，古埃及的醫生分為兩派，分別是祭司巫醫和專業醫師。被埃及人奴役過的猶太人記載了早期巫醫的醫學理論，這些祭司以鬼神作祟來解釋疾病成因，驅魔儀式是臨床醫療中最重要的程式。祭司擁有神僕的光環加持，自然地位較高，這些資深神學家引領醫學發展潮流幾千年，結果導致古埃及醫學始終困在迷信裡面。這種二元對立的分法其實不能準確表現古埃及醫學的狀況，因為在他們的世界中，祭司和醫生、巫術和醫學是密不可分的整體。

埃及人把醫生稱作「蘇努」。象形文字中的蘇努用箭頭來表示，可能是因為埃及醫生用箭頭狀的工具進行臨床手術。埃及的醫生始祖是印何闐。在之前我們介紹過這位由人轉化為神的偉大祭司，他是埃及人心目中的醫學保護神，據說他曾撰寫了很多紙草醫書，可惜一本都沒有流傳下來。埃及還有一位專門的醫學、戰爭和法老的守護女神，叫作塞赫邁特，於是侍奉這位獅首人身女神的祭司也要將大把精力放在醫療領域了。

在古埃及文獻中專門列出了一些醫學書吏，目前沒有證據表明這些人是世俗社會的專業醫師。不過在古埃及的官僚機構中的確有上下埃及醫學總管這個職位，按照慣例，擔任這個職務的依舊是大祭司。在古代埃及的醫生隊伍中，除了那些不入流的接生大夫或者說接生婆以外，基本上都由男性從事這個行當。目前已知的醫學院主要是神廟的生命之屋，新王國時期下埃及的巴斯泰特城以及後期埃及的阿拜多斯和塞斯城都是文獻中記載的醫生培養基地。

在古代埃及，並不是在印何闐或塞赫邁特神廟中擔任祭司，就自然成為醫生。按照已發現的銘文記載，醫生要從學徒幹起，經過嚴格的醫學培訓後，還要經過一次次專門考核才能沿著獨立行醫、成為高級醫師的職業道路前進。

埃及醫學與巫術從未徹底分離過。

在這些醫生的成長過程中，埃及古代醫學文獻是他們學習的課本。書吏曼涅托曾記載埃及開國大帝美尼斯的兒子阿托悌斯就撰寫了醫學著作，在埃及歷史上第一次論及解剖學。除此以外，誕生於西元前一五五〇年的《埃伯斯醫學紙草文》和更古老的《史密斯外科紙草文》，都是古埃及醫學家總結出的經典醫書。他們記載了創傷性與自發性骨損傷的差異、導致埃及人失明的沙眼傳染病、各種腸道寄生蟲，以及截肢手術、繃帶包紮方法、包皮環切術等等外科技術，更有大量的藥物處方。

文獻記載中的古埃及藥物有二百多種，其中涉及七十多種動物、二十五種植物、二十種礦物，以及啤酒、葡萄酒和麵包等日常食物和飲料，甚至包括動物尿液、尼羅河淤泥和病人指甲中的汙垢——這些不可思議的藥物效果如何可想而知，但這些由象形文字記載的藥方正是「化學」一詞的來源，意為古埃及黑土地上的神奇科學。

古希臘人曾認為埃及人精於製作木乃伊，所以他們的醫學水準很高。因為宗教文化的原因，希臘的醫生和學者不能在本土解剖人體，所以他們渡海而來，從埃及祭司那裡尋求答案。結果希臘人失望地發現埃及祭司雖然能夠熟練地把遺體大卸八塊再縫合起來，但他們所做的一切都是基於宗教意義，而不是科學地研究人體運作原理，所以希臘訪問學者在很短時間內就取得了埃及祭司幾千年來對人體結構瞭解的總和。希臘人系統姓分析了古埃及的醫學，將科學的診療手段與魔法巫術分開，這些經過提煉後的知識又被帶回古希臘，成為西方醫學體系的奠基石。

埃及醫學被神話和宗教所束縛。

為什麼埃及醫學無法實現自我突破呢？

按照《埃伯斯醫學紙草文》中對醫學學生的描述：「他的導師是圖特神，圖特神會用紙草卷引導他們。圖特神編撰了這些文獻，並將這些知識講授給需要學習的人。」在宗教意義上來說，神已經為世人的疾病準備好了治療方法——也就是前輩醫生積累下來的醫學經驗，後世學徒只是練習將自己見到的病症與古代文獻進行對比，找出相同的病以及治療方法即可。

更關鍵的是按照古埃及的規矩，如果醫生按照「祖宗家法」看病看出問題是不用負責任的，因為《史密斯外科紙草文》等文獻早已經用神靈之口宣布人間疾病分為可治癒之病、不可治癒之病和可能治癒之病，所以醫生有足夠的理由為自己辯解；一旦醫生膽敢懷疑古代先賢和神靈的知識，試圖另闢蹊徑來治療的話，很可能會被治罪甚至是掉腦袋。

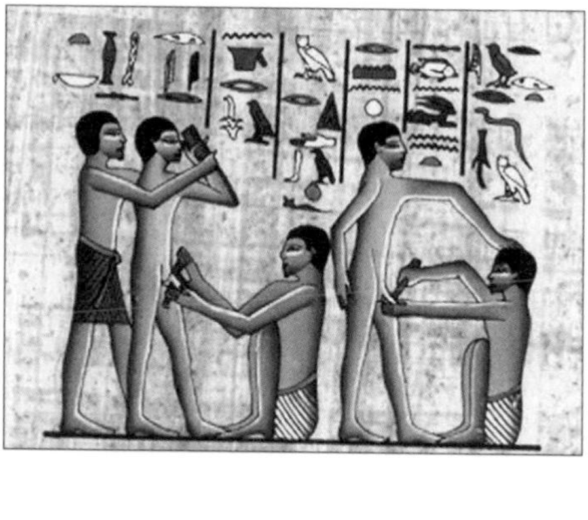

莎草紙上描繪的割包皮場景。

正因為如此，埃及的醫學才未能突破巨大的束縛實現自我突破。流傳千古的既有醫學知識讓埃及的鄰國所羨慕，甚至讓希羅多德感慨埃及人是世界上最健康的人群。但木乃伊上出現的嚴重牙病、塵肺症和炎症痕跡，無聲地說明了埃及醫術的巨大局限性，因此梅特涅石碑才會成為那麼多埃及人的精神慰藉和靈藥來源了……

第三節 通往來世的冒險旅程

埃及神話與引發了無數奇妙幻想的古希臘神話不同，在後世滋生出的多是恐怖傳說。這其中的原因除了那些獸頭人身的古怪神靈形象之外，更多的要歸於埃及人將死者製成木乃伊保存的習俗。

一提起木乃伊，我們可能會條件反射地想起躺在華麗金棺中的圖坦卡蒙或者是拉美西斯二世。這些埃及帝王的木乃伊歷經數千年保存至今，不僅讓我們瞭解了古代君王的生活狀況，更帶來無窮無盡的鬼怪傳說。

關於這一點，並不能單純地責怪後世的人們愚昧無知。要知道就算是在埃及的時代，木乃伊同樣也激起很多鬼故事的創作靈感。

在三千二百年前新王國時期的一塊陶片上，刻著一個埃及版的「捉鬼故事」。

在底比斯有一個叫作尼布斯邁赫的厲鬼作祟，於是一位高貴而智慧的祭司霍姆塞哈布挺身而出，以他信奉的阿蒙神之名去平息幽魂的憤怒。

霍姆塞哈布當然不會舉著桃木劍挑起黃符紙作法，也不是捧著十字架大喊「哈利路亞」去噴灑聖水。他的策略是詠念克制惡靈的咒語之後，勇敢地與尼布斯邁赫共度一晚——聽起來有點兒像是埃及版的聊齋故事。

在祭司的安慰之下，厲鬼傾訴了自己的悲慘遭遇：他生前曾是第十七王朝時期的權貴，但歷經三百年時光之後，他的墳墓和木乃伊早已被摧毀，他的靈魂無處安歇。

霍姆塞哈布同情這個無家可歸的鬼魂，於是許諾重建尼布斯邁赫的陵墓，並定時向他的靈魂獻上祭品，從而改變了這個孤魂野鬼毫無希望的悲慘生活。

仔細分析這個殘缺不全的埃及故事，能夠發現埃及人和我們對木乃伊態度的微妙差異。埃及人將木乃伊視為生與死、希望與恐懼的混合體，他們借助於木乃伊來擺脫人類最大的恐懼：死亡。

永生的許諾

埃及神話中關於奧西里斯的傳說，是每一個埃及人都耳熟能詳的故事：

天神和大地女神的兒子奧西里斯是點亮埃及文明之光的偉大神靈君王，他娶了自己的妹妹伊西絲，成為埃及人愛戴的賢明統治者。但奧西里斯的弟弟賽特也愛著伊西絲和埃及王座，為了得到自己的這兩樣至愛，賽特決定除掉礙事的哥哥——他誘騙哥哥躺進棺材裡，然後釘上釘子便丟進了尼羅河中。

伊西絲悲傷地搜尋丈夫，最終在遙遠的拜布洛斯，也就是現在的黎巴嫩海岸附近找到了棺材。奧西里斯已經遇害，但伊西絲以女神獨有的智慧將奧西里斯製成埃及歷史上第一個木乃伊。故事在此處有不同分支解釋，例如在新王國時期留下的僧侶文書中，就認為是伊西絲設法令木乃伊勃起，從而使自己懷孕生下兒子荷魯斯。

篡位的賽特發現此事後自然不肯視若無睹，他找到哥哥的木乃伊並將其肢解成十四塊扔在尼羅河谷各處。伊西絲設法找到了所有的碎塊，將丈夫如樂高一般拼合起來。雖然奧西里斯的陰莖部分被一條象鼻魚吞食，但在阿努比斯的幫助下，伊西絲還是拼完整了丈夫的軀體。她為木乃伊塗上珍貴的香料，並以細帶子包裹，這樣奧西里斯便獲得了永生，得以成為亡者國度阿蒙提的統治者。等到荷魯斯長大後，這孩子擊敗了賽特成為人間的統治者。

奧西里斯的故事不僅從神話角度解釋了法老權威來自埃及諸神所授，更為所有人提供了獲得永生的許諾。從前王朝時期開始，埃及人相信萬物有靈，而人的靈魂便是精靈。精靈棲身於人的軀殼之中，如果死後軀殼腐爛損毀，精靈也隨之而滅。木乃伊並不只是一具保存期很長的乾屍，同時也是一個人曾經形象的轉化物。無論是為木乃伊塗抹香料還是在其面部覆蓋金面具，都可以幫助死者轉化為神，將自己的名字與神連接成為「奧西里斯某某」。

後來隨著神話發展，人們更進一步認為，如果在生前按照埃及的瑪阿特道德倫理原則生活，那麼死後的亡者精靈便有被眾神復活得以永生的資格。而復活的條件正如奧西里斯神話中所述那般——通過變成木乃伊踏上永生之路。

製作木乃伊

埃及人的木乃伊處理技術在漫長的歷史時期內不斷改進工藝。

前王朝時期的木乃伊大都是自然形成的，人們把屍體埋在挖得很淺的墓穴裡，上面用獸皮或編織物覆蓋，再用沙土蓋好。一切順利的話，埃及灼熱的陽光便可以令屍體脫水乾燥成為乾屍。直到兩千年後的第四王朝時期，埃及人才認識到內臟是屍體迅速腐爛的罪魁禍首，於是製作木乃伊就有了掏取內臟的重要步驟。但其他防腐措施依舊簡陋，這就導致了在古王國和中王國期間保存下來的木乃伊屈指可數。

木乃伊製作者使用鐵鉤子通過死者的鼻腔鉤出大腦。

又過了一千餘年，新王朝時期的木乃伊製作技術趨於完善，出現了有效的屍體脫水和防腐技術。當時，製作乾屍已發展成為一種專業行當。有專門的防腐師和木乃伊製作工坊，不僅法老和大臣死後要製作成木乃伊，連許多富裕的平民也競相仿效。

古希臘學者希羅多德在《歷史》中描述了距今兩千五百年前的木乃伊製作流程：辦喪事的死者家屬會與木乃伊製作者討價還價，當時市場上的木乃伊製作分為高、中、低三種等級，製作者會展示木乃伊小模型，讓家屬直接看到自己親人的木乃伊會是什麼樣的，然後大家選定方案、談妥價格後開工。遺體首先被運至木乃伊製作工坊，這些工坊中最顯著的裝飾品就是陶製的豺狼雕塑，它代表著亡靈接引之神阿努比斯。此外一種叫作「巴」的人頭鳥形象也是工坊的常見裝飾物，它是象徵著死者靈魂的精靈，可以離開遺體飛到陰陽世界中任何一處死者感興趣的地方，也終將回歸木乃伊體內。

根據拉美西斯二世統治時期一個埃及書吏肯奈赫柯普謝夫留下的莎草紙手稿，我們可以清楚看出三千五百年前，他的父親拉莫斯是怎樣被製成一具木乃伊的：「在上埃及和下埃及的法老拉美西斯二世統治的第三十九年，我是肯奈赫柯普謝夫，拉神之子麥倫普塔之墓的書吏，為我的父親拉莫斯完成了所有通往西方蘆葦之地的儀式……」

在拉莫斯死後，家裡和鄰居家的女人，以及雇來的哭喪婦女首先哭喪哀悼。這些女人用一隻手捂著頭頂的特殊姿勢號哭，這種姿勢直到今天埃及女性仍採用。哭泣守夜之後，他的遺體被兒子運到木乃伊防腐工坊進行淨化處理。

工坊的負責人是一位有名望的祭司，他知曉永生的奧祕，在整個製作流程中始終頭戴阿努比斯的面具。一群專業的木乃伊製作者圍繞在遺體周圍，嚴格按照祭司的吩咐進行操作。

製作木乃伊的一些金屬工具。

對於一個專業的製作者而言，首先要進行的是清理死者頭顱的工作。他們會使用一個細長的金屬鉤子，通過鼻腔將大腦掏出來，然後用化學品清洗顱腔內部。開腹的專用工具是一把黑曜石刀，製作者在死者腹部左側切開一個大口子，將肺、肝、胃和腸道摘除後浸泡在化學溶劑中清洗乾淨。這些內臟仔細包裹之後會被塗抹樹脂、香料和泡鹼，再放入四個卡諾卜罐子裡，這些罐子上有人和動物的頭像裝飾，代表著不同的保護神。其中有著人類面孔的是依姆賽特，它負責照看肝臟；有著狒狒面孔的是哈比，它負責照看肺；有著豺狼頭的是杜阿穆特夫，它負責照看胃；有著鷹隼頭的是克布塞努夫，它負責照看腸。

泡鹼是天然鹼礦中採掘來的鹼面，具有強烈的吸水性，潮濕的內臟會在罐子裡快速乾燥。心臟是最後被摘除的臟器，因為埃及人認為心臟是意識所在的器官，所以會把它小心放進容器中，等待死者軀幹被棕櫚酒和香料洗淨後，再隨著一個稱為「心臟聖甲蟲」的護身符一起放回胸腔裡面。傳統上這個放置在心臟位置的心臟聖甲蟲會用黃金和寶石製作，所以歷代在埃及肆虐的盜墓者都衝著它而來，他們會劈開木乃伊取出心臟聖甲蟲。而那些慘遭劫掠的亡魂，只好變成尼布斯邁赫那般憤怒嘶吼的厲鬼了。

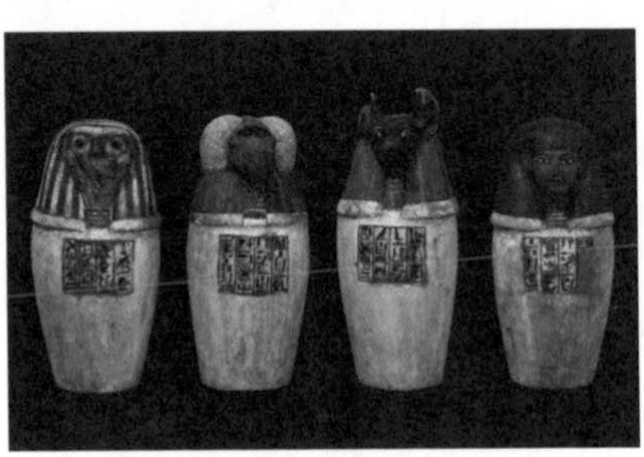
四個卡諾卜罐子。

當心臟聖甲蟲放回胸腔之後，製作者會用成卷的亞麻布、鋸末和沒藥、肉桂等香料，以及大量的泡鹼填充遺體空蕩蕩的胸腹。到了這一步，製作者要視遺體身分和付費多寡，考慮是否進行進一步的美容處理。對於法老等權貴，以及付得起錢的富人遺體，自然是要進行細緻化妝的。例如拉美西斯二世被製成木乃伊時，他標誌性的鼻子被胡椒子包裹起來，以保持生前的形狀。他的指甲和頭髮都用指甲花染成象徵生命氣息的紅色，而腹部切口也覆蓋了堅固的金板。

而我們的主人公拉莫斯有個孝順兒子，肯奈赫柯普謝夫出錢為老爹購置了不少護身符和莎草紙咒語。其中一個刻著咒語、裝飾著碧綠寶石的心臟聖甲蟲放置在心臟之上；一張莎草紙咒語則放在喉嚨之上，那是用代表重生的綠色天河石粉末書寫的；在木乃伊胸腔上放置著紅色寶石製作的緹特符和青金石製作的吉德符，這兩個護身符分別代表著伊西絲女神和奧西里斯神脊椎的護佑；在木乃伊脖頸下放入一個小枕頭，好讓主人在復活時能夠抬起頭部；最後給木乃伊戴上一個鍍金面具，好讓面具在永生之地訴說主人生前的光彩——顯然肯奈赫柯普謝夫是理性的人，花錢還是有所節制的……

接下來製作者縫合木乃伊身上的各處切口，遺體用亞麻布層層包裹起來，直到看上去像是個自然的人體形狀為止。包裹好的遺體被平放在桌子上蓋滿泡鹼進行乾燥處理，這種乾燥處理時間長達七十日之久。時間到了以後，製作者將遺體取出再度進行徹底清洗，這個過程要用到一些價格不菲的香油和油膏。完成這個過程後，遺體全身被樹脂浸泡過的優質亞麻布條緊緊纏繞包紮數層，其中每根手指和

不是所有的木乃伊都有如此絢麗的外表裝飾。

腳趾都要分別包紮。

到這裡，又涉及第二項遺體美容和魔法保護的貴賓增值服務了。對於身分尊貴的死者而言，手指和腳趾的對應部位都要覆蓋金指甲，口內塞入金舌頭。至於各種保護遺體不被打擾、幫助亡靈安全前往永生之地的各種護身符、魔法飾品和寫著咒語的紙張，都細心包裹在每層亞麻布之間。而那些付不起任何美容費用的窮鬼自然免去了上述所有這些麻煩，製作者會在取出內臟縫合切口之後將雪松油灌進遺體中，再將遺體往泡鹼堆裡一放就結束了。

七十日後，雪松油已經把遺體的脂肪肌肉和各種軟組織溶解乾淨。製作者只要把油抽出來、把組織液倒掉，那具只剩乾燥骨骼和皮膚的遺體就可以拿去向死者親屬交貨了——你說亞麻布包紮處理？謝謝，那是要額外付錢的！

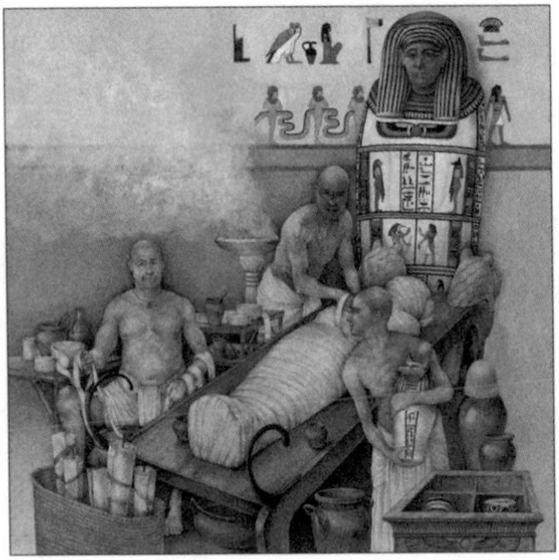

木乃伊製作者將處理完畢的遺體用亞麻布層層包裹。

一九九四年，美國考古學家鮑伯．布瑞爾在馬里蘭州解剖學會主席的協助下，按照古希臘學者希羅多德在《歷史》中描述的埃及祭司處理細節，將一具志願者捐獻的遺體製作成木乃伊。布瑞爾等人嚴格按照希羅多德的步驟製作了一具現代木乃伊，他們發現從鼻腔取出大腦是難度最大的步驟。其過程極為艱巨煩瑣，遠非《歷史》中輕飄飄一句話所形容的那般容易。

但無論如何，這具現代木乃伊驗證了古希臘學者記載的可信程度。它在一個溫度濕度適宜的環境一直保存完好，沒有任何腐爛的跡象。世界各地的科學家頻頻來參觀，來試驗打算用在古代木乃伊身上的各種技術。其中最有價值的就是驗證了木乃伊的DNA提取技術，為二〇〇七年確認傳奇女法老哈特謝普蘇特的身分奠定了技術基礎。

古老的葬禮

在新王國時期的一處壁畫上，描繪了木乃伊被船隻運往西岸金字塔安葬的場面。木乃伊的四個卡諾卜罐子被放置在頂部有豺狼塑像的卡諾卜箱子裡，隨著木乃伊一同航向永生之地。在其餘的船隻上裝載著大量的食物飲品和生活奢侈品，它們將伴隨主人一同抵達墳墓中埋葬。

根據這些描述，再結合肯奈赫柯普謝夫留下的手稿紀錄，我們可以推測出他父親拉莫斯葬禮的大致模樣：

時光回溯到三千五百年前的一天，正是太陽升起之時，尼羅河上泛起萬點金光。隨著船槳劃破水面，幾條兩端上翹帶有典型埃及風格的大船划向尼羅河西岸，那裡是埃及傳統上的墓地所在之處。

一位頭戴豺頭面具的高級祭司守護在棺木旁邊，他扮演著阿努比斯的角色，口中不停詠念著保護死者亡靈的咒語。除了祭司扮演的阿努比斯之外，肯奈赫柯普謝夫也披著豹皮扮演荷魯斯的角色，按照傳統，這個角色要由死者兒子或是葬禮祭司扮演。「荷魯斯」的存在是為了確保死者可以受復活奧西里斯的荷魯斯之眼庇護，在冥界獲得新的生命。

在船上還有兩位號哭的女祭司，她倆扮演著哀悼奧西里斯的伊西絲和奈芙蒂斯兩姐妹，她們負責為死者守夜並送葬。在其餘的幾條船上，是死者在永生之地需要享用的各種物品。

從前王朝時代開始，埃及人的墳墓越造越大，隨葬品也越來越多。這些隨葬品包括衣服、傢俱、首飾、陶器、玩具、樂器、食物和飲品等等，凡是主人生前享用的一切，幾乎都要在死後一併帶走。有時候，在死者之前夭折的孩子也會做成木乃伊隨他（她）一併埋葬。

船隻抵達西岸，拉莫斯的木乃伊被安置在船形的靈柩上，由公牛和他生前的親信一同拉著前往墓地。走在送葬隊伍前列的是抬著卡諾卜箱子的僕人，其後是抬著隨葬品的長長隊伍。送葬隊伍中一位祭司邊走邊詠念祈禱經文，另一位焚香的祭司則指揮整個送葬隊伍，確保所有儀式步驟不會亂來壞了規矩。

太陽很毒，大家氣喘如牛揮汗如雨。但肯奈赫柯普謝夫早有準備，他雇用的儀式舞者和哭喪婦女確保不讓隊伍出現掃興的沉默。等抵達墓地的時候，那裡早已一邊一個守候著男女兩個祭司。

男的代表接引死者的阿努比斯，女的代表愛情和歡樂女神哈托爾。而墳墓中則有為死者準備的嵌套棺木，這種嵌套棺木一層層嵌套進去，也稱作木乃伊箱，例如圖坦卡蒙的棺木就多達八層。棺木最核心處是一個木乃伊輪廓的內棺，這裡就是死者最終長眠的地方了。在木乃伊被放入嵌套棺木之前，所有祭司還要齊聚一堂進行最後的手續：開口儀式。

埃及人認為人的亡魂就是精靈，在去世以後它會分為三種不同的形態：卡、巴和阿克。巴這位好奇的「旅行家」前篇已經有所介紹，而阿克的意思是發光的靈魂，代表了不朽，它的光輝源自死者在生前的成就。阿克的歸宿有三種不同版本：化作夜空中的恒星；與太陽神拉一起乘坐太陽船旅行；與奧西里斯一起生活在來世天堂蘆葦之地。最後就是最關鍵的卡，它是生命的精靈，在死者去世後就與軀體合為一體，從此待在木乃伊中。

所謂開口儀式正是祭司通過咒語啟動卡的意識，讓它在墳墓中覺醒，吃喝僕人提供的食物和飲品。

拉莫斯的開口儀式按照祭司的指點順利進行，扮演阿努比斯的祭司扶起直立起來的木乃伊，披著豹皮的肯奈赫柯普謝夫手持木匠用的錛子走到父親的木乃伊面前，他先用香脂塗抹父親的面部，然後用錛子法器分別觸碰木乃伊的手、口、足部，這個動作意味著將木乃伊的身體還給了拉莫斯的卡，讓它可以帶著自己的軀體在死後的世界獲得永生。

與此同時，在大量隨葬品依次搬運至墓穴的同時，在嵌套棺木旁邊放置了一座同樣用亞麻布包裹起來的拉莫斯雕像（在主人木乃伊損毀的情況下作為替身存在下去），以及一個稱為

「沙烏比提」（能代替主人在來世工作）的小雕像，他的卡諾卜箱子也被安放在一旁，墓室裡剩餘的箱子裝著他生前的衣物，他那些包括剃刀、剪刀、鏡子和香料瓶在內的梳妝用品。環顧四周，墓室裡又被塞進了一把扶手椅、一把靠背椅、一條木凳、幾張蘆葦席和一張棕櫚木打造的桌子。最後放入墓室中的是幾籃子麵包和裝滿啤酒的陶罐，好讓拉莫斯永遠不受饑餓和口渴之苦。

從新王國時代開始，埃及人還會在墓室中放置木質的奧西里斯苗床。在這個木質器具中裝滿了土壤和稱為「穀物木乃伊」的泥土製木乃伊微縮模型，模型中放置了大麥或兩粒小麥種子。人們在封閉墓穴之前會給苗床澆水，使其有機會在墳墓中發芽。這個象徵性舉動意味著亡者遵從神靈的安排，完成從死亡到重生的神聖迴圈。

開口儀式結束之後，僕人會在墓穴入口處修砌一堵石牆封閉出入口。最後大家在地面上磚砌的小型金字塔前舉行宴會，眾人盡興而散。整個葬禮至此結束，但墳墓主人的生活才正式開始。

權貴亡者的卡需要享用日常食物，所以包括麵包師、釀酒師和其他一些僕人會在墓地附近的村莊中居住，每日為主人的卡奉上飯菜和飲品。當太陽落山的時候，僕人會將食物從墳墓前端走，帶回村莊自己享用——大家都得生活，意思意思就行了……

當然，主人那邊還是著眼於嚴格考核僕人工作的。為了防止卡的僕人怠忽職守放棄職責，祭司會在墓室牆壁上刻上亡者生前喜歡的菜單，這樣在卡感到饑餓時便可以用魔法啟動菜單，讓懶惰的僕人意識到主人的命令和需要：「叮咚，您有新的外賣訂單……」這種喪葬習俗直到今天仍然存留著一抹痕跡：現代埃及人有一種叫作「阿爾貝薩」的習俗，當一個人去世滿四十天后，家庭成員會把食物帶到他的墳墓旁邊，然後分發給附近聚集的窮人。

這是一個完美的葬禮，但亡者的可怕歷險才剛剛開始。

新王國時期的墓室雕刻中有過如此描述：「原來喜歡走動的人現在受到禁錮，原來喜歡盛裝的人現在穿著舊衣服沉睡，原來喜歡歌唱的人現在置身於無水之地，原來富有的人現在來到永恆黑暗之處」；「西部是睡眠的國土，漆黑無光，死者在那裡唯一的事情就是睡眠。他們從不醒來見自己的父母，也看不見自己的兄弟，他們心中沒有妻兒，生命之源的水對他們來說只是永遠的渴……」

這些陰冷的描寫源自《亡靈書》，它是新王國時期開始的墓葬必備品，也是所有埃及人在走向永生的冒險途中最大的依靠與安慰。

瑪阿特審判

在古王國時代，法老死後會升入天國獲得永生，他將乘坐自己的太陽船巡遊天空。為了有親隨侍奉法老，所以一些特定的夥伴也被允許獲得永生，但他們只能待在自己的墳墓中，沒資格登上法老的太陽船暢遊世界。

正是這個古老的神話思想，導致了埃及人厚葬的傳統。在埃及的古墓中，時常可見描繪日常生活的壁畫、墓主人及其家庭成員的雕像，當然也少不了那個神奇的「魔法菜單」……本該有的傢俱設備、食物飲品和奢侈品等等隨葬物，大都被數千年來的盜墓者搜刮殆盡，但有時候依然能找到一些微縮的住宅、農場、工坊作坊的木質模型，甚至連船隻等交通工具也配置齊全——有錢人在來生也要過得舒舒服服。

《亡靈書》中描繪的瑪阿特審判。

古王國之後，來生的資格對所有埃及人開放了。雖然法老依然會在死後乘坐太陽船升上天空，但其他人不再被局限於墳墓中，他們可以按照自己的想像規劃來生。富人的來生是如何規劃的自然不必再提，窮人也一樣希望在未來的蘆葦之地氣候涼爽，沒有疾病和天災困擾，蚊蟲蝨子不再叮人，氾濫總會按時發生，穀物都能長到理想的高度……想法是美好的，但傳說是殘酷的，如果想要抵達蘆葦之地，亡者必須通過重重考驗。

大英博物館中藏有一副來自埃及的雪松木棺槨，它屬於四千年前一位名叫古阿的醫生。考古者在醫生的墓中發現了繪製在棺槨上的人類非常早期的地圖，這份地圖描繪的是有「雙路書」之稱的《石棺銘文》的一個片段。

在中王國時期，墓葬中的棺槨上往往繪有為非王室的死者所編寫的咒語，這種咒語吸取了王室專用的《金字塔銘文》中的一部分咒語，稱為《石棺銘文》。這些銘文大多採用第一人稱書寫，以神靈的口吻講述他們曾經歷過的神話故事。其中心思想明確否定人的死亡是一種終結，提出死亡只是從今生轉向來世的必經過程。要度過這個過程，就必須依靠咒語的力量來克服艱難險阻抵達來世。

除此之外，咒語還能保證死者所希望的一切，特別是在來世享受生前一樣的舒適生活。所謂「雙路書」，指的是亡者精靈穿越冥界杜阿特時所能選擇的兩條路，其中藍色標記的是水路，黑色標記的是陸路。按照棺槨上的文字說明，在穿越杜阿特的路上會遭遇看守火焰門和河流轉彎處的惡魔。古阿醫生的巴可以借助咒語的保護，欺騙惡魔說自己是被受傷的奧西里斯所召喚的醫生。它可以對著火焰門下達命令：「噢，火焰啊，為我開出一條路吧，讓我順利通過！我要去照顧奧西里斯，使他恢復健康！」

如果沒有咒語的保護會發生什麼呢？《石棺銘文》中列舉了不信邪者會遭遇的種種危險：你會饑寒交迫，你會在黑暗中迷失，你會被神聖之火焚燒，你會被怪獸肢解，你會被惡魔逼迫倒立著吃屎喝尿……

冥界之旅是如此的可怕，足以讓古阿醫生這樣有錢的上等人付出鉅款來繪製神聖圖案和咒語保護自己。《石棺銘文》可以保證古阿醫生順利抵達旅程的終點，登上太陽神的太陽船，沿著大地和天空的「蜿蜒水路」自由航行。

好了，現在讓我們回到拉莫斯的冥界冒險之中，看看這位新王國時期的亡者會經歷怎樣的旅途吧。要知道就算純樸如埃及人，神話傳說也是反覆運算飛快與時俱進的。時隔五百年之後，老掉牙的《石棺銘文》已經不流行，但人們嚮往的永生地點依舊是奧西里斯所在的蘆葦之地。

我是奧西里斯．拉莫斯。當我死去的時候，我的巴離開了我的軀體。在我的死亡被宣告時，它沒有向任何人說我的壞話。因此我的葬禮能夠按照傳統儀式順利完成……

我在這裡，在奧西里斯的國度的入口。

我知道那些密語，它們能夠讓我乘上拉神之船，然後穿過這個冥界國度，到達設有神聖審判庭的地方。

我在神明和他的隨行侍者陪伴下，乘船穿過了天國……

在拉莫斯所處的新時代，咒語已經變成更加簡明緊湊的《亡靈書》。與舊時代的咒語相比，《亡靈書》中增加了靈魂審判的內容。在這一時期，幾乎每個埃及人下葬時都會攜帶著《亡靈書》作為冥界通行證。富人用成卷抄寫解決所有危險的莎草紙咒語做陪葬品，窮人也要想辦法帶著寫有一兩句咒語的莎草紙碎片。雖然埃及人中的絕大多數都是文盲，但《亡靈書》中那些概括咒語內容的複雜小圖畫，足以讓他們明白這些象形文字的作用——總之，安心上路吧……

亡者在冥界旅行，首先必須通過「雙重瑪阿特之堂」。這是設立在奧西里斯覲見室中的神靈審判庭，四十二位男女神靈會聚一堂，審判亡者在活著時的所作所為是否符合「秩序、真理、公正」的瑪阿特原則。在阿努比斯的見證之下，亡者的心臟與瑪阿特女神的羽毛一同放上天平。

如果亡者生前的確過著符合瑪阿特原則的美好生活，那麼他的心臟就會與羽毛一樣輕。這就意味著他的精靈獲得了永生的資格，可以踏上前往蘆葦之地的道路。如果不是的話，天平會立刻傾斜，罪人也會被獅子、河馬和鱷魚三位一體的怪獸阿穆特一口吃掉。

撰寫於三千年前的一個埃及神話故事，講述了瑪阿特審判懲惡揚善的公正性：賽特納王子曾遇到兩支同時出殯的送葬隊伍，亡者一個是富人一個是窮人。富人的隨葬品種類繁多，窮人的則什麼都沒有。

賽特納看著富人的木乃伊被送進豪華墓室，窮人則被草草埋在沙漠中了事。他很好奇這兩人在通往永生之路上的遭遇，於是讓兒子用魔法將自己送至冥界，看看那兩位亡者最終的命運。在奧西里斯的見證下，富人沒通過瑪阿特審判，他被判定邪惡自私，立刻遭受永恆的折磨。而窮人則被判定善良正直，於是神靈決定富人的隨葬品都歸他所有，並送他踏上前往蘆葦之地的旅途。

這種神話故事對權貴的影響自然不會小，但他們採取的應對方式則相當的有特色。

在埃及時代留下的文字中，能夠看到那些貪官汙吏為了能夠通過瑪阿特審判，不惜花費重金央求祭司為其編寫應對諸神法官的咒語。例如心臟聖甲蟲上往往便刻著禁言的咒語，以避免心臟在眾神審判時講出藏於其中的壞事。

《亡靈書》的內容隨權貴的需求變得越來越多，來確保主顧順利過關。埃及人譏諷地稱其為「祈求來生的手冊和萬人升天的指南」，由此可見幽默感在任何時代和任何民族中都不會缺席。當然，多達兩百餘章的《亡靈書》並不都是因大小「腐敗份子」而生的。畢竟通過瑪阿特審判之後的精靈，依舊要面對古阿醫生同樣的難題：解決通往來世天堂蘆葦之地道路上的種種難關。

在《石棺銘文》中提到的各路惡魔和刁難人的守門人仍舊在《亡靈書》中存在，一個自由的精靈仍然隨時可能因為無法答出一個關鍵性資訊而慘遭不幸。這些關鍵性資訊可能是一個口令、一個諸神的祕密、一個謎語的答案，或者是擺平饑餓野獸的指令等等。《亡靈書》中的每一章都包含了應對具體挑戰的策略，精靈可以通過它說出一段套話迷惑野獸惡魔，或是施展魔法咒語克制特定障礙。因此《亡靈書》的章節在墳墓中自然是越完整越好，當然錢也是花得越多越好……

下面是一段保存至今的《亡靈書》章節，我們來一窺埃及精靈在冥界冒險中的套路吧。

呼吸空氣和擁有大墓地之水權利的咒語是：

哦，阿圖姆，給我甜蜜呼吸，它在你的鼻子中。
我是那個擁抱沃努環繞之地的人，
我是那個偉大鵝蛋的護衛，
我強大，它也強大；我活著，它也活著；我呼吸空氣，它也能呼吸空氣。

避免自己心臟指控主人的咒語是：

我的心屬於我母親，我的心屬於我母親，我的心屬於我的大地母親。
不要站在儀式眾神一邊指控反對我，
不要揭露我的行為，即不要說「他的確做了這件事」，
不要站在大神一邊起訴我！

永遠有多遠

埃及人踏上永生之路後，還活著的親屬依舊希望與亡者保持聯絡。有鑒於阿克這個精靈是具備半神潛力的靈魂，所以埃及人自然希望去世的親屬能運用永生之後的能力來協助自己。

這種觀念的神話理論表現在《亡靈書》裡的對話中，奧西里斯曾經哀歎自己被迫待在冰冷的冥界，與愛人伊西絲天人永隔，但造物主拉回應說，你已經擁有超越所有生者的能力作為補償。在這種觀念影響下，埃及人在家庭中會為死去親屬舉行紀念儀式，並且認為一旦活著的人忘卻死去的親屬，那麼那些親屬的精靈會製造一些麻煩，來作為對生者的懲罰。

在埃及漫長的歷史中，無數人被製成木乃伊並埋葬。不僅僅是人，很多動物也被製成木乃伊。動物木乃伊出現的時間幾乎與人不相上下，早在五千年前第一王朝的國王便將狗、獅子和驢製成木乃伊與自己一起安葬。後來平民也紛紛效仿，將寵物製作成木乃伊一併隨葬。動物木乃伊中有些作為寵物，有些作為食物，還有些作為某位神靈的化身。它們被飼養、宰殺之後經過脫水處理，最後成為黑暗墓穴中的填充物之一。

雖然埃及人如此執著地探索木乃伊技術，但仍然無法避免很多木乃伊在潮濕滲水的墳墓中慢慢腐爛的事實。

在埃及歷史上，更多的木乃伊是被盜墓者摧毀的。

埃及人厚葬的傳統，讓它的幾千年歷史中充斥著盜墓者活躍的身影。即使是再嚴厲的咒語警告，也無法抵消陪葬品對活人的誘惑。人們覬覦墳墓中的那些黃金珠寶、衣物器具，甚至是優質亞麻布條和新鮮食物——在埃及文獻中不乏下葬當天就被盜掘的事例存在。

生前的地位再高也無法抵禦盜墓者的侵襲，所以法老們不得不放棄了金字塔，轉而將自己的長眠之地選擇在山洞深處。但無論是精心設計的假門、陷阱、迷宮、無出口走廊、隱蔽豎井、通往死胡同的樓梯、填滿碎石的走廊，以及作為誘餌的假墓室和木乃伊，都不能欺騙精明的盜墓者。縱使墓室上方蓋著幾噸重的石板，依舊不能保護埃及的達官貴人不受侵犯。

反而是那些葬在沙漠邊緣的窮人墳墓從來不受盜墓者打擾，那些以蘆葦為內襯的簡陋墓穴中沒什麼東西值得去偷。一個農夫的木乃伊，往往比法老的木乃伊保存得更久遠。但時間的威力是如此之大，滄海桑田之後，文化失去傳承，種族不再延續，追求永遠的亡者們又能走多遠呢？

在中世紀，開羅的工匠便堂而皇之地剝去金字塔表層的優質白色石灰石作為建築材料。阿拉伯探險者找不到大金字塔的入口，於是放一把大火焚燒表面之後，再潑上冷醋使之炸裂。

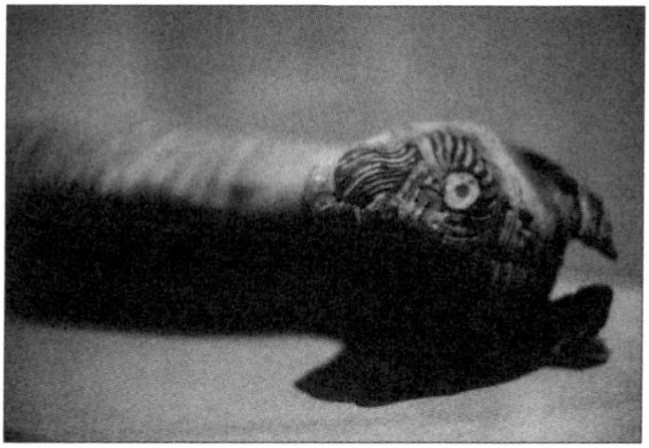

貓木乃伊。

當歐洲勢力控制埃及之後，從十八世紀開始，方尖碑、石棺等埃及的文化珍寶紛紛被運到歐洲的公園廣場中展示。在十九世紀，歐洲人在埃及的探險活動抵達了巔峰。經費無憂的歐洲人雇用土著嚮導，在尼羅河西岸的沙漠和山谷中四處搜刮，尋找皇室墓穴、黃金珍寶、彩繪面具和棺木，拿去裝點歐美的權貴莊園和公私博物館。

在埃及各處聖地出土的人和動物木乃伊數量驚人，但它們只被當作是尋寶的障礙和難以清理的垃圾。常用的手法是將木乃伊石棺放在火上炙烤加熱，等其中裝填的瀝青樹脂融化之後，一股腦倒出來好搜尋木乃伊中的珍寶。

在尋寶探險中獲取的品相較好的木乃伊，被當成歐洲上流社會派對中展出的異教獵奇物。除此之外它們還被當成藥品原料和顏料使用，裝滿了木乃伊粉末的玻璃罐，成為包治百病的良藥陳列在歐洲藥店之中，畫家則將木乃伊粉末配置成棕色顏料，用來繪製陰影和人體膚色。

隨著現代工業的發展，木乃伊被開發出更多的用途：英國和德國大量進口人類和動物木乃伊，碾碎後作為肥料使用，美國也進口木乃伊用於造紙業。至於在埃及本土，這個世界上僅次於英國第二個擁有鐵路的國家，選擇把木乃伊當作蒸汽火車的燃料使用……

近六千年的歷史，追尋奧西里斯足跡的永生之旅，都被時間打磨得難以直視。甚至是到了現在，埃及全國的大小博物館依舊沒有完整地記錄、研究甚至是統計過自己的所有文物藏品。永遠有多遠？尼羅河無聲嗚咽。

第三章

遠去的諸神

關於埃及神話歷來有一些有趣的基礎性問題，例如：古埃及究竟有多少位神？這個問題的答案從一個到數千個不等，也許能讓埃及學家吵到地老天荒。有的理論認為埃及神話是多神教的成熟形式，並且逐漸向一神教發展，它的神指的是衍生出無數形象的同一個原初生物。從新王國時期開始的紙草文獻中，也的確表現出這種思想傾向，人們逐漸把所有的神靈都視為造物主靈魂的某種表現形式——著名異端者阿肯那頓的激進宗教改革就是最明顯的範例。

另外的理論則認為，古埃及人選擇與自身密切相關的神靈崇拜，所以在特定地點受到祭拜、擁有信眾的神靈，都擁有獨立的地位。這樣的話光是獨立的神靈至少幾百位，再加上埃及神話中經常出現的阿蒙—拉、索貝克—拉之類的融合神，神靈大軍不停擴張成一個加強團的兵力。

縱觀古埃及神話發展史，可以看出埃及人的神話或者說宗教思想，是隨時代而變的，神靈的形象和功能可以在不同的環境下自由變換，例如賽特和伊西絲的定位和宗教意義之變遷。神靈應埃及人的需要而生，應適用場合的不同而變，所以這是一個沒有答案的問題。

第二個問題：古埃及的女性地位不算低，但在家庭中依然從屬於男性——那麼古埃及的女神是否不如男神強大？

男尊女卑是古代歷史中常見的社會價值觀，這也反映在很多文明的神話傳說之中。在埃及土地上擁有神廟配享香火的神靈有八十餘位，但天神努特這位在神話中地位突出，並且明顯代表偉大自然力的神靈偏偏又是沒啥人膜拜的。是否說明女神比男神地位低呢？

埃及人將神靈分為男女兩性作為真實世界的反映，在社會生活中一般會根據與男性家長的關係來確認女性的地位，所以女神的名字都跟隨在男神後面，造成女神是男神附屬品的表面印象。

但埃及神話中擁有女性造物主奈特女神，她是「世間萬物的母親和父親」，這直接挑戰了埃及神話主流的關於男性造物主的定位。就算是傳統的太陽神拉，在新王國時期也出現了一個女性對手賴耶特女神（**Raiyet**）與其對應。更別說埃及神話中如孟斐斯神學，表現出普塔神雌雄同體特徵的暗示，很難找到男神一定比女神強大的理由。

在那些造物主以外的萬千神靈中，男女兩性之間的關係錯綜複雜。

埃及神話中把母愛描繪成宇宙中最強大的力量，以伊西絲、奧西里斯和荷魯斯的神話故事來看，母親神伊西絲在故事中的重要性遠高於父親神奧西里斯。

在埃及神廟中，伊西絲的形象或是悲傷哀悼奧西里斯，或是謙恭地站在奧西里斯身後，或是慈愛地為荷魯斯哺乳。但在所有版本的神話故事中，這位勇敢有智慧的女神是絕對主角，她為拯救丈夫而歷險奔波，為兒子登上王位而運籌帷幄，充分表現出一個女戰士的偉大形象，讓她的丈夫和兒子都相形見絀。

埃及女神沒有居家好媽媽或溫順淑女的形象，她們都是戰天鬥地的巾幗英雄。無論是眼睛女神毀滅人類的故事，還是泰芙努特賭氣之下製造乾旱並瘋狂殺戮的傳說，不同版本中的埃及女神都顯得相當可怕，在這種情況下誰又能說「女子不如男」呢？

最後我們來確認一下，埃及神靈是永恆不朽的嗎？

在埃及人的觀念中，神靈的深邃智慧、強大力量和超自然能力是最值得凡人讚美的地方。但是約束宇宙萬物的瑪阿特原則對神靈同樣有效，縱使這些神靈比凡人長壽，比凡人強壯，比凡人更有能力，但他們基本上做不到預知未來，一樣要屈服於命運的安排。

哪怕是偉大的拉神，在伊西絲試圖知道他真正名字的故事中，一樣表現出衰老帶來的軟弱，並因為他當初用來創造世界的魔法力量而受傷害被脅迫，最終不得不顏面掃地舉手投降。

埃及的神靈會以特殊的方式死去，相對於凡人來說，他們的死亡更像是一場休眠。在《陰間地府書》的一些版本中指出太陽神每晚日落後進入天神努特口中死去，接著又在每個清晨從她的陰門中獲得重生升起，努特同時也如此吞咽和再生著星辰。在關於荷魯斯與賽特爭鬥的各版本故事中，伊西絲被斬首而復活，賽特被荷魯斯擊敗並殘忍殺死後，也總能再度蘇醒回歸神靈行列。更別說埃及創世神話中反覆提及終有一日造物主會對一切厭倦而回歸混沌，那時這宇宙萬物終將化為虛無……

埃及神話告訴我們關於神靈與宇宙萬物之間的奇妙關係，更是反映埃及人間狀況的一種鏡像：伊西絲的智慧、賽特的邪惡、奧西里斯的重生、荷魯斯的復仇……這些神靈的所作所為無不表現出人類的七情六欲，神靈之間的衝突同樣源於嫉妒、貪婪和暴躁脾氣，甚至在古埃及地方神話中，連造物主索貝克—拉神，也曾打算吃掉所有生物而吞噬了世界。

在許多版本不同的神話故事中，以最為大眾所接受的版本講述，似乎是最聰明的做法，那麼接下來就讓我們走向遠去的諸神，看看關於他們的奇妙故事吧。

第一節　拉神創世記

在一切開始之前，永恆存在的混沌之水努恩無邊無際黑暗無比，沒有一絲波瀾。宇宙四方天地萬物都不存在，沒有生與死，沒有光與暗，沒有時間與空間。

在努恩之中，無所不能的拉誕生了。

他說：「我是（早晨的太陽）哈拉赫特，我在努恩的身體裡聳立起第一座山丘，當我爬上山頂時，我就成了拉。」

於是他成為第一神靈，成為眾神之父。

拉站在山巔感覺嗓子癢癢，便啐了一口，從他的唾液中先後誕生了舒和泰芙努特兩兄妹。兩兄妹不太懂事，竟然離開老父親遠去不歸。拉神想念自己的孩子便大哭起來，從他的淚水中跳出不同的人類：埃及人、亞洲人、努比亞人和利比亞人。

拉看著自己創造出的人類，告訴他們說：「為了讓你們能夠生存繁衍，我會為你們創造天空和大地，為你們創造植物和動物，讓你們有穀物和飛禽走獸、魚類可以食用……」於是埃及人、亞洲人、努比亞人和利比亞人眼巴巴看著自己的創造者，好一起見證奇跡的時刻。

沒想到拉沒有創造這一切，而是對自己的右眼說：「去把那一對野小子野丫頭給我找回來！」可憐的右眼只好找遍了世界，才把在外面瘋跑的舒和泰芙努特找到。

舒和泰芙努特以為老爺子是吩咐右眼喊自己回家吃飯，等他們興沖沖趕回去，飯沒吃到卻接到了一個命令：去創造天空和大地吧！舒和泰芙努特一尋思自己憑空創造不出來怎麼辦，那只好生出來了——這兄妹倆便結為夫妻，生下了蓋布和努特，蓋布這個楞頭青闖進宇宙中趕走了努恩。

拉認為自己的兒孫做得太過分，於是讓努恩從大地上湧出，變成埃及的尼羅河。努恩帶著憤怒的情緒流淌，每一年尼羅河都會氾濫成災。

蓋布和努特這一對兄妹兼情侶感情深厚如膠似漆，但天空與大地也因此膠著在一起。拉對兒子舒說：「快去分離天空和大地，你瞧瞧，有一大群鄉親眼巴巴等著呢！」舒只好強行分開自己的孩子，他在蓋布和努特之間創造了八聯神，並同這四對柱神一起撐起天空，從此天與地永久地分離了。

蓋布與努特生下奧西里斯、伊西絲、賽特以及奈芙蒂斯。蓋布讓這四個子女分為兩對配偶，將埃及的土地給了奧西里斯，將埃及周圍的沙漠給了賽特。於是世上有了眾神和人類，有了萬物生存的大地，有了翱翔於天空、暢遊於大海和奔馳於大地的動物，有了繁茂的植物。

世界開始正常運轉，拉神住在位於赫利奧波利斯的太陽宮殿中，他的僕人將宇宙四方的消息一一向他稟報。

隨著時光流逝，太陽神拉變得年邁衰老。大地上的人類知道這件事後，竟然開始密謀推翻拉這位眾神、人類以及宇宙四方之王的統治。這個陰謀立刻被拉的僕人察覺，並通知了拉，於是拉吩咐手下說：「去把我的兒子閨女，還有孫子孫女，還有重孫子重孫女都喊來，讓他們到我的宮殿來議事——哦，對了，努恩算我爹，把他老人家也一塊兒叫上！」

等大家到齊之後，拉堆著一張苦瓜臉說：「噢，最初之神！噢，原始之神！那些人類，那些從我眼中流出的淚水，正密謀要推翻我！告訴我，如果你們遇到這樣的事會如何處置？雖然我憤怒至極，但如果沒有你們的同意，我不願以殺戮來解決……」

大夥兒一聽，你都打定主意「以殺戮來解決」了，還拉上我們一起來承擔道義責任啊？

最後還是努恩開口說：「兒啊，你是如此令人敬畏，你的王位是那麼的穩固！做神呢，最重要的就是要開心。放手去幹吧，派你的眼睛去找那些密謀推翻你的人！」

太陽船上的拉神。

拉回答說：「那些人聽說我們在商議處置他們的辦法，現在都驚恐萬分地逃往沙漠了！」

努恩說：「那就讓你的眼睛去追趕他們，讓它擒拿這些逆賊，讓它殺死這些狂妄作亂的人。相信我，沒有什麼東西比你的眼睛更可怕了，讓它化為獅頭人身的塞赫麥特，這恐怖的女神將降落凡塵，追逐叛逆者，消滅這些罪人！」

於是塞赫麥特女神誕生了，她懷著暴怒而殘酷的心追上那些躲在沙漠中的人，將他們無一漏網統統咬死。

拉神注視著這一切，他吩咐飲血的塞赫麥特：「我的孩子，你已完成了我的復仇，現在回到我身邊吧！」

塞赫麥特卻說：「父親，你確實是至高無上的神！但我喜歡看到人類的恐懼，我喜歡喝他們的血，我要繼續殺下去！」

「夠了，」拉神憂心忡忡地說，「你殺的人足夠多了，剩下的那些人並沒有罪！」

塞赫麥特不願聽從拉神的吩咐，她遠遠躲在沙漠中，等待黎明到來時殺進埃及，開始新一輪大屠殺。

拉神一看發愁了：這可怎麼辦才好？

他在赫利奧波利斯的宮殿中琢磨片刻後一拍大腿：有了！於是大批神使趕赴尼羅河的發源地象島，帶回大量叫作「狄狄」的血紅色顏料——據好事者分析其實就是石榴汁。同時他命人釀造大批啤酒並摻入狄狄，將其調合成血液的顏色。這些混合酒水裝滿了七千多個雙耳陶甕，悄悄傾倒在塞赫麥特休息之地。

拂曉時分，當滿懷殺意的女神睜開眼睛時，眼前的沙地上出現了一座血的湖泊。塞赫麥特暢飲這些「鮮血」直到爛醉如泥，從此把大屠殺這件事忘得一乾二淨。

為了讓塞赫麥特不再沉迷於人類的血液，拉下令每年的哈爾托節上都要準備大量這種令人沉醉、並能撫慰心靈的飲品。

很多年過去了，拉神漸漸變得厭倦管理塵世的事情，他時常感覺疲憊，對任何事情都打不起精神。困頓不堪的太陽神覺得自己已經進入衰老不堪的地步，侍奉他的諸神都安慰自己的造物主說：您是偉大的、不朽的、全才全能的萬神之父，沒有什麼是您克服不了的，沒有什麼是您解決不了的。

但拉神對這些馬屁精厭倦了，他來到自己的父親努恩身邊說：「年邁衰老就像尼羅河的巨浪一般向我撲來，我已經變得非常虛弱，我得離開這個世界，趁我還沒變得更加虛弱之前……」

努恩非常理解和同情拉的遭遇，他知道拉神做出這個決定之後，任何挽留都失去了意義，便祝福了自己的兒子。

於是拉召集起自己的孩子，吩咐風神舒說：「我親愛的兒子，我將把人間的王位留給你，這樣我才能放心離去，不要辜負我的期望。」

拉又對著天神努特說：「我的孩子，辛苦你把我馱在背上，飛到高高的天空中去吧！」

於是努特化作一隻母牛，背負著太陽神慢慢升上天空，從此變作天宇支撐著太陽。

拉神離去之後，世界變得漆黑一片。人們開始指責那些背叛並想謀害拉神的同伴，埋怨都是他們害得拉神離去，使得世間失去了光明和溫暖。心懷憤恨的人漫無目的地四處射箭，想殺死那些背叛拉神的逆賊。

天空中的拉神知道這一切後大為高興，真是解恨啊！他宣布戰爭降臨人間，從此後人間戰爭和衝突便永不停息。

與此同時，拉神開始建立自己天空中的王國。他創造出一個又一個神魔仙靈，讓自己處於監視一切、控制一切的有利地位。

隨著天空變得原來越複雜，終有一天努特開始顫抖，她化身的母牛快支撐不住天空了！拉連忙命令舒置身於努特身下，讓空氣支撐住天空，又命令地神蓋布照看好大地。接著拉神又找來智慧之神圖特說：「你看我現在已經在天空定居，日子過得很舒服。但人間失去了光明總不是回事，我將乘坐太陽船巡行天空照亮人間，等我累了的時候，便是黑暗的夜晚。為了讓人們在夜裡不像瞎子一樣生活，需要你變作月亮讓他們也能稍微看見東西——他們一定會讚美頌揚你的！」

於是圖特便做了月亮，在夜晚用淡淡的光芒照耀人間。

又過了一段時間，拉神再度召來圖特說：「地上那些人們總讓我不能放心，你是聰明能幹的神靈，你來做我的助手，為我去監視那些由我創造卻又妄想著殺害我的人吧，我相信你一定能完成這個使命的。」

於是圖特化作一隻朱鷺，成為拉神的維西爾，成為眾神的祕書。

從此以後，這個世界變得穩固起來。

人們生活在蓋布撐起的大地上，在天與地之間是支撐它們的空氣之神舒，舒的雙手撐起了天神努特。太陽神拉白天在空中巡遊照亮人間，夜晚他消失進入冥府。這時月神圖特在空中現身，讓人間始終有一絲光亮。

如此迴圈，亙古不變。

第二節 伊西絲的追尋

地神蓋布與天神努特兄妹倆彼此愛慕，生下了奧西里斯、伊西絲、賽特、奈芙蒂斯以及滿天星辰等孩子。

奧西里斯娶了伊西絲之後，成為埃及第一任國王，他以勸誡和愛來教化蒙昧的先民，讓他們有了法律並敬仰神靈，於是埃及人告別了原始的游牧狩獵生活，進入農耕時代。

在奧西里斯的指導下，埃及人懂得利用尼羅河的氾濫種植穀物，並學會了飼養家畜，還被賜予葡萄和釀酒技術。當他們掌握這一切本領之後，奧西里斯開始環遊世界，將同樣的智慧授予世界上其他的人類。

與此同時，賽特卻守著荒蕪的沙漠冷眼旁觀。他嫉妒哥哥的成就與所受到的愛戴，並覬覦埃及王位的榮耀和權力。於是賽特趁著奧西里斯不注意的時候，召集了七十二個同謀，祕密籌畫竊取埃及王位的計畫。他們製作了一個華麗的人形雪松木箱子，鑲滿了黑檀木和象牙裝飾物。

奧西里斯結束周遊世界返回埃及後，賽特出面召開了盛大的歡迎宴會。當大家酒酣耳熱之際，賽特的手下將雪松木箱子抬出來，諸神都羨慕地盛讚這箱子的精緻華美。

賽特開玩笑說，誰躺進去的時候能正好填滿箱子，就把箱子送給誰。話音剛落，報名參賽選手就排成了長隊。圖特、伊西絲等神挨個兒躺進去嘗試，但大家都差一點才能填滿箱子。終於輪到奧西里斯了，他毫無戒備地躺進去並伸展身體——正好合適！

這時賽特和他的同夥一擁而上蓋上箱蓋，釘上釘子，還用熔化的鉛澆灌密封。接著他們抬著已經變成奧西里斯活棺材的木箱來到尼羅河邊，將木箱丟進尼羅河中漂向大海。

伊西絲知道她的丈夫被弟弟殺害後，立刻找到妹妹奈芙蒂斯。兩人換上喪服，對著尼羅河哭泣悲歎：

啊，歸家吧，美麗的少年，
我們很久沒有見到你了！
啊，驟然去世的少年，

精壯的你卻英年早逝……
第一個離開母胎的你，
用你最初的樣子歸來吧，
我們將擁抱你，我們將形影相隨！

悲歎已畢，伊西絲決定出發尋找丈夫，她發誓無論千山萬水，都要帶著奧西里斯回到埃及的懷抱。

在阿努比斯的陪伴下，伊西絲順著尼羅河跑遍了整個埃及。可即使憑藉阿努比斯的嗅覺，還是無法找到一絲痕跡。於是可憐的女神向自己遇到的每一個人打聽：「您有沒有見過或聽說過一口沿著尼羅河漂流的雪松木箱子？」

終於，伊西絲找到了知情者——一群尼羅河三角洲的牧羊孩子。這些熱心的孩子告訴女神說，他們聽說有人在尼羅河的東部支流見到一口精美的棺材，它正向大海的方向漂去。

睿智的伊西絲知道尼羅河會將所有的漂流物帶到腓尼基的海岸線上，於是她走出埃及來到腓尼基境內。果然，裝著奧西里斯的箱子慢慢漂流到拜布洛斯城附近，潮水將它推上沙灘，最終停在一棵紅柳樹的樹根旁邊。

這棵紅柳用樹根慢慢包裹起這個箱子，將奧西里斯的遺體藏匿在樹中。住在拜布洛斯城的國王聽說海邊有棵長相怪異的紅柳樹，便下令將它砍伐後運進城中，製成王宮裡的一根立柱。

這件怪事傳到伊西絲耳朵裡，她立刻趕到拜布洛斯城，坐在噴泉邊一言不發地哭泣。當王后的侍女從旁邊路過時，伊西絲立刻與她們攀談，並主動為她們梳理頭髮並塗抹香脂。

這些侍女回到王后身邊時，王后立刻察覺到侍女時髦的髮型和神聖的香氣，她聽說這出自一個異鄉女人之手時，就立刻吩咐侍女：「別再炫耀自己的髮型了，趕緊把那個美容大師找來！」

這下伊西絲成功進入王宮，並以高超的手藝得到王后的尊敬和友情。她被委以重任，做王后剛出生的王子的乳母。這孩子正受到惡魔的侵擾，伊西絲讓他吸吮自己的手指獲得安慰，又在夜晚燃起火把驅散黑暗中的惡魔，不讓王子受到絲毫傷害。當夜深人靜時，伊西絲會變成燕子圍繞支撐王宮的紅柳立柱飛旋，一邊飛一邊痛苦鳴叫，聲聲啼血。

一天夜裡，惦記孩子的王后悄悄來探視王子，卻意外見到伊西絲正對自己的兒子施展魔法。王后的尖叫聲劃破夜空，打斷了伊西絲的法術。為了讓這個歇斯底里指控自己是魔鬼的王后冷靜下來，伊西絲不得不告訴她自己真正的名字，並顯現出女神神聖的光輝。這下王后終於知道自己讓一位女神侍奉了很長時間，她伏在地上懇請伊西絲的原諒。

伊西絲安慰王后不必驚慌，並求取那根紅柳立柱。她的要求自然立刻獲允，於是女神不靠任何人的幫助就用一棵高大的雪松木替換下紅柳立柱，接著剖開紅柳木取出那個讓她苦苦追尋的大木箱——它已經成為奧西里斯的棺材。

奧西里斯，我的奧西里斯！

伊西絲哭泣著撲向棺材，用最好的亞麻布包裹它，並用船將棺材運回埃及。剖開的紅柳樹幹塗抹香脂後，交給拜布洛斯城的國王和王后夫婦，成為城中供奉的聖物。

當伊西絲帶著奧西里斯的棺材踏上埃及的土地時，這裡已經成為賽特的天下了。伊西絲知道賽特不會善罷甘休，她將棺材藏在三角洲的一個小島上，在茂盛的蘆葦叢掩護下打開棺材。

終於見到你了，我的奧西里斯！

伊西絲親吻著愛人冰冷的嘴唇，臉貼著逝者的臉，讓滾燙的淚水打濕彼此的臉龐，可是奧西里斯再也無法回應妻子灼熱的情感和呼喚。

伊西絲哭夠後，就變成燕子落在奧西里斯的胸膛上，扇動翅膀將生命的氣息吹進死者的鼻孔，以魔法喚醒了奧西里斯，並使得自己懷上了一個偉大的兒子——荷魯斯。

伊西絲在深陷沼澤中的孤島上生下了荷魯斯，並且撫養到孩子斷奶。小荷魯斯被送給下埃及布托城的守護女神瓦吉特，瓦吉特祕密撫養小荷魯斯，以防賽特知道消息後會追殺過來。

在接下來的很多年裡，伊西絲孤獨地生活在小島上，守護著長眠的丈夫，思念著無法在自己身邊成長的兒子。只有在思子心切到實在無法抗拒的時候，伊西絲才會暫時離開小島。

有一天當伊西絲離開的時候，賽特率領侍從乘船到三角洲的沼澤中打獵取樂。就在追逐獵物的時候，賽特登上那個蘆葦密布的小島，並一失足摔倒在一個大木箱子上。

賽特一瞧這箱子很眼熟呀……他立刻認出了這箱子並知道發生了什麼，狂怒的賽特將哥哥的遺體從箱子裡拖出來，亂刀砍成碎塊並拋向空中，他的爪牙將碎屍分別帶到埃及的每一個諾姆埋藏起來，好讓前朝餘孽再也沒法拼湊起奧西里斯的遺體。

當伊西絲回到小島的時候，迎接她的是空空的棺材和散落一地的亞麻布條，賽特的憤怒和卑鄙一目了然。而伊西絲顧不上悲傷憤恨，她立刻再度踏上追尋奧西里斯的旅程。

這一次的尋找註定艱難無比，因為伊西絲要踏遍埃及的土地找到每一塊碎塊。但這並不能阻止這個執著的寡婦，她在上埃及的阿拜多斯找到了奧西里斯的頭顱，在下埃及的阿布希爾找到了脊椎骨……

忠貞不渝的伊西絲。

隨著時間流逝，伊西絲找到的殘塊越來越多，她將它們聚攏起來並堆起土堆作為墳墓，並在墳墓的圓頂上種下四棵樹，這四棵旺盛的大樹預示著奧西里斯終將復活。

最終，除了被尼羅河象鼻魚吞噬的生殖器之外，伊西絲拼齊了奧西里斯的遺體。在阿努比斯的幫助下，伊西絲為遺體塗上珍貴的香料，並用細亞麻布繃帶緊緊包裹，這樣奧西里斯終將復活並獲得永生。

第三節 賽特與荷魯斯

在位於赫利奧波利斯的太陽宮殿中，板著臉的拉神坐在寶座上，他的維西爾、也就是圖特站在眾神之父身後，諸神也齊聚在宮殿中肅立，一場重要的司法審判正在進行：被告埃及之王賽特的權力受到質疑，作為原告的正是他的侄兒荷魯斯。

雙方都聲稱自己有權繼承偉大的神靈、人間的國王奧西里斯的遺產，雖然眾神都喜愛荷魯斯這個美麗的少年，但他狀告的賽特是沙漠之神和現任埃及之王，沒哪位神靈敢打包票說，自己能夠打敗這位驍勇的戰士。

賽特在法庭上提出一個建議：「讓我和荷魯斯出去解決，我能證明我是最厲害的那一個！」

拉神沒有開口，圖特替他回答說：「為什麼要出去解決，大家在這裡舉行審判不就是為了一個公平公正的結果嗎？在奧西里斯有兒子的情況下，由賽特占據他的遺產是否合適呢？」

賽特憤怒地起身對著圖特說：「我是賽特，我是諸神中最強大的，我理應成為奧西里斯的繼承人！」

此言一出，眾神議論紛紛，神聖的法庭喧嘩不已。

賽特的擁護者在人群中喊道：「賽特是對的！他是努特的兒子，把王冠給他！當叔叔比一個乳臭未乾的男孩更強大、更有能力的時候，我們難道還要把王冠給這個孩子嗎？」

另外也有人喊道：「奧西里斯的親骨肉就站在這裡呢，難道我們該把王冠送給他叔叔嗎？」

荷魯斯舉手要求發言，他沉著地說：「我當然很年輕，缺乏叔叔那樣的權威。但這並不能剝奪我繼承父親遺產的正當權利，諸神法庭不正是為了維護正義而召開的嗎？」

伊西絲女神趁機勸說諸神支持自己的兒子，賽特知道對自己威脅最大的不是荷魯斯，而是他母親，所以他趕在伊西絲說服大多數神靈之前，對拉神說：「只要伊西絲還在這裡，我就不再商討這件事，讓她離開這個法庭！」

拉神同意了賽特的主張，他吩咐說：「好吧，所有人都去中央之島上繼續審理吧。告訴擺渡人奈姆提，別讓伊西絲來島上，任何長得像她的女人都不能登島！」於是整個法庭轉移到中央之島上，這個島嶼除了奈姆提的渡船之外，沒有任何人能夠登陸。

但這難不倒伊西絲，這位女神以智慧和謀略以及魔法著稱。她變成一個白髮蒼蒼的老太太，拿著一袋麵包來到奈姆提面前說：「我的兒子已經在中央之島上放羊整整五天了，他的麵包早就吃完了……」

奈姆提無情地說：「老太太，我幫不了你，上面不讓任何一個女人上島！」

伊西絲狡詐地說：「你不該放行的不是只有伊西絲嗎？而我這個老太太只是為了給兒子送飯，那可憐的小夥子在島上照看神界的羊群，他是為了我們大家在幹活的！」

「呃……」奈姆提轉了轉眼珠問道，「要是我送你過去的話，你這老太太有啥能報答我的呢？」

「我可以給你一個新鮮又可口的大圓麵包！」

奈姆提憤憤說道：「麵包算什麼，打發要飯的嗎？！他們命令沒有女人能上島，你走吧！」

伊西絲微微一笑，取下手指上的金戒指說：「那麼我這個金戒指給你如何？比起我兒子的命，這戒指算不得什麼！」

於是奈姆提開心地收下這份賄賂，把伊西絲送到島上。

伊西絲借著樹木的掩護悄悄接近了諸神法庭，他看到神靈聚集在拉的身旁，聽著賽特和荷魯斯闡述各自的主張。

賽特不愧是偉大的戰士，他察覺到樹林中有異常動靜。看著賽特飛奔而來，伊西絲連忙念出一段咒語，將自己變作上下埃及任何女孩都無法比擬的美豔少女。

賽特走進樹林，一見到這位美女，滿心殺意立刻被色欲取代。他回頭看見荷魯斯正在發言，於是拉著美女來到無花果樹下色瞇瞇地說：「美麗的孩子，我想和你在一起度過一段美妙的時光……」

美少女卻說：「尊敬的大人啊，我哪有心思玩樂啊——我是牧羊人的妻子，在我丈夫去世

賽特與荷魯斯的爭鬥。

後，只有我的兒子陪伴著我。我們唯一的財產就是那些牲畜，可是有一天出現一個外來者，他強迫我兒子把羊群都交給他，還把我們母子倆趕出家門……大人啊，我求您為我們伸張正義，保護我們吧！」

賽特聽了連連點頭說：「美人，你是對的！一個外來者怎能在死者兒子尚在的時候，去占有他的財產呢？」

話音剛落，美女不見了，一隻鳶站在無花果的頂端大聲叫道：「賽特，為你自己哀悼吧！你說了自相矛盾的話，你對自己做出了判決！」

賽特這才恍然大悟，自己被伊西絲愚弄了，他不得不返回法庭將這些告知拉神。

拉神搖著頭說：「你看看你這人……你已經對自己做出了裁判，你還想怎樣呢？」接著拉神又對在場諸神說：「你們難道都沒聽見嗎？還嘰嘰喳喳討論什麼！現在就把判決寫下來，把奧西里斯的王冠還給他的兒子吧！」

拉神的決定讓賽特暴跳如雷，他瞪圓眼睛嘶吼道：「不要把王冠給荷魯斯，讓我們兩個決鬥，勝者為王！」

拉神心底還是偏袒賽特，他點頭接受了這個建議。於是賽特惡狠狠地面對荷魯斯發起挑戰：「來吧，侄兒。讓我們都變成河馬潛入水下，不滿三個月就先浮出水面的那個算輸！」

伊西絲看著兩頭河馬潛入水底之後，她決定施展招數幫助自己的兒子。她在一支銅魚叉上綁了一根繩子，然後借助法力將魚叉丟進水裡。這魚叉插進了一頭河馬的身體，水下卻傳來荷魯斯的呼救：「救命啊，媽媽，伊西絲，我的母親，讓你的魚叉離開我，我是你的兒子荷魯斯！」

伊西絲連忙一邊驚叫一邊召回魚叉，然後重新瞄準另一頭河馬丟過去。這次輪到賽特慘叫求饒：「你對我做了什麼，我的姐姐伊西絲！我是你的兄弟，我們可是一個母親生的！讓你的武器離開我的身體！」

伊西絲聽了於心不忍，於是她再度召回自己的魚叉。

圖特趁機對拉神說：「我的王，暴力已經持續了太久！現在給統治冥界的奧西里斯送個信吧，讓他自己選擇繼承者。」

於是信使將這消息傳達到冥界，奧西里斯立刻寫了回信：

「為何要傷害我的兒子荷魯斯呢？當我統治埃及的時候，難道未曾養育你們嗎？不是我創造了大麥和小麥嗎？不是我讓你們家中常年存有祭品嗎？不是我教會你們畜養牲畜嗎？不是我教會你們耕種和織布嗎？不是我告訴你們在哪裡能找到沁人心脾的乳香嗎？為什麼你們不在凡間主持公正呢？

「我現在居住的國度充滿了無所畏懼的凶神惡煞，只要我放出它們，它們就會將所有作惡之人的心帶回來接受審判！不要忘了，你們所有的神靈與人類一樣都將來到冥界，接受瑪阿特的審判！不要忘記沒有公正就沒有秩序！把王冠還給我的兒子荷魯斯，這樣才能讓真理和公正的瑪阿特女神感到滿意！」

收到奧西里斯情緒激動的回信後，拉神在法庭上對所有的裁判者宣讀。眾神連忙找來賽特，拉神板著臉訓斥他說：「為什麼你要反對大家對你的判決呢？為什麼你要占有屬於荷魯斯的一切呢？」

「沒，沒有這回事……大人，我的宇宙四方之王。」賽特見勢不妙，只好回答說，「請找來伊西絲和奧西里斯的兒子荷魯斯，把他父親的王冠還給他吧！」

於是荷魯斯被請上法庭，眾神為他戴上王冠，送他坐上寶座，並對他宣布：「你是眾神眷顧之地完美的國王，你是所有國家永遠的主人！」

拉神也對賽特做出了安排：「至於努特的兒子賽特，把他交給我吧。讓他待在我的身旁，他會像我的兒子一樣伴我左右。他會雷鳴，他會怒吼，他會讓我的敵人戰慄不已……」

最後拉神對著參與大會的眾神宣布：「既然荷魯斯成為埃及的統治者，那麼就一起歡慶吧！為他歡呼，一起臣服在伊西絲之子荷魯斯的腳下吧！」

第四節　拉神的名字

世界之初，太陽神是浮在努恩之海上的一個蛋。

拉神自蛋中蘇醒之後，立刻展現出無所不能的偉大神力：他創造出天地和神靈，創造出人類和天地間的其他生靈，他心中所想的每一件事只要經他的口說出來，就會立即變成現實。

拉神擁有無數的外貌，他以變幻莫測的形態來應對不同情況之下的需要。正因為人們所見的拉神模樣各不相同，所以才會以各種各樣的名字來稱呼他，「拉」只是其中的一個。

其實拉神有一個自誕生時便存在的真正名字，這個名字蘊含了太陽神所有的力量。不過這個名字除了拉神自己以外誰都不知道，哪怕是那些拉神的子孫後裔也不清楚老祖宗的真名——原因很簡單，你若知道了太陽神的名字，就可以獲得他的力量……

覬覦太陽神力量的神靈有很多，其中就有剛做了母親的伊西絲。伊西絲女神口齒伶俐漂亮迷人，她說起話來娓娓動聽令人信服，她施展的咒術魔力非凡。

伊西絲曾經無比仁慈善良，對人類充滿同情憐憫，對神靈保持著和善友愛。但她生下荷魯斯之後，心態漸漸發生了變化。為了保護自己的孩子，她渴望得到更強大的神力，甚至是主宰宇宙萬物的權力。

要達到這個目的，只有一個辦法——掌握拉神隱藏的真正名字。

年邁的拉神此時已經衰老不堪，每天流著口水、步履蹣跚地登上地面的太陽船，在眾神陪伴下升上天空巡視天國。因為他既是地上的主宰，也是天空的主宰，他創造了兩個地平線。

伊西絲悄然跟蹤拉神。拉神從天空返回地面時，他的口水滴落在泥土中。伊西絲看在眼裡，趁著其他神靈不注意，悄悄將泥土抓起來捏成毒蛇的模樣。

這條泥蛇被伊西絲放在拉神每天必經的十字路口，她以咒術保證除自己外沒人能看到牠。

拉神緩緩走來，一步步接近這個陰險的陷阱。當拉神的腳踏在泥蛇身邊時，躲在暗處的伊西絲立即施展咒術，將生命氣息吹進泥蛇體內。這條毒蛇活了過來，並立即凶狠無比地襲擊了偉大的宇宙之王。牠在拉神的腳踝上凶狠地咬了一口，將致命的毒液注入太陽神體內。由於這條毒蛇是用拉神自己的唾液製成的，自然可以突破太陽神的神力，使他無從抵抗。

「哎呀，這是做什麼呢?!」

拉神淒厲的慘叫劃破四周寂靜，造物主痛苦的呻吟響徹宇宙四方。

一旁隨侍的神靈大驚失色，他們慌忙圍住拉神詢問究竟發生了什麼事。

而那位風燭殘年的受害者癱倒在地上，四肢痙攣，不住顫抖。儘管拉神費力想說出什麼來，可是蛇毒已經像瘋狂的尼羅河洪峰一般將他吞沒，這股劇痛令老人家看不清東西，無法站立，更別說告訴別人自己的遭遇。

侍從七手八腳將拉神抬上他的太陽船，可是這位偉大的造物主已經神志不清昏迷過去，大家驚慌失措地等待許久之後，拉神才清醒過來。

「來人啊，快過來，我告訴你們發生了什麼事情……」拉神虛弱無力地召喚自己的侍從，將殘酷的事實告訴他們，「我的眼睛已經看不見東西了，但我知道有個凶狠的東西傷害了我，我的心感受到這可怕敵人的威力，不過我可以確信這惡毒的行為並非你們所為……」

拉神歎息顫抖著繼續說道：「我感受到無比的疼痛，這是你們誰也想像不到的痛，超過宇宙中一切痛苦的痛……」

就這樣，這位老人家陷入神志不清的境地。他在半昏迷的情況下不斷絮絮叨叨地說著自己創造出的神靈有哪些，誰和誰又生下了誰，各個神靈家族的譜系都像翻戶口本一樣被太陽神講述了一遍。終於他提到了自己的誕生：「在我出生的時候，我的父親努恩為我起了一個名字，他用這個名字呼喚我以後，這名字便藏在我身體內，誰也不知道這個名字，因此誰也不能用魔咒來傷害我……」

接下來，拉神又開始沒完沒了地重複講述自己遭遇的不幸：「有一天，我像往常一樣巡視我所創造的天國時，有個什麼人或是什麼東西襲擊了我。我猜不出那到底是什麼，它不是火，卻讓我的心像被火焰灼燒一般疼痛；它不是水，卻讓我的全身都沉浸在冰冷之中……」

終於，拉神意識到了什麼，他吩咐自己的侍從說：「你們別傻站著了，還不快去把我那些精通魔法的孩子都找來，讓他們想想法子！」

於是宇宙中所有的神靈都來到拉神的太陽船邊，大家都是太陽神的後裔，卻沒有任何辦法挽救這位奄奄一息的老人。舒和泰芙努特等神靈都難過地守在父親身邊，為即將逝去的拉神默默哀悼。

就在這時，伊西絲趁機來到拉神身旁，她裝作什麼都不知道的模樣對拉神說：「到底發生了什麼，讓偉大的萬神之父變成如此模樣？親愛的老祖宗啊，難道您是被自己所創造的東西所傷嗎？要真是這樣的話，我可以用魔法驅逐你身上的痛苦。真的，我向您保證，我可以為您驅邪，壓制您的敵人，解除您的苦難！」

於是太陽神顫抖著把自己的遭遇又講了一遍：「有一天，我像往常一樣巡視我所創造的天國時，有個什麼人或是什麼東西襲擊了我。我猜不出那到底是什麼，它不是火，卻讓我的心像被火焰灼燒一般疼痛；它不是水，卻讓我的全身都沉浸在冰冷之中……」

伊西絲聽完後說道：「那麼，請把您真正的名字告訴我，我只有透過它才能發動魔咒救治您。因為只有您的名字才是宇宙的本源力量，這種力量能夠解除您的疼痛和苦難。」

拉神雖然狼狽不堪，伊西絲的建議卻讓他心裡一驚，有所警惕。於是他支支吾吾地說：「哦，我的名字啊……我的名字，就是，就是造物主嘛……我創造了天和地，我創造了沙漠和山脈，我創造了尼羅河並讓它灌溉埃及的土地。我是宇宙的主宰，是眾神的王。是我創造了東西兩條地平線，讓我的孩子能夠在宇宙中生存。當我的眼睛睜開，世界就充滿光明；當我的眼睛閉上，宇宙中就一片黑暗。在我的命令下，尼羅河水定時氾濫。我創造了時間，我創造了節日，我創造了生命，讓人們在大地上生活……

「至於我真正的名字，一共有三個：早晨的我叫作哈拉赫特，中午的我叫作拉，傍晚的我叫作阿圖姆……」

拉神說完這段話並講出自己的三個名字之後，依舊感覺到渾身如火焰焚燒一樣的劇痛，因為這並不是他真正的祕密名字。

伊西絲冷冷地看著癱倒在太陽船上的眾神之父說：「親愛的老祖宗，我們一切神靈的父親，以及宇宙四方之王啊，您的話聽起來很不錯，我們都知道您的偉大和恩德，可是您並沒有告訴我問題的答案哦——只要您不告訴我那個真正的名字，我是沒辦法用魔法救您的！要是您不說出來的話，我沒法讓您活下來的……」

拉神知道自己沒法敷衍過去了，痛苦讓他恨不得用驚醒整個宇宙的聲音號叫。於是這位至尊的造物主只好悄悄對伊西絲說：「我的孩子，我的名字是誰也不知道的——其他神靈都不能知道我的名字，這樣我才能統治這個宇宙，高枕無憂。現在我將一隻耳朵借給你，你透過它會瞭解這個祕密。一旦我把這個祕密傳給了你，你就擁有了宇宙中最深的祕密。將來有一天你可以把這個祕密告訴你的兒子荷魯斯，但必須要他答應絕不能再讓其他任何神靈知道此事！」

伊西絲心中湧起勝利的喜悅，她不動聲色地點點頭。於是拉神摘下自己的一隻耳朵遞給伊西絲，當伊西絲接過耳朵之後，立刻知道了拉神真正的名字是什麼。伊西絲念動咒語，飛快地驅散了拉神體內的毒素，為這位老人解除痛苦。太陽神恢復了平常的模樣，他像往常一樣登上太陽船巡視天空。

就在其他神靈都蒙在鼓裡的時候，伊西絲已經取得了太陽神的無上權威，成為宇宙的主宰者。當荷魯斯長大以後，伊西絲又將這個祕密傳給自己的兒子，幫助他取得造物主的神力，成為無比強大的天地萬物之主。而拉神，則得以不受打擾地安度晚年。

第五節 拉神的冥界歷險

在天地誕生之初，宇宙中一共有兩條河流：一條是尼羅河，一條是天河。尼羅河發源自埃及之外的蠻荒之地，從衣索比亞高原傾瀉而下，像母親一樣哺育著埃及的土地，一旦它停止流淌，人們就停止了呼吸。

天河是高懸於空中的星辰大河，它連接著熱鬧喧囂的塵世與漆黑虛無的冥界，拉神每天會乘坐太陽船沿著天河巡遊世界，這條船也被埃及人稱為「永恆之舟」。與拉神有許多名字一樣，永恆之舟也有幾個名字。在清晨時，發出燦爛耀眼光芒的太陽船叫作曼傑特；在黃昏時，變得昏黃溫和的太陽船則稱為麥塞克泰特。

當傍晚來臨時，尼羅河西岸的瑪奴山在西方地平線上投下巨大的陰影，東岸巴胡山的影子也從東方地平線上壓迫過來。這兩座巍巍高山直抵雲霄，是天河和拉神太陽船的必經之處。

在巴胡山巔盤踞著一條三十米長的巨蛇，牠看守著神聖的高山和天河遼闊碧藍的水面。這條蛇通體漆黑，身上覆蓋著金屬鱗片，除了偉大的拉神之外，再沒有其他神靈敢從巨蛇身邊駛過。

夜幕降臨，拉神的太陽船消失在地平線下。他乘坐的太陽船散發出混雜玫瑰色、紫色、金色、青色、紅色等諸多色彩的絢麗光芒，在尼羅河西岸的聖城阿拜多斯停靠。

在一片昏暗中，迎接太陽神的神靈列隊迎接疲憊不堪的拉神。這時疲憊的拉已經癱倒在太陽船上沉沉睡去，諸神小心照料著自己的造物主。他們抓住太陽船的纜繩，把船輕輕拉到天河岸邊。

天河河水緩緩流淌，河面悄無聲息地變寬。拉神的太陽船短暫停留後繼續航行，十二位手持火把代表時間的夜晚女神登上太陽船，她們以火焰照亮拉神夜航的航路。這十二位夜晚女神是天河的河神，她們通曉這條前往冥界的航路，這航路的祕密是連拉神都無法知道的。

太陽船正式駛入冥界河段，拉神在冥界的天河裡要經過十二道城門，即十二個鐘點，每道門都預示著艱險和阻礙。

太陽船首先駛入拉神之河——這是一個悲涼淒慘的夜王國。

在夜色還未徹底降臨時，六條巨大的蟒蛇便從兩岸探出頭來窺測著河道，滾滾濃煙和火焰不斷從巨蟒的嘴裡噴湧而出，牠們嘴邊淌下岩漿構成的口水，滴在水面上激起劇毒的霧氣。

在陰間一共有十二個夜王國存在，每個王國都在邊境上修建有凡人無法攀登的高大城牆和城門，在城牆頂部安裝著鋒利的匕首和標槍，城門以無比堅硬的木料製成，巨大的門軸散發出幽暗金屬光芒，數不勝數的衛兵和蟒蛇把守著城池，每當他們發現天河中出現陌生人的船隻，兩條蟒蛇便會分別爬上城門的最高和最低處，時時準備噴吐出交叉的毒液，將入侵者腐蝕成膿液。

只有來訪者通報自己的身分姓名並得到衛兵允許之後，才能通過這些城門。

天空女神努特和風神舒父女倆站在太陽船頭開闢道路，代表一點鐘的夜晚女神守候在他倆身旁。其餘神靈環繞太陽船站立，確保邪惡無法利用黑暗接近並傷害太陽神。

一點鐘夜晚女神在兩點鐘夜晚女神之前開路，兩人靈活地打開了城門，封鎖河岸的六條巨蟒口中的火焰消失了，太陽船渡過第一個夜王國。

拉神的太陽船十分安全地行駛著，它要經過一個漆黑可怕的地域，那裡是毀滅之王、虛無巨蛇阿波斐斯的死亡之國。阿波斐斯是與拉神同時誕生的孿生兄弟，這個代表虛無的大神也是拉神永恆的敵人。

阿波斐斯正在等待著拉神的到來。

每當太陽神經過一個處於黑暗中的夜王國之後，都會進入阿波斐斯控制的領域。這條巨蛇要追逐吞噬太陽船，全靠守護拉神的侍從勇敢抵禦，才能保護造物主安全通過。

拉神的太陽船順利度過了夜晚的第一個鐘點。

太陽船駛入第二個夜王國烏努斯，天河在這裡變得非常開闊。河面上穿梭著四條無人掌舵划槳的大筏子，大筏子上還運載著很多小筏子。

烏努斯之國的人民雖然長相怪異，卻生活得安寧幸福。這個國家的人民信仰拉神，還有掌管農業的神靈為他們生產大麥和小麥。

烏努斯的倉庫和商鋪中堆滿了各種貨物，這裡的人民吃穿不愁生活無憂，守衛國境的衛兵和噴吐火焰的巨蟒讓黑暗中的邪惡力量不敢靠近，於是拉神的太陽船也安全地從這裡通過。

兩點鐘夜晚女神在三點鐘夜晚女神之前開路，兩人靈活地打開了城門，太陽船渡過第二個夜王國。

拉神的太陽船十分安全地行駛著，它要經過一個漆黑可怕的地域，那裡是毀滅之王、虛無巨蛇阿波斐斯的死亡之國。阿波斐斯是與拉神同時誕生的孿生兄弟，這個代表虛無的大神，也是拉神永恆的敵人。

阿波斐斯正在等待著拉神的到來。

每當太陽神經過一個處於黑暗中的夜王國之後，都會進入阿波斐斯控制的領域。這條巨蛇要追逐吞噬太陽船，全靠守護拉神的侍從勇敢抵禦才能保護造物主安全通過。

拉神的太陽船順利度過了夜晚的第二個鐘點。

第三個夜王國是冥王奧西里斯統治的國度，這裡安寧祥和。頭戴上下埃及紅白雙王冠的奧西里斯神，屹立在岸邊許多高聳神像的中央，瑪阿特女神守在他身旁。每一個抵達奧西里斯國度的死者，都要在冥王面前衡量自己的心臟，偉大的奧西里斯神將根據心臟在天平上的表現決定死者未來的歸宿，這便是瑪阿特的審判。

罪惡之人的心臟由於承載了罪孽而變得沉重，無法與天平另一頭的女神羽毛保持平衡。這些無法通過審判的心臟被送到天河最深處清洗，當它們的罪惡被徹底洗掉後，死者才有資格進入最終的來世。那些罪大惡極者的心臟連清洗的資格也沒有，瑟瑟發抖的罪人也會立即被看守審判庭的怪獸阿穆特一口吃掉。

而那些忠誠善良者的心臟必將通過天平的衡量，他們的心臟比女神的羽毛還輕，天平的羽毛一端傾斜下去。於是智慧之神圖特將這顆心臟放回死者的胸腔，荷魯斯將死者引導到父親奧西里斯身前，冥王會宣布善人在世時的功績，他們品行端正、照顧孤兒寡母、把穀物分給挨餓的人、把亞麻布分給衣不蔽體者……

這些善良者從此便留在冥王的國度，耳邊響起人類想像不到的美妙音樂，過上來世無憂無慮的幸福生活。

三點鐘夜晚女神在四點鐘夜晚女神之前開路，兩人靈活地打開了城門，太陽船渡過第三個夜王國。

拉神的太陽船十分安全地行駛著，它要經過一個漆黑可怕的地域，那裡是毀滅之王、虛無巨蛇阿波斐斯的死亡之國。阿波斐斯是與拉神同時誕生的孿生兄弟，這個代表虛無的大神也是拉神永恆的敵人。

阿波斐斯正在等待著拉神的到來。

每當太陽神經過一個處於黑暗中的夜王國之後，都會進入阿波斐斯控制的領域。這條巨蛇要追逐吞噬太陽船，全靠守護拉神的侍從勇敢抵禦才能保護造物主安全通過。

拉神的太陽船順利度過了夜晚的第三個鐘點。

第四個夜王國是墓地之國，天河兩岸是無邊無際的黃色沙漠，這裡沒有什麼動物和植物，發出金黃色亮光的沙丘之間，只有一些巨蛇在死寂的廢墟中蜿蜒爬行。

蛇群不斷發出令人毛骨悚然的吐信聲，不時有些巨蛇抬頭凝視著眼前駛過的太陽船。但這些巨蛇並不是拉神的敵人，太陽船繼續向前航行。

很快，天河的河面變得狹窄，水流變得湍急，河面上布滿了尖銳的巨石，河水拍擊著兩岸的花崗岩河岸，發出刺耳的噪音。拉神的太陽船已經無法在河流中航行，於是它變作一條碩大無朋的巨蟒，慢慢在河岸的沙地上爬行，通過了這段不能通航的水域。

四點鐘夜晚女神在五點鐘夜晚女神之前開路，兩人靈活地打開了城門，太陽船渡過第四個夜王國。

拉神的太陽船十分安全地行駛著，它要經過一個漆黑可怕的地域，那裡是毀滅之王、虛無巨蛇阿波斐斯的死亡之國。阿波斐斯是與拉神同時誕生的孿生兄弟，這個代表虛無的大神也是拉神永恆的敵人。

阿波斐斯正在等待著拉神的到來。

每當太陽神經過一個處於黑暗中的夜王國之後，都會進入阿波斐斯控制的領域。這條巨蛇要追逐吞噬太陽船，全靠守護拉神的侍從勇敢抵禦，才能保護造物主安全通過。

拉神的太陽船順利度過了夜晚的第四個鐘點。

第五個夜王國是隱祕之國，掌管墓地的茶隼神居住在沙丘之下的幽深洞穴中。在茶隼神的洞穴入口左右各有一個獅身人面神把守，他倆長著雄獅的身軀和人類面孔，每當有陌生人靠近，他倆便會毫不留情地伸出利爪把入侵者撕碎。

在洞穴附近有一個小湖，底下的烈焰將湖水煮沸，無數背叛拉神的罪人浸泡在湖中受沸水折磨。每當拉神的太陽船經過時，這些罪人發出震天的哭喊，試圖得到拉神的注意和寬恕。但此刻的拉神毫無生機地躺在船艙裡昏睡，對外界的聲響毫無反應。

在湖水的另一邊傳來整齊的喊叫，那是一片昏暗的領地，每一個角落裡都有一隻報警的鳥在守候。哨兵鳥的四周是很多雙頭蛇守衛，這些蛇的兩個頭都不停地吐信，發出令人膽寒的聲響。

狹窄的河面透過黑暗發出一點點亮光，這是晨曦將至的徵兆。晨星已在大門外為造物主指路，隨著太陽船繼續向前航行，新的一天即將到來。

五點鐘夜晚女神在六點鐘夜晚女神之前開路，兩人靈活地打開了城門，太陽船渡過第五個夜王國。

拉神的太陽船十分安全地行駛著，它要經過一個漆黑可怕的地域，那裡是毀滅之王、虛無巨蛇阿波斐斯的死亡之國。阿波斐斯是與拉神同時誕生的孿生兄弟，這個代表虛無的大神也是拉神永恆的敵人。

阿波斐斯正在等待著拉神的到來。

每當太陽神經過一個處於黑暗中的夜王國之後，都會進入阿波斐斯控制的領域。這條巨蛇要追逐吞噬太陽船，全靠守護拉神的侍從勇敢抵禦才能保護造物主安全通過。

拉神的太陽船順利度過了夜晚的第五個鐘點。

第六個夜王國是源泉之國，統治這片國土的也是偉大的奧西里斯神。他是世上最溫文爾雅的君王，是賜予人類和萬物生命的恩主，是受到萬眾讚頌的大神。

河水擺脫了泥沙的纏繞，太陽船平穩地航行在清澈的河面上。

船上的神靈擺脫了疲倦興奮起來，因為黑夜即將過去，光明就在眼前。他們指點著兩岸那些神祕莫測的神像，放鬆地閒聊點評，尤其是其中有七根象徵王權的權杖，還有一頭在黑暗中不時咆哮的雄獅。就在陣陣獅吼聲中，天邊已經顯露出淡淡的魚肚白，那是拉神發出了光芒將至的信號。

源泉之國裡有三處寶藏，這些寶藏都由噴吐火焰的蟒蛇看守著，其首領是一條生著五個頭的巨蟒。神奇的寶藏可以變成千奇百怪的模樣：有的長著人頭，有的長著鳥翅，有的長著獅子利爪。

在這個國度裡住著復活之神海比拉，海比拉擁有起死回生的力量，他來到太陽船邊讓生命的氣息重回拉神的軀體。

源泉之國是黑暗世界最邊遠的地帶，它的大門之外便是通往太陽東升之地的航路。

六點鐘夜晚女神在七點鐘夜晚女神之前開路，兩人靈活地打開了城門，太陽船渡過第六個夜王國。

拉神的太陽船十分安全地行駛著，它要經過一個漆黑可怕的地域，那裡是毀滅之王、虛無巨蛇阿波斐斯的死亡之國。阿波斐斯是與拉神同時誕生的孿生兄弟，這個代表虛無的大神也是拉神永恆的敵人。

阿波斐斯正在等待著拉神的到來。

每當太陽神經過一個處於黑暗中的夜王國之後，都會進入阿波斐斯控制的領域。這條巨蛇要追逐吞噬太陽船，全靠守護拉神的侍從勇敢抵禦才能保護造物主安全通過。

拉神的太陽船順利度過了夜晚的第六個鐘點。

第七個夜王國是祕密的岩洞，阿波斐斯大神本尊就生活在此！

這條邪惡的巨蛇身長兩百多米，牠將身體埋伏在沙礫之下，將血盆大口對準天河河面，吞噬一切經過此處的生靈。如果太陽船被牠摧毀，拉神就會死去，神靈和萬物都將毀滅，虛無和黑暗便統治了世界。

關鍵時刻，偉大的伊西絲女神出現在船頭！她擁有宇宙中最偉大的魔力，沒有任何一個神靈能夠抵禦她的法術。

女神吟唱著神祕的歌謠，帶著魔力的旋律在黑暗的水面上跳躍蔓延，數不清的眼鏡蛇出現在拉神身邊充當守衛。

阿波斐斯憤怒了，牠抬起頭發出一聲怒吼，吼聲震撼了整個黑暗世界，幾乎所有生靈和神靈都在瑟瑟發抖。但勇敢的伊西絲毫不畏懼地繼續歌唱，女神迎擊魔王的咆哮唱出更嘹亮的歌聲！

伊西絲在歌唱之餘還揮舞著自己的雙手，釋放出神奇的咒語。在這咒語的作用下，狂暴的阿波斐斯頹然癱倒在沙丘之上，變得動彈不得。

就在這時，一隻肥碩的大貓從太陽船上跳下直奔巨蛇而去。這隻肥貓靈活地用繩子捆住阿波斐斯，接著準備用鋒利的匕首割掉牠的頭顱。

但本身就代表毀滅與死亡的阿波斐斯是不死之身，牠每晚都隱藏在幽暗的冥界等待著拉神的太陽船到來，時時準備毀滅拉神。

就在肥貓抄起匕首的時候，阿波斐斯也開始掙扎起來。肥貓死死按住阿波斐斯，阿波斐斯則拚命蠕動身體想扯斷捆綁自己的繩索，但這繩索異常堅固，讓牠無法掙脫。就在糾纏之際，太陽船已經駛過危險河段，遠離了毀滅之神的控制範圍。

太陽船來到眾神的墓地，河岸邊聳立著一座座高高的沙丘，每座沙丘上都有一個模樣各異的建築物。建築物就像有生命一般地默默注視著天河裡的太陽船，看著拉神到來，目送拉神離開。而拉神的太陽船安全平穩地航行著，它將衝破黑暗駛向東方，迎來燦爛的光明。

七點鐘夜晚女神在八點鐘夜晚女神之前開路，兩人靈活地打開了城門，太陽船渡過第七個夜王國。

拉神的太陽船順利度過了夜晚的第七個鐘點。

拉神的太陽船來到第八個夜王國，這裡是眾神的極樂世界。死神的家就在這裡，他們在房間裡裹著亞麻布，不停地製作著木乃伊。

當死神看見拉神的太陽船遠遠駛過時，他們停下手裡的工作一齊向偉大的造物主致意。但因為距離實在是遙遠，太陽船上的神靈只能聽見遠處傳來一陣陣怪異的聲響，時而類似野牛吼叫，時而類似猛禽鳴叫，時而類似女子夜泣，時而類似野蜂嗡鳴。

拉神的太陽船前，行走著九個奇形怪狀的神靈嚮導，其中有四個是長著巨型羊角的野羊模樣：一個戴著長長的羽毛王冠，一個戴著下埃及的紅色王冠，一個戴著上埃及的白色王冠，一個帶著太陽形狀的王冠……

拉神的太陽船繼續向著東方航行，向著日出的方向前進，迎來新的一天。八點鐘夜晚女神在九點鐘夜晚女神之前開路，兩人靈活地打開了城門，太陽船渡過第八個夜王國。

拉神的太陽船順利度過了夜晚的第八個鐘點。

太陽船駛入第九個夜王國，在這裡湍急的河水將船高高托起，手握短小堅硬船槳的十二位星神守護著太陽船，保證船隻向著正確的方向安全航行。

這是一個不曾受黑暗侵蝕的國度，因為十二條噴吐火焰的巨蟒守護著國境，牠們吐出的火焰光芒萬丈，照亮了王國中的每一個角落。

河水裡有三隻怪模怪樣的巨型水鳥，牠們像一條小船一樣運載著貨物航行。當這些水鳥把自己的靈魂卡獻祭出來的時候，諸位星辰女神便一起唱起動聽的歌謠。這美妙的旋律飄進太陽船上諸神的耳朵裡，讓他們個個都心情愉悅，直到太陽船遠去之後，這歌聲依然久久迴蕩在蒼天大地之間……

拉神的太陽船繼續向著東方航行，向著日出的方向前進，迎來新的一天。九點鐘夜晚女神在十點鐘夜晚女神之前開路，兩人靈活地打開了城門，太陽船渡過第九個夜王國。

拉神的太陽船順利度過了夜晚的第九個鐘點。

太陽船進入第十個夜王國，這裡的土地遍地甘泉，這裡的河岸陡峭高懸，這裡是所有夜王國中最遼闊的一個，這裡是拉神自己的國度，這裡的國王便是太陽神本人。

太陽船與狹窄河床中的激流搏鬥艱難前行，船上的護衛手持閃亮的武器，臉上發出如陽光般燦爛的光芒。兩岸的居民紛紛湧到河邊迎接拉神歸來，為首的四位女神站在高高的堤壩上高舉火炬，在火光面前黑暗潰逃無蹤。

諸多星辰在拉神的太陽船前方行走領航，走在星辰最前面的是一條巨大的雙頭眼鏡蛇，蛇頭上戴著上下埃及的雙王冠。而上蒼的主宰、諸多星辰的領袖、偉大的茶隼神就站在巨神身邊。

復活之神海比拉也來到第十夜王國，他在這裡進行拉神最後的復活儀式。此時雖然太陽神的軀體依舊躺在太陽船中，但他的靈魂已經與海比拉合而為一，獲得了新生。

拉神的太陽船繼續向著東方航行，向著日出的方向前進，迎來新的一天。

十點鐘夜晚女神在十一點鐘夜晚女神之前開路，兩人靈活地打開了城門，太陽船渡過第十個夜王國。

拉神的太陽船順利度過了夜晚的第十個鐘點。

太陽船進入一個深邃無底的洞穴，這裡就是第十一個夜王國。

這裡依舊是拉神本人統治的國度，天河水位在這裡變得非常淺，洞穴中無數溪流匯入河道中，涓涓細流聚集起來托起造物主的航船。太陽船平穩地航行，護衛不必再用繩子拉船，他們依靠一條大蟒蛇掌舵，這條蛇還同時充當拉神的守衛。

洞穴中充滿了詭異的紅光，這光芒來自太陽船前方的火星。火星發出這種令人恐懼、充滿壓迫力量光芒的原因，正是因為邪惡已經入侵了這個王國，所以太陽神才要懲罰那些妄圖對抗自己的黑暗力量。

荷魯斯神那些全副武裝的侍女守在一個個濃煙滾滾的坑洞外面，她們手持利劍將惡魔肢解成碎塊，然後口吐烈焰將這些邪惡生物燒成灰燼。荷魯斯神在坑洞之間的地面巡視，銳利的鷹眼不放過任何一個還沒徹底被挫骨揚灰的敵人。這些敵人不僅是他的，也是奧西里斯神和拉神的對頭。這些邪惡的罪犯在塵世作惡多端，現在那些焚燒的殘肢在「吱吱」作響，那是惡魔的靈魂在哭喊求饒，但誰也不會憐憫惡魔，誰也不會解救惡魔。

在河岸另一頭，遠離濃煙和焦屍臭味的地方，屹立著一個時空之外的原初之神。這個古老的神靈比拉更古老，正是他將帶有滾滾水氣的北方清涼之風送到埃及，讓人間萬物可以呼吸。他像一條猩紅色的巨蛇，還生有鳥翅和兩條腿，在雙翼之下有人的幻影時隱時現，銀河在他身上環繞整整十圈之多。荷魯斯之眼在他身邊閃爍，在他的懷抱裡孕育著即將來到的白晝。

拉神的太陽船繼續向著東方航行，向著日出的方向前進，迎來新的一天。

十一點鐘夜晚女神在十二點鐘夜晚女神之前開路，兩人靈活地打開了城門，太陽船渡過第十一個夜王國。

拉神的太陽船順利度過了夜晚的第十一個鐘點。

拉神的太陽船終於抵達了最後一個夜王國，這裡是復活之神統治的復活之國。

黑暗即將逝去，光明就要重生。

海比拉大神以巨大聖甲蟲的形象伏在太陽船頭，他準備在太陽船抵達冥界終點的時候令偉大的太陽神復活。在過去數百萬年中的每一天，他都是如此做的，在未來數百萬年的每一天，他依舊會這樣做。

經過整整十二個小時之後，船終於航行到冥界的終點，眼前是黑夜白晝的分界線。眼看著拉神的冥界歷險終於結束，侍從用纜繩把船拉到岸邊，為拉神的復活做好準備。

忽然之間蟒蛇驚叫起來，大地上的生靈都看到一輪紅日自東邊地平線下一躍而起！在歡樂的頌歌和燦爛光芒的伴隨下，如同種子綻放嫩芽一般，復活的拉神精神抖擻地站在太陽船上眺望塵世萬物。

偉大的太陽船衝破了幽深黑暗的冥界阻擋，從荒蕪沙漠之下飛速升上天空，將溫暖的光芒灑滿大地。

這條船是多麼的神聖美麗，這條船是多麼的永恆偉大！它沿著千百萬年亙古不變的偉大航道向天空攀升，神靈打開天河的大門，讓拉神的永恆之船從那些巨大的白色雪花石膏立柱中間穿過，於是光芒籠罩了整座巴胡山。

白晝的天河寬闊清澈，太陽船堅定平穩地繼續向東航行。在船頭激起的浪花中，阿卜杜魚歡快地舞蹈，那些珍貴的阿奈提魚也在湛藍的水中自由巡游。

天河之下，大地上的一切生靈都在讚頌偉大的造物主：

天邊出現了您的形象，
啊，偉大的拉神，
生命的源泉！

當你從東方升起時，

我們祝福你！
你帶來了光明，
黑暗在你眼前倉皇遠遁！
你將溫暖灑滿世界，
這樣的仁慈，
這樣的慷慨！
啊，偉大的拉神，
你無比榮耀！
芸芸眾生都拜倒在你面前，
如同你溫順馴服的獵狗，
在每一個早晨爭先恐後地向您致敬！

當你從東方升起時，
我們祝福你！
你創造了尼羅河，
將它賜予埃及。
你讓它日夜川流不息，

滋潤了每一寸土地。
祝福你呀，拉神！
祝福你呀，無所不能的造物主！

當你從東方升起時，
我們祝福你！
你創造了我們，
你創造了萬物。
你歷經劫難依舊從東方升起，
給宇宙以新生！
祝福你呀，拉神！
祝福你呀，主宰萬物的神靈！

第六節 胡夫的故事會

當胡夫國王統治埃及的時候，他時常會在王宮中感覺無聊。這位國王穿行在一間又一間的宮殿中，始終找不到打發時間的辦法。於是胡夫叫來自己的王子，命令他們講述一些神奇有趣的故事，他自己一邊吃飯一邊聽。

最先講故事的是哈夫拉，他講了一個第三王朝尼布卡一世的故事：每當尼布卡一世前往孟斐斯城的普塔神廟的時候，他的祕書、大祭司烏巴歐內總是隨侍左右。烏巴歐內有個水性楊花的妻子，每當烏巴歐內隨國王離開，她便趁機勾搭附近的一個美男子。

大祭司家的花園中有一處隱祕的庭院，烏巴歐內的妻子讓僕人將庭院裝飾一新，然後作為自己出軌偷情的溫柔鄉使用。

每次那個美男子來與情人廝混時，他倆就在庭院中飲酒嬉戲，等到夜幕降臨時，美男子便走進庭院邊的池塘沐浴。

時間一長，這對偷情者的祕密被僕人發覺了。當烏巴歐內返回宮殿時，便聽到這個令他憤怒的消息。他拿刀削出一個幾寸長的木質鱷魚，然後對它念動咒語：「抓住任何一個在我池塘中洗澡的男人，尤其是那個我妻子趁我不在時叫來的那個！」他將這個木鱷魚交給忠誠的僕人，吩咐他見到姦夫洗澡時，就將鱷魚放進池塘裡。

不久後，大祭司又隨國王離家了。他一出門，他妻子就招來了自己的情郎，像往日一樣度過銷魂的一天。

等到夜晚那個美男子再度走進池塘時，僕人按照主人的吩咐將木鱷魚投入水中，這個袖珍玩偶一沾水就化作一丈多長的真鱷魚，鱷魚一口咬住美男子，將他拖入水底便消失不見了。

七天之後，烏巴歐內跟隨尼布卡一世回到首都。

在進城時，這位大祭司向國王請求說：「請陛下隨我去看一個奇觀！」

尼布卡一世好奇地同意了，他倆來到大祭司的家裡，一起走到池塘前。

烏巴歐內對著池塘念動咒語，大鱷魚叼著奄奄一息的美男子爬了出來。大祭司抓起鱷魚將牠變回原來的模樣，並向驚訝不已的國王講出事情原委。

尼布卡一世聽後，對著烏巴歐內的木鱷魚說：「帶走屬於你的財富吧！」

於是木鱷魚再度變回大鱷魚，叼著美男子回到池塘深處，從此再也沒有出現過。而大祭司的妻子也在國王的命令下，被捆在石門柱上投入尼羅河之中……

胡夫聚精會神地聽完這個故事，他評價說：

「讓我們將一千個麵包、一百罐啤酒、一頭牛和兩百份乳香的祭品，獻給偉大睿智的尼布卡一世——上下埃及的國王！

「讓我們把一個麵包、一罐啤酒、一塊肉和一份乳香作為祭品獻給大祭司烏巴歐內，這個故事讓我見識了他的神通廣大！」

接下來輪到巴烏弗雷王子講故事了，他講述了祖父斯尼夫魯國王的一個故事：

有一天，斯尼夫魯就像今天的胡夫一樣百無聊賴，走遍王宮中的每一間房間都找不到解悶的辦法。於是他找來自己的祕書大祭司加達蒙卡，問他有沒有什麼消遣的妙招。

加達蒙卡對國王說：「請陛下到王宮的湖邊去，我安排一些王宮裡最美麗的女孩划船。看著她們，陛下的心一定能感覺到愉悅的。」

於是斯尼夫魯吩咐道：馬上準備一條華美的小船和二十支鍍金的烏木船槳，再找來二十個體態最優美的女人，讓她們穿上輕薄透明的衣服，好讓我欣賞她們優美的體態！

很快，女孩穿著透明的衣服開始划船，小船飛速在湖面上來回穿梭，國王果然看得心花怒放。但是坐在船尾的一個女孩忽然停下了手裡的船槳，她的同伴也紛紛停下。

斯尼夫魯奇怪地問這些女孩為何不划船了。

女孩回答說，因為我們的一個同伴停了下來，我們不知道發生了什麼事。

斯尼夫魯於是問最先停下的女孩，那女孩回答說，因為我的綠松石耳環掉進水裡了！

斯尼夫魯一聽笑著說小事一樁，他吩咐僕人去給女孩另找一個耳環，不料女孩居然拒絕了。

國王大吃一驚，於是叫來自己的大祭司，問他該怎麼辦。

加達蒙卡一聽，也笑著說小事一樁，他念動咒語將湖水的一半提升到另一半之上，然後在空出來的湖底找到了女孩丟失的耳環。接著又將湖水恢復原狀，女孩子再度划船穿梭，國王度過了愉悅的一天，並獎賞了自己的大祭司。

胡夫聚精會神地聽完這個故事，他評價說：

「讓我們將一千個麵包、一百罐啤酒、一頭牛和兩百份乳香的祭品獻給偉大睿智的斯尼夫魯——上下埃及的國王！

「讓我們把一個麵包、一罐啤酒、一塊肉和一份乳香作為祭品獻給大祭司加達蒙卡，這個故事讓我見識了他的神通廣大！」

現在輪到王子霍達德夫了，他沒有像他的兄弟們那樣講述前朝往事，反而說父王您聽到的都是過去魔法師的故事，而我能讓您知道，現在的魔法師有多麼神通廣大！

胡夫一聽來了興趣：「霍達德夫，我的兒啊，你說的魔法師是誰呢？」

「他叫德迪。」霍達德夫回答說，「他已經一百一十歲了，但仍然精力充沛。他知道如何把砍下的頭顱裝回去，還可以不用鎖鏈就讓獅子溫順地跟隨自己走。」

胡夫立刻命令兒子把這位神通廣大的老法師找來看看，於是霍達德夫前往德斯尼弗魯城找到了德迪，並告訴他說：「我來這裡是為了帶你去見我的父王——偉大的胡夫國王。你能夠在他的宮殿中享用御廚製作的王室美食，還可以在前往大墓地與祖先重逢之前，獲得所有人的尊重。」

「那可太好了！謝謝你的引薦，霍達德夫王子。」德迪乾脆俐落地回答說，「我會隨你前往王宮，去討國王的歡心。」

兩人回到宮殿之後，霍達德夫向父親稟告魔法師到來的消息。胡夫在華麗的會客廳接見德迪，他問道：「人們都說你能接上被砍下的頭顱，這是真的嗎？」

德迪恭敬地回答：「是的，我知道怎麼做，陛下。」

胡夫命人帶來一個囚犯當眾斬首，德迪連忙勸止說：「不，我想我們不能這樣對待一個人類，我們不能對信奉神靈的信徒做出這樣的事情。」

於是人們為魔法師拿來一隻被砍掉頭的鵝，鵝頭放在會客廳東面，鵝身子則在西面。德迪念了一句咒語後，這隻沒頭的鵝就踉踉蹌蹌地站了起來，牠的頭也立了起來。當二者合二為一時，這隻復活的鵝站著大叫起來。

之後，德迪又對一頭牛做了同樣的事情。胡夫一時興起讓人帶來自己心愛的獅子，並砍掉了獅子的頭。德迪不負眾望，念出咒語復活了獅子，獅子站立起來跟在魔法師後面走，脖子上的鎖鏈在地上拖著，沒有任何人去牽引牠。

讚歎不已的胡夫下令賞賜德迪各種珍貴美好的東西，供養他的餘生。

第七節 遇難者的故事

眼看著遠航的船隊返回母港，拴船的木樁就固定在岸邊，隨著船頭靠向堤岸，可愛的家就在眼前，每個人都在擁抱同伴，感謝神靈保佑我們的旅途平安。

我的將軍，快樂起來吧！你瞧我們沒有損失，安全返還！

來，洗洗手，洗洗臉，然後在國王面前鎮靜地回答提問。

我的將軍，到時候請不要結巴，因為一個人的語言可以救他於危難，一個人的話語能得到國王的赦免。

快樂起來吧，我的將軍！

因為我也曾遇到過同樣的事情……

多年以前，我乘著一艘六十米長、二十米寬的大船出航，準備前往王子的寶庫，完成國王交付的任務。

駕駛這條船的水手是從埃及最好的水手裡挑選出來的一百二十人，他們無論在海上還是陸地上，都是比獅子的心更堅定的男子漢。他們能在暴風雨來臨前預測到危險，或在雷電交加前便做好萬全的準備。

於是我們遠離陸地，航行在紅海的碧波萬里當中。

但是暴風雨毫無徵兆地襲來，船隻在疾風驟雨的鞭打和排山巨浪中苦苦掙扎。就在我暗自懷疑這些水手是否真像前面介紹的那樣可靠時，命運給了我答案——一陣約四米高的海浪襲來，船翻了。

一百二十名男子全部葬身魚腹，只有事先把自己捆在桅杆上的我，被海浪送上一座小島……

我拖著沉重的步伐來到一棵樹的樹蔭下，懷著絕望的心情為自己哀歎了三天：我想我再也回不了家，見不到我的孩子了。

但最終我振作起來，去尋找食物和水，我很幸運地找到一處清涼的水源，還有一些甜蜜的漿果和葡萄，更有大量的蔬菜，一些埃及無花果和類似黃瓜的蔬菜。此外我還發現了水裡有魚，天空飛著大群的鳥——這座島上有你所能想到的任何東西，你絕不會在這裡被餓死！

於是我找到一根木棍鑽出火來，向保佑我倖免於難並賜予我食物的神靈獻祭。

忽然一陣雷鳴傳來，樹木搖動，大地在顫抖。我驚恐地趴下，用臉緊貼在地面上。當我鼓起勇氣站起來時，一條十五米長的金色巨蛇正向我靠近，牠嘴唇邊的鬍鬚足有兩米長，眉間有一顆碩大的青金石。看到那金色的光芒和長鬍鬚，以及青金石的時候，我知道牠一定是條神聖的蛇。

這條神蛇威嚴地爬到我身邊，朝我張開嘴。而我立即拜倒在牠面前，心想雖然我想獻祭神靈，但祭品可不是我啊！

這時我聽到神蛇的聲音：「是誰把你帶到這裡來的，你這渺小的人類？如果你在回答時稍有遲疑，我就讓你化為灰燼！」

我不敢抬頭看牠，只能低著頭驚恐地回答：「您對我說話了，但我沒法理解您的話。因為在您面前，我完全意識不到自己的存在。」

神蛇用嘴叼起我，把我帶到牠的巢穴。當我被放在地上的時候，驚訝地發現自己安然無恙。我肯定這是一條神聖的蛇，於是再度拜倒在牠面前。

神蛇再度問我：「是誰把你帶到這裡來的，你這渺小的人類？是誰把你帶到浩瀚海洋深處的這座島上來的？」

我知道自己必須如實作答，於是張開雙臂一邊比畫著一邊告訴牠：「我乘著一艘六十米長二十米寬的大船出航，準備前往王子的寶庫，完成國王交付的任務。

「駕駛這條船的水手，是一百二十名從埃及精挑細選的水手，他們無論在海上還是陸地上都是比獅子的心更堅定的男子漢。他們能在暴風雨來臨前預測到危險，或在雷電交加前便做好萬全的準備。每個人的勇氣和經驗都不相上下，他們中沒有一個儒夫！

「當我們遠離陸地，航行在紅海的碧波萬里當中時，暴風雨還是擊敗了我們。我只記得在船隻沉沒之前，我們正與暴風和巨浪搏鬥苦苦掙扎，但一排四米高的大浪還是打敗了我們。若不是我緊緊抓住桅杆，是無法倖免的。船隻沉沒後，除了我以外，其他的同伴都遇難了。而我被海浪帶到了這個島上，於是才會出現在您面前。」

神蛇聽了之後，安慰我說：「無須恐懼，無須恐懼。渺小的人類，不要這樣驚慌！你之所以能到我這裡來，是因為有神靈護佑的結果。祂把你帶到這個美妙的島上，在這裡你可以找到人類所需要的一切，島上有各種珍貴美麗的東西。

「你將在這裡度過四個月，到時候會有一艘從王宮中出發的船抵達這裡，你將與之前的那些水手重聚，你將與他們一起返回王宮。之後，你將會在你的城市中死去。經歷最嚴苛的考驗後，幸福的人終將講述他的奇遇。」

雖然我聽得一頭霧水，但這依舊讓我重燃希望。

我拜倒在神蛇面前說：「我將會對國王說起您的威力，稱讚您的偉大！我將把勞丹脂、埃格努等各種屬於神廟、能讓每位神靈都滿意的香料奉獻給您！我將講述我的奇遇和您的力量給每個人聽，讓埃及人在所有顯貴之人面前參拜您。為了您，我將宰殺一些公牛獻祭給您；為了您，我將擰斷家禽脖子獻祭給您；我祈禱去您那裡的船隻都滿載著埃及的財富……這些都是我應該為您做的，因為您是神靈！即使遙遠國度的人民並不知道您的存在，您也依然關愛著他們！」

雖然我訣辭如潮，但神蛇只是付以一笑，顯然牠覺得我的話並沒有任何意義。最終牠回答我說：「你想獻給我勞丹脂？據我所知埃及根本沒有這種香料！實話對你說，我是神之國度邦特國的王子，我擁有很多這種香料。至於埃格努香料，那是我島上的特產，而不是產自你的國家！最後你應該知道的是，當你離開這片土地之後，你就再也不會見到它——因為它將消失在大海中。」

為了安慰我，神蛇講起了牠的往事：「這個美麗的島是我和我家人的樂園，我曾離開島嶼遊歷，那期間一顆星星墜落在島上，整個島嶼立刻化為火海一片。當我回到島上的時候，我所有的兄弟姐妹都已經化作一團團屍體……

「如果你足夠振作，那麼一定能擁抱你的孩子，親吻你的愛人——世界上沒有什麼事情比回到家鄉更好了！」

從此以後，我每天都在海那邊眺望，等著那神蛇許諾過的航船。

就像神蛇所預言的那樣，四個月後一艘船向這個島航行過來！

我爬上大樹發出求援信號，並且認出船上的果然是那些我誤以為已經遇難了的同伴！

於是我跑到神蛇那裡向牠報告這個好消息，牠卻很平淡地表示自己早已知悉。牠說：「我能夠讓你平安回家，讓你能夠見到自己的孩子。而你要為我做的，是讓我在埃及聲名遠揚。」

我鄭重地跪下，發誓要完成神蛇的囑託。這慷慨的神蛇已經為我準備好裝滿一艘船的禮物，除了各種香料之外，還有長頸鹿的尾巴、象牙、獵犬、獼猴、狒狒，和其他各種埃及見不到的奇珍異寶。

我感激地參拜慷慨的神蛇，牠對我說：「看吧，你會在兩個月內回到你華美的住所，擁抱你的孩子。以後你會被埋葬在自己的國家，在你的墓穴中你會重新變得年輕強壯。」

我告別神蛇，帶著滿船的珍寶登船出海。我和水手在海岸邊再度向神蛇致意。當航行一段距離之後，隨著一聲雷鳴，神祕的島嶼如神蛇所言那般消失在海上。

回到埃及之後，我向國王仔細稟報了出海的經過，並將所有的寶物全部獻給他。於是國王在全國的達官貴人面前參拜神蛇，將這位慷慨偉大的神靈王子的名聲散播四方。

當我講完這個故事之後，悶悶不樂的將軍卻說：「你講得很好。不過一隻早晨就要被殺死的雞，在清晨給牠水喝還有什麼用處呢？」

（剩下的故事結局已被磨損無法得知）

第八節　命途多舛的王子

很久之前，有個國王因為沒有兒子而煩惱。他虔誠地向拉神祈禱了許久，終於感動了神靈，王后生下了一個兒子。

國王看到孩子出生萬分激動，他祈求執掌命運的哈托爾女神指點小王子未來的人生，但一向仁慈的女神卻將小王子未來的三種命運冰冷地擺在老父親眼前：「陛下，恕我直言——這孩子命運多舛，很難養大啊……」

國王一聽這話，猶如一盆涼水兜頭澆下來，他顫抖著問女神：「請問這孩子會遇到怎樣的厄運呢？」

哈托爾扳著手指計算小王子的未來，然後說道：「這孩子註定會遭遇三種危險：要麼被鱷魚吃掉，要麼中蛇毒而死，要麼被狗咬死。」

雖然這個預言非常不吉利，但從女神口中說出來卻讓國王不敢不信。他懷著悲傷的心情，吩咐侍從在沙漠腹地修建一座豪華的宮殿供王子居住，眾多的侍從伺候著王子的飲食起居吃穿用度，但絕不答應王子單獨外出的要求。

但孩子總會長大，關是關不住的。終有一天，已是少年的王子堅持要走出自己的宮殿遊玩，侍從只好緊緊跟著他。

王子看見一個獵人身後跟著一條精神抖擻的獵犬時，不禁大為好奇，於是他詢問侍從說：「那隻跟在人身後跑的是什麼動物啊？」

侍從回答說：「那是一條狗，是獵人飼養的獵犬。」

王子對狗心動不已，便對侍從說：「那麼你能給我也弄來一條嗎？」

侍從感到非常為難，便去向國王稟報了王子的心願。國王沉思許久之後吩咐侍從：「那就給我的兒子弄條小狗來吧，省得他整天為了這件事傷心難過。」

於是王子得到了一條非常可愛溫順的小灰狗，這隻小狗成為他童年的玩伴。

時光荏苒，王子長大成人，小狗也變成了大狗。

有一天，王子去向父親抱怨說：「您為什麼總把我關在房間裡不讓我外出呢？要知道我是埃及的王子，總要勇敢面對自己的命運啊。請讓我離開宮殿到外面去看看吧。」

國王被兒子的話打動，於是吩咐手下給王子準備好出行的衣服武器，還有一輛豪華的戰車，以及一個忠誠的貼身侍從。

國王親自把王子送到尼羅河東岸，然後與王子揮手告別，王子和侍從駕車遠去，他的灰狗緊緊跟在後面。

王子穿越了漫漫沙漠，抵達一個叫作米坦尼的國度。這個國家的國王只有一個公主，再也沒有其他的孩子可以繼承王位。

奇怪的是，米坦尼國王將公主關在一座三十五米高的塔樓裡面，對著一群前來求婚的敘利亞王子說，你們誰能攀上高塔見到我的女兒，就可以和她結婚。

敘利亞的王子對此一籌莫展，大家又不願意空手回去被人笑話，於是便在米坦尼逗留。

埃及王子來到這裡之後，敘利亞王子收留他住下，和他一起整日遊玩談天說地，很是友好。當他們詢問埃及王子來歷的時候，埃及王子謊稱自己是個官員之子，因為被繼母虐待所以離家出走的。敘利亞人信以為真，對他更加關心照料。

埃及王子詢問敘利亞人為何停留在這個國家時，大家把求婚遇到難題的事情和盤托出。於是埃及王子也加入求婚者的隊伍，他和朋友每天在公主的塔樓下面練習跳躍。

終於有一天，埃及王子如有神助般跳上公主的窗臺，見到了米坦尼的公主。公主已經等待了太長時間，她見到王子興奮不已，擁抱著他親吻著他。

公主的侍女趕緊把這個情況報告給米坦尼國王，國王本來挺開心地問：那麼那個勇敢的年輕人是哪位敘利亞王子呀？

左右有知道這件事的就趕緊說：啟稟大王，據說是個埃及逃來的年輕人，自稱是個受繼母虐待的官員之子。

國王一聽到未來女婿這種可疑的來歷就火了，他立即指出，米坦尼的公主決不能嫁給一個身分可疑的逃犯！

於是國王的衛兵立即趕到公主的塔樓，向埃及王子轉達了國王委婉的逐客令：小子，國王命令你從哪來的就滾回哪去！

這下公主急了，她一把抱住心上人不放，並且以拉神的名義賭咒發誓，說如果離開了埃及王子她將茶飯不思，立即死掉！

米坦尼國王聽說公主的表態後，差點兒氣出個好歹來，他憤怒地下令立即處死這個迷惑自己女兒的臭小子。可是公主對著趕來的衛兵說你們誰敢殺了他，我就死給誰看！沒有他，本公主連半小時都活不下去！

衛兵不敢輕舉妄動，只好回去稟告國王：陛下，公主剛烈如此，小的實在沒法照辦啊……

米坦尼國王歎息一聲：女大不中留啊……只好下令召見埃及王子。

沒想到一見面，這個身材魁梧、體貌端正、談吐優雅的准女婿，立即獲得了老泰山的青睞，他樂呵呵地走上去握著埃及王子的手說：「孩子，從此以後你就是我的兒子了！」

於是米坦尼國王賜給埃及王子一座宮殿、一大片良田和數不清的牛羊，王子和公主就此結婚，甜蜜地生活在一起。

時間一長，埃及王子決定和妻子分享自己的祕密，他將自己命中註定會死於鱷魚、毒蛇或狗的厄運告訴公主。公主聽後大為緊張，立即提出先把王子那條大灰狗做成火鍋以絕後患。但王子決不答應殺死陪伴自己多年的狗，公主只好提心吊膽地守著自己的丈夫，不肯讓他單獨外出。

時間流逝，有一次埃及王子來到湖邊遊玩，那條命中註定的鱷魚悄然逼近他。沒想到湖裡住著的惡魔一把抓住鱷魚不讓牠動彈，鱷魚也轉身纏住惡魔，兩個凶神惡煞搏鬥了整整三個月，王子也逃脫了這次劫難。

不久後，王子在宮殿裡舉辦宴會，一條大毒蛇悄然溜進房間。但警惕的公主還沒入睡，她發現蛇之後毫不驚慌，把早已準備好的一大碗葡萄酒和一大碗啤酒推到毒蛇眼前。毒蛇將兩碗酒一飲而盡，再往前幾步便酒勁上頭昏睡過去。公主舉起斧子用盡全力一下砍掉蛇頭，王子也逃脫了這次劫難。

於是公主趕緊搖醒沉睡中的丈夫，告訴他說：「看，萬能的拉神保佑了你，將這次的厄運送到你的手上了！拉神一定會繼續保佑你的，親愛的！」

王子連忙起身沐浴之後，虔誠地向拉神祈禱。他獻上豐厚的祭品作為謝禮，並祈求拉神繼續保護自己。

接下來的日子過得平安順利，王子和公主漸漸不再那麼緊張警惕了。

有一天，王子獨自出門散步，跟隨他的只有那條大灰狗。王子走到四周無人之地時，大灰狗忽然變成青面獠牙的凶惡模樣，口吐人言說：「沒想到吧？一直跟隨你的我，正是你的厄運！」

王子被忽然變臉的惡狗嚇得魂不附體，他轉身撒腿便跑，惡狗在後面緊追不捨。王子慌不擇路地跳進湖水裡，卻被守候已久的鱷魚一口咬住了。鱷魚叼著王子卻沒吞下肚，牠一路游到惡魔的住處把王子放下說：「哼，我就是你的厄運，我已經跟蹤你好幾個月啦！」

王子嚇得戰戰兢兢，卻聽到鱷魚表達出談判的意向：所謂宿命都是毛毛雨，其實我們可以做筆生意的啦……

原來鱷魚上次和惡魔打了個平手之後，算是結下了梁子。牠希望王子與自己攜手除掉惡魔，那麼所謂吃掉王子的宿命就當作空氣好了——王子自然求之不得連忙答應。

說時遲那時快，忽然間天昏地暗湖水翻騰，惡魔騰雲駕霧而來。鱷魚和埃及王子按照約定一齊撲向惡魔，鱷魚咬住惡魔的身體，王子則猛擊惡魔頭顱。但惡魔的身軀堅固得好像銅牆鐵壁一般，來來回回纏鬥幾十回合之後，惡魔逐漸占據上風，眼看鱷魚和王子都要性命不保！

就在這時，忽然一道閃電自空中劈下，惡魔被雷火擊中化為灰燼。這是眷顧王子的拉神出手相助了，在王子的人生中，正是拉神一次次暗中幫助了他。當王子在湖中與惡魔戰鬥時，拉神也停下天空中的太陽船觀看。就在惡魔要殺死王子時，拉神命令雷電之神賽特用霹靂消滅了惡魔。

戰鬥勝利之後，信守諾言的鱷魚不僅釋放了王子，還順便上岸把那條背叛主人的惡狗拖下水吃掉了。從此以後王子與鱷魚成為好朋友，鱷魚一直陪伴著王子，成為他形影不離的護衛。

第九節 兩兄弟的故事

在尼羅河邊的一個小村莊裡，相親相愛的兩兄弟住在父母留下的房子裡。這兩兄弟哥哥叫伊奈普，弟弟叫巴塔。

他倆父母早亡，一對孤兒相依為命地長大。伊奈普像父親一樣對待弟弟，將其撫養成人；巴塔敬愛哥哥，事事都幫他。直到伊奈普娶妻成家以後，也沒有與弟弟分家。

每天破曉時分，巴塔就起床為伊奈普做飯，準備好哥哥帶去田地裡的食物後，巴塔就牽著母牛去吃草。

母牛們對驅趕自己的巴塔說：「帶我們去一個水草豐美的地方吃草吧！」

巴塔就按照母牛的心願去做，所以牛群長得更好了。

當天色漸晚的時候，巴塔才趕著牛群回家。他吃些粗茶淡飯，然後在牛欄裡和牛群一起入睡。

當氾濫季結束成長季開始以後，伊奈普吩咐弟弟準備一架套牲口的犁鏵準備犁地播種。

巴塔選了兩頭最肥美的公牛，給牠們套上犁鏵，當哥哥趕著公牛犁地的時候，巴塔跟在後面撒種子。

種子用完以後，伊奈普讓巴塔回家再取一些來。巴塔飛奔回家，對著正在梳妝的嫂子說：「起來，給我找一些種子，我哥哥在等

趕著牛群的埃及少年。

著播種呢！」

嫂子卻冷冷地說道：「你自己去找吧，不要打擾我。」

巴塔自己來到穀倉，裝了幾袋大麥和小麥做種子。當他扛著亞麻布袋從嫂子眼前走過時，這個淫蕩的女人一陣臉紅心跳。她站起來說：「你這強壯的傻小子，來吧，讓我們躺下度過愉快的一小時！」

巴塔一怔之後，憤怒地拒絕道：「這是多麼可怕的話呀！你對我來說就像母親一樣，我哥哥就像是我的父親！請不要再對我說這種話了！」

說完這些，巴塔扛著種子回到哥哥身邊，他生著悶氣，沉默地幹了一整天的活。

夜晚來臨時，伊奈普像往常一樣先回到家裡，留下巴塔照料牛群。

伊奈普的妻子提心吊膽度過了一天，她生怕巴塔把自己水性楊花的醜事說出去。當伊奈普走到家門口時沒見到妻子像往常一樣迎接他並給他倒水洗手，家裡黑燈瞎火一片寂靜，他的妻子躺在床上一邊顫抖一邊嘔吐。

伊奈普連忙問妻子怎麼會變成這樣，那個惡毒的女人說：「還不是因為你的弟弟！他白天回來時看到我在梳妝，就對我說：『讓我們躺下，度過愉快的一小時吧！』然後我就告訴他：『難道我不像你的母親嗎，你哥哥不像你的父親嗎？你怎能說出這種話！』結果你弟弟氣急敗壞地毆打了我，還威脅我不許把他的醜事說出去——我告訴你，如果你讓弟弟活著，我就去死！」

伊奈普被憤怒沖昏了理智，他拿起長矛躲在牛欄門後等待弟弟回家。

當巴塔趕著牛群回到家中時，走在前面的母牛發現了在暗中躲藏的伊奈普，立即警告巴塔。巴塔低頭一看，果然看到牛欄門後露出哥哥的腳。他猜到發生了什麼，於是撒腿就逃。伊奈普一看偷襲不成，便拎著長矛緊緊追趕。

巴塔一邊奔跑一邊向偉大的拉神祈禱，拉神聽見了這小夥的禱告，於是在兩兄弟之間變出一片布滿鱷魚的河面，阻止了手足相殘的慘劇發生。

巴塔望著河那頭暴跳如雷的哥哥，他傷心地質問：「為什麼你不聽我的解釋就要殺了我？我們相依為命長大，你對我來說就像是父親！聽我說，當你讓我回家找種子的時候，你的妻子對我說：『來吧，讓我們一起躺下！』——現在是她在顛倒黑白！」

巴塔心中憤恨不已，他順手扯下一根細細的蘆葦，用它切斷了自己的陰莖並丟進水中，鱷魚立刻將其吞掉！

伊奈普看到弟弟痛苦的模樣心如刀絞，他知道自己錯怪了弟弟，滿心愧疚地痛哭起來。

巴塔對哥哥說：「你只聽了一面之詞，卻從沒想過這些年我為你做過的一切。你回家去吧，好好照顧那些牲口和你的田地。我不會再回去了，我要去腓尼基海邊的雪松谷。我會在那裡取出我的心放到雪松花的頂端，如果雪松樹被砍掉我也就會死去。當你手裡的啤酒罐開始漫溢出泡沫，你就會知道我已死去。那時候你要立刻跑來找到我的心，當你把它放在盛著淨水的花瓶裡時，我就會重生了。」

巴塔踏上了前往雪松谷的路，伊奈普則在臉上塗抹灰塵以示哀悼。這位懊悔的哥哥回到家裡立刻殺了惡毒的妻子，還把她的屍體丟給狗吃。

巴塔抵達雪松谷後建起一座大房子，每天以打獵為生，每晚坐在庇護自己心臟的雪松樹腳下休息。

有一次，九柱神遇見了他，神靈告訴他，他哥哥已經殺死嫂子為他復仇的消息。拉神很同情巴塔，於是使用陶盤為他創造出一個擁有神之血液、無與倫比的美麗妻子。

巴塔深愛自己的妻子，將自己的一切祕密都告訴給了她。

巴塔對妻子百般遷就，但要求她永遠不要踏出房門一步，他警告妻子說：「永遠不要離開我們的家，因為海神也會想要占有你，你不是他的對手！」

日子長了以後，巴塔的妻子無法忍受足不出戶的苦惱。她決定將丈夫的警告拋之腦後，於是走出房門到海邊遊玩。海神果然發現了她並立刻向她衝來，她驚慌地逃回家，卻把一隻束髮環落在地上被海神撿走了。

海神帶著束髮環遊蕩到埃及，把它放在王宮的洗衣間裡。這是神靈的束髮環，它散發出的香氣在王宮中瀰漫，讓國王為之心猿意馬。國王召來負責香料的長官，追問他香氣來源，這位官員循著氣味來到洗衣間找到了束髮環。

國王又召來有學問的書吏和祭司研究束髮環，大家商議後回答國王：「這一定是拉神女兒的飾品，她就住在雪松谷。陛下可以派你的使者和僕從帶著禮物去說服她，她就會來到您的身邊。」

於是國王立刻派遣使者帶著厚禮來到雪松谷，帶著這位傾國傾城的美人回到埃及。國王只看了她一眼就為之傾倒，她成為國王的寵妃，住在為她所建的宮殿裡，得到所有她想要的東西。

於是這個女人決定背叛巴塔，她告訴國王說：「我的丈夫強壯勇敢，又得到九柱神的保佑，他一定不會允許我留在陛下身邊。請儘快派遣士兵去砍掉雪松谷的那棵雪松樹，我的丈夫會因此喪命，我們也就不用再恐懼未來，可以長相廝守了。」

於是法老一聲令下，士兵們砍倒了大樹。盛放著巴塔心臟的雪松花墜落在地上，勇敢的巴塔死了……

在那個遙遠的村莊裡，伊奈普滿懷疲憊地從田裡回到家中。他的僕人遞上一罐啤酒給他解渴，但伊奈普剛拿到手裡，泡沫就飛速往外溢出。僕人連忙換上一罐，結果還是一樣。

伊奈普想起弟弟說過的話，立刻出門星夜趕往雪松谷。

經過日夜不停歇的艱苦跋涉後，伊奈普來到雪松谷。他找到弟弟的屍體，也看到被砍伐後枯萎的雪松樹，但無論如何，他也找不到巴塔的心臟。

一晃幾個月過去了，伊奈普絕望地打算回家。這時他意外地發現在乾枯的樹枝後有一個奇怪的細小顆粒，伊奈普心念一動，撿起顆粒放入裝著淨水的花瓶裡。顆粒迅速吸乾了花瓶裡的水，巴塔的屍體開始顫動。伊奈普連忙把顆粒灌進弟弟嘴裡，巴塔重新獲得了心臟並重生了。

重逢的兄弟倆緊緊擁抱在一起。但巴塔不願跟著哥哥回家，他告訴哥哥說自己將變成一頭長著神奇皮毛的公牛，要哥哥騎著公牛去見法老。第二天，巴塔果然變成了公牛，伊奈普騎著牛將牠獻給法老。

法老認為這是一頭聖牛，他厚賞了伊奈普，並宣布要為聖牛舉辦一場盛大的祭祀活動。既然是聖牛，自然可以在王宮裡自由行動。於是公牛走進法老寵妃的宮殿，對背叛自己的妻子說：「別以為我不知道是誰讓士兵砍倒了那棵雪松樹──看到沒，我是巴塔，我還活著呢！」

寵妃被嚇得魂飛天外。等法老來到她身邊時，她立刻要求法老發誓會實現她所有的願望。等法老順從她的意思發誓之後，寵妃提出要吃聖牛的肝臟。國王騎虎難下，為了不違背誓言，他只好下令殺死公牛。

公牛的血濺在王宮的門柱上，生出了兩株巨大的鱷梨樹。

侍從趕緊把這個神跡稟告給法老。法老知道鱷梨樹是戀人避難用的聖樹，它的樹枝是圖特神書寫王名的工具。於是他命令舉辦向聖樹致敬的盛大祭祀儀式，在儀式上，法老和他的寵妃分別坐在一株鱷梨樹下，接受臣民對他們真摯愛情的歡呼。

就在寵妃滿懷喜悅之時，頭頂的鱷梨樹卻開腔道：「嘿，背叛我的老婆，我還活著呢！我就是巴塔，雖然你砍倒了庇護我心臟的雪松樹，又殺掉了我變成的聖牛，但我現在就在你頭頂上呢！」

寵妃嚇得魂不附體，她趁著與法老飲酒作樂時提出一個要求——砍了王宮門口那兩株鱷梨樹，做成傢俱送給我！

法老在心理掙扎一番之後，還是屈從於自己對寵妃的愛，下令砍伐聖樹。王宮中的上下人等簡直被嚇壞了，他們不知道法老和寵妃著了什麼魔，竟然大逆不道地又殺聖牛又砍聖樹！法老的命令畢竟不可違背，工人戰戰兢兢地砍掉了鱷梨樹。得意揚揚的寵妃現場做監斬官，就在她觀賞大樹被砍倒的痛快景致時，一小片木屑飛進她嘴裡，她懷孕了。

時光荏苒，寵妃生下了一個男孩。這個男孩帶著神的血液，一出生就表現出神性，簡直讓他的父王愛不釋手。

幾年過去，王子成為上下埃及的王儲；又過了幾年，法老駕鶴西去，王子登上了王座。就在加冕儀式過後，新任法老召集埃及所有的達官貴人和自己的母親。他這樣說道：「我是人間的荷魯斯，我是打敗了賽特的人，我是上下埃及的統治者，我是拉神之子……」

在這些歷代法老都會說的場面話之後，法老話鋒一轉，指著自己的母親說：「這個女人是我的母親，但也曾是九柱神賜給我的妻子——我是法老，也是巴塔！我的哥哥是伊奈普，他將是我的王位繼承人！」

於是法老當著所有人的面將往事一一道來，他的母親已經嚇得魂飛魄散。

當一切罪惡都被揭穿之後，埃及的達官貴人憤怒地大喊：「神啊，這個女人應該被利劍處死，就像拉神對他的敵人所做的那樣！」

巴塔看著受到審判的母親，嘴角露出勝利的微笑……

第十節 圖特之書

埃及國王烏塞赫瑪阿特有一個兒子叫薩特尼，這位王子是一位偉大的祭司、魔法師和智者。他可以閱讀古墓中寫給死者的書信，也通曉神廟石碑上與神靈溝通的碑文。

有一天，薩特尼在普塔神廟中漫步時，有個男人忽然對他說：「你為什麼要讀這些毫無魔力的文字呢？如果你想閱讀真正偉大的文字，就跟我來。我會告訴你智慧之神圖特親手寫下的書在哪裡——這份紙草卷軸中記載著兩個咒語，第一個能讓你聽懂動物的語言，迷住全世界；第二個可以讓你即便在死去被埋進墳墓後，也能重生返回人間！」

薩特尼被這神祕的許諾震撼了，他不由自主地說：「以我的生命發誓，請告訴我你要什麼。只要你帶我找到圖特之書，你會得到自己想要的一切！」神祕的男子沒有理會薩特尼許諾的話，他自顧自地說道：「這本書，就在邁赫尼普塔王之子奈非普塔的墳墓中。」

薩特尼恨不得立即得到圖特之書，他趕回父王身邊講了這件事，懇求允許自己打開奈非普塔的墳墓——你可以說這是官方考古，也可以說是去盜墓。烏塞赫瑪阿特答應了愛子的請求，於是薩特尼前往孟斐斯的古代王陵墓地，經過三天三夜的尋找，發現了奈非普塔的墳墓所在。

薩特尼口念咒語破壞了墓地的防護魔法，地面上出現一個空洞，露出通往墓室的石階。他沿著石階步入地下墓室，整座墓室被圖特之書發出的神奇光芒照亮，他赫然發現墓主奈非普塔和艾烏蕾夫婦以及他們的兒子麥里卜都端坐在椅子上！

智慧之神圖特。

艾烏蕾看到薩特尼後站起來質問這個闖入者：「你是誰，你為什麼闖進我們家的墳墓？」薩特尼粗暴地回答：「我是薩特尼王子，我來你們這裡是為了那本圖特之書——把它給我，否則我就不客氣了！」

艾烏蕾急忙說道：「請別動粗，先聽我把話說完，你應該先瞭解我們一家為這本書所付出的代價！」於是，艾烏蕾講述了一個漫長的故事：

邁赫尼普塔王的王子奈非普塔與公主艾烏蕾是親兄妹。他倆成年後，王后向丈夫建議說：你瞧咱們的女兒愛著她的哥哥，讓這兩個孩子結婚吧！邁赫尼普塔王不太贊成，他提醒王后：你只有這兩個孩子啊，你還要他倆結婚？王后知道兒女的心思，所以很堅持自己的意見，最後邁赫尼普塔王也只好表示同意。

就這樣，奈非普塔與艾烏蕾結婚了，他們生下了自己的兒子麥里卜。

日子一天天過去，有一天奈非普塔漫步在孟斐斯的古代王陵中，閱讀石碑上的象形文字。一位老祭司忽然靠近他說：「你為什麼要讀這些毫無魔力的文字呢？如果你想閱讀真正偉大的文字，就跟我來。我會告訴你智慧之神圖特親手寫下的書在哪裡——這份紙草卷軸中記載著兩個咒語，第一個能讓你聽懂動物的語言，迷住全世界；第二個可以讓你即便在死去被埋進墳墓後，也能重生返回人間！」

這段話與薩特尼所聽過的毫無二致，而奈非普塔的回應也與薩特尼一模一樣：「以國王的生命起誓！請告訴我你要什麼？只要你帶我找到圖特之書，你會得到自己想要的一切！」

這位老祭司向奈非普塔索取一百個德本（近一公斤重）的銀幣做報酬，宣稱要用來建造自己的墳墓。在得到這筆錢之後，老祭司對王子說出了祕寶所在之處：「在紅海的中央，一個由神蛇看守的箱子裡，藏著圖特之書！」

奈非普塔陷入狂熱之中，他立即動身去紅海尋找這神奇的寶藏。艾烏蕾見無法勸阻，只好帶著孩子陪他一起出發。

在紅海岸邊的伊西絲神廟中，奈非普塔一行受到祭司的歡迎。奈非普塔向女神獻祭了一頭上好公牛，祭司用蠟製作了小船和水手。奈非普塔念出一句咒語後，這些蠟製成的船和人都變成了真的。

於是尋寶隊揚帆出海了，經過三天的航行抵達紅海中央的位置。這裡海天茫茫，絕無寸土，但奈非普塔抓起一把他從海岸上帶來的沙子拋進海裡，海水劇烈顫動著向兩邊分開，露出了海底下的一條巨大神蛇，神蛇盤起的身軀中心正是一個發出神光的寶箱！

奈非普塔向神蛇發起了挑戰，經過殊死搏鬥後，他殺死神蛇奪取了箱子。他迫不及待地打開箱子，果然在裡面找到了神聖的圖特之書。奈非普塔顫抖著捧起這本書並念出了第一個咒語，一瞬間他聽懂了動物的語言，也迷住了整個世界。於是他從海底返回船上，再度施展魔法令大海復原。

奈非普塔將圖特之書放在妻子手上，將其內容抄寫在莎草紙上，接著將莎草紙浸入啤酒中溶解喝掉，這樣一切祕密就都在他的腦中了。

他們安全返航，在返回下埃及的時候再度祭拜了伊西絲神廟，並向女神獻上敬意。

「可是圖特知道他的書被偷走了，他從拉神那裡取得了懲罰奈非普塔的權力……」艾烏蕾顫抖著說出了他們遭遇的可怕報應，「首先是我們的兒子麥里卜，這孩子在船上好端端坐著，忽然就俯身掉進水裡淹死了！

「奈非普塔在船上念了一個咒語把兒子從水裡拉回來，又念了第二個咒語讓孩子的鬼魂說出自己落水的原因，因此我們知道了自己面臨著圖特神的怒火和報復……

「我們在柯布托斯埋葬了麥里卜，當船隻返回他遇害的水域時，一股力量將我從船上拉下水！

「是的，在那個命中註定的地方，我也被淹死了。

「奈非普塔將我埋葬在麥里卜墓旁，他自己把圖特之書用華麗的亞麻布緊緊繫在胸前。可經過那片水域時，他一樣無法抗拒神的力量。當他落入水中之後，也沒人能念動咒語拉他上來，於是水手只好趕回孟斐斯，向我們的父王報告噩耗。

「我們可憐的父親換上喪服，迎接船隻入港，當船靠岸時，奈非普塔卻緊貼著船槳浮了上來，那本書還緊緊繫在他冰冷的胸前。

「父王讓奈非普塔和圖特之書一起前往永恆的居所——正是在你所站立的地方！」

這悲慘的故事震撼了薩特尼的心，他失去了向艾烏蕾索要神書的信念。可是奈非普塔卻忽然站起來說：「薩特尼，你自以為能擊敗我奪取這本書嗎？你要不要與我較量一下？」

薩特尼接受了挑戰，經過三回合的較量，他戰勝了奈非普塔。於是他拿著圖特之書走出墳墓，回到了父親的王宮。

烏塞赫瑪阿特王聽薩特尼講完這本書的來歷後大為驚恐，急忙吩咐兒子說：「你要是個聰明人，就趕快把書還回去，還給墳墓中的奈非普塔！」可是薩特尼卻置若罔聞，他心裡只有一個念頭：打開這本書，念一念那兩段神奇的咒語……

夜幕降臨，疲倦已極的薩特尼來不及打開書便沉沉睡去。在夢境中，他來到普塔神廟前的空地上，一個絕世美人向他走來。他立刻瘋狂地愛上這個女人，尾隨她來到她的家，向她示愛，向她求歡。

這美女要求薩特尼拋妻棄子，薩特尼毫不猶豫地答應了。美女又要求薩特尼當著她的面殺了自己的孩子餵狗，薩特尼立刻叫來自己的孩子，親手殺了他們並拋給狗吃。

美女終於滿意了，她獻身於薩特尼。可就在薩特尼即將得到她的時候，這女人卻發出一聲淒厲的尖叫，將薩特尼從可怕混亂的夢境中驚醒。薩特尼失魂落魄地醒來，又驚魂未定地去向自己的父王求教。

烏塞赫瑪阿特王聽完兒子的荒唐一夢後，睿智地判斷說：「那誘惑你的女人就是艾烏蕾的鬼魂！她是想讓你知道你不該把書拿走，那不是智慧之書，而是欲望的陷阱！你的心失去了理智，你拿走書就已經犯下了大錯，而你在夢中殺死自己的孩子更是錯上加錯！現在趁一切還來得及，把書還給奈非普塔吧！」

薩特尼再次來到墓地，像上次一樣用咒語打開了墓穴，奉上圖特之書並懺悔道：「我錯了，我不該拿走這本讓你付出巨大代價的書。奈非普塔王子啊，我能為你做些什麼作為補償嗎？」

奈非普塔回答說：「薩特尼王子，你知道我的妻子和孩子都埋葬在柯布托斯，所以你在這裡見到的都是他們的鬼魂。你去柯布托斯把他們遷葬到我身邊吧，這裡才是他們應該長眠的永恆居所。」

於是薩特尼返回王宮，向父王稟告奈非普塔的要求，國王派給他一艘華麗的大船前往柯布托斯。經過三天的尋找後，薩特尼找到了奈非普塔的妻子和兒子的埋葬之地。他舉行了一系列祭祀儀式後，將艾烏蕾和麥里卜的屍骨帶回到孟斐斯，埋葬在奈非普塔身邊。

這就是圖特之書的故事，奈非普塔和薩特尼都是智慧過人的王子，但當他們試圖占有神靈才有權知曉的知識時，他們就不得不為觸犯天條而付出代價。直到他們用不同的方式贖罪之後，對他們的懲罰才會結束。

第十一節 女法老的故事

在圖特摩斯一世統治時期，偉大的太陽神阿蒙—拉忽然召集眾神開會，他開門見山地說：「今天召集大家來，是為了解決埃及的王位繼承問題！」

眾神都不由得面露驚訝之色，因為埃及已經有一位法老在位了啊？大家通過神通向塵世投去匆匆一瞥，看到那圖特摩斯一世還活蹦亂跳著！

太陽神清清嗓子繼續說：「你們也知道，現在地面上有個不可靠的法老在統治埃及……他的後裔怎麼能承擔人間荷魯斯的重任？所以，我決定讓一個出身高貴的女子，也就是真正的阿蒙—拉之女來統治埃及，許諾讓她做上下埃及的王。她的稱號我已經想好了，就叫作哈特謝普蘇特。我的孩子們，你們覺得這樣安排合適嗎？」

眾神一聽就明白是怎麼回事了，他們都無比精明，哪能不懂得緊跟大神的最新指示最高指示？於是大家紛紛豎起大拇指說：哎唷，這個主意滿好！不愧是偉大的造物主——埃及太久沒有女王了！

阿蒙—拉希望未來的女王聰明睿智、美麗端莊，所以他需要為女王找到一個美麗動人、身材姣好、溫柔賢淑的母親。這件事必須依靠智慧之神圖特來決斷。圖特篩選了塵世萬千女子後，為太陽神獻上了一個無可挑剔的人選——圖特摩斯一世的王后、傾國傾城的美人阿赫蜜絲。這位年輕的王后是埃及最美的女人，身體健康，頭腦聰明，是太陽神後代的最合適孕母。

阿蒙—拉神對圖特的建議大為讚賞，於是在圖特的引領下，阿蒙—拉神降臨人間，趁圖特摩斯一世參加宴會的時機來到他的王宮。

這時正值深夜，阿赫蜜絲只裹著一張透明的亞麻布在床上熟睡。阿蒙—拉變作圖特摩斯一世的模樣，摸上了王后的床。睡夢中的阿赫蜜絲聞到一股從未聞到過的沁人心脾的馨香，很快意識到與自己交歡的並不是圖特摩斯一世。她驚慌地坐起來質問對方的身分。

事已至此，得手的阿蒙—拉也不再顧忌暴露身分。於是他顯露出神聖的真身，在王后面前展露出宇宙中最英俊完美的男子形象。他低頭輕吻阿赫蜜絲的臉頰，讓她頓時感覺飄然若仙。

王后徹底被太陽神征服，那無可描述的英武和俊美讓她無從抵擋。於是阿赫蜜絲抱緊了這神聖的情郎低語道：「我親愛的主人，您的名字是如此神聖偉大，我能見到您是多麼的自豪！」

一夜盡歡之後，阿蒙─拉告訴阿赫蜜絲她已經懷上神聖之女。他將分娩的日期告訴阿赫蜜絲，並許諾說：「你將會生下太陽之女，這孩子現在正在你的肚子裡發芽生長，我為她取名為哈特謝普蘇特。這個孩子將來會是人間的荷魯斯，作為法老統治上下埃及。我會將我的名譽、權威和王冠授予她，她將在我的保護下，帶領埃及人民過上幸福的生活。」

阿蒙─拉說完之後便消失不見，只留下阿赫蜜絲悵然坐在閨房中……

隨後，太陽神出現在生命創造之神胡奴姆面前，他吩咐道：「你要立即創造出埃及的女法老來，讓她自我的靈魂和四肢中誕生，讓她的容貌比任何神靈都俊美，讓她擁有所有的健康、財富、力量和幸福，讓她活得如拉神一樣長久！」

長著公羊頭的胡奴姆忙不迭地點頭答應，他保證說：「偉大的阿蒙─拉，您的所有心願都將實現。我會遵從您的命令，當這個女王統治埃及時，她會比任何神靈都輝煌壯觀，她將比埃及所有的統治者更為榮耀偉大！」

阿蒙─拉心情愉悅地離開了，而胡奴姆也立即開始他的工作。

生命創造之神來到自己那個圓圓的低矮陶輪前，將一大團陶土泥巴捏成團放在陶輪上。陶輪開始飛速旋轉，等到它停下來後，泥巴已經變成了乍看是兩個男子的形狀，但其實是兩個女人的軀體，這正是將來的哈特謝普蘇特女王和她的靈魂巴。

長著青蛙頭的海克特女神跪在陶輪前，她負責將生命轉移到陶輪上的兩個人形上去。

胡奴姆口中念念有詞：「我取自阿蒙─拉──卡納克最偉大最榮耀之神的四肢將你做成，我讓你的容貌比任何神靈都俊美，我讓你擁有所有的健康、財富、力量和幸福。我給予你所有的土地、所有的人民、所有的食物、所有的貢品，我讓你做萬物生靈中的統治者，統治上下埃及的土地，一切都如你的父親阿蒙─拉神所期望的那樣！」

於是為哈特謝普蘇特誕生所做的準備已經就緒。

阿蒙─拉又派出自己的信使來到阿赫蜜絲身邊，將太陽神的名聲作為賜予胎兒的特殊頭銜輸入王后體內，這樣，未來的哈特謝普蘇特女王便會知道自己的出生受到阿蒙─拉神的歡迎，阿蒙─拉將賜予她人類所有的榮耀和吉祥。

阿赫蜜絲分娩的日子即將來到，眾神再度聚集在太陽神的宮殿裡。他們準備了一個特殊的神聖產房，作為迎接阿蒙─拉之女出生的禮物，兩位專職照顧產婦的女神已經抵達阿赫蜜絲身邊。當大腹便便的阿赫蜜絲走向產房時，胡奴姆握著她的右手攙扶她，海克特女神握著她的左手攙扶她。

胡奴姆向這位母親保證說：「你現在已經在我的保護之下。你很偉大，但你的孩子會更偉大，她將比埃及以往所有的統治者都偉大！」

胡奴姆攙扶著阿赫蜜絲走向產房，很快其他的神靈也紛紛趕到——大家不能放過這個取悅造物主的機會……於是阿赫蜜絲緩步走進為自己準備的神聖產房，身後是無數神靈的咒語保護和神聖祝福。

產房中，專業的助產士——生育女神瑪斯克海特已經等候多時了。生育女神從生命創造之神手中接過產婦，指揮她蹲坐在一個專門的神聖分娩椅上，椅子的四條腿都是獅頭形狀，以驅散一切試圖接近產婦和嬰兒的黑暗力量。

伊西絲和奈芙蒂斯姐妹也出現在產房裡，侏儒神貝斯則奮力驅散一切會傷害嬰兒的毒蛇毒蟲。還有長著河馬頭的謝里斯女神和美麗的哈托爾女神，都來分擔分娩時的疼痛……

阿赫蜜絲看見如此之多的神靈都來幫助自己，也就放下心來。不一會兒，隨著一聲嘹亮的啼哭，哈特謝普蘇特誕生了！

產房內外傳來眾神的歡呼，他們紛紛將各種代表生命的安克架和其他魔法禮物贈予這個新生的嬰兒，其中瑪斯克海特特別將健康、財富、力量和幸福這四項祝福，加注到未來的埃及女王身上。

接下來，哈特謝普蘇特被帶去見她的父親阿蒙—拉神。眾神推舉最美麗的哈托爾女神帶領阿赫蜜絲和哈特謝普蘇特去拜見偉大的太陽神。於是哈托爾變成一位美麗溫柔的女神，引著母女倆來到太陽神廟中。

阿蒙—拉熱情地歡迎母女倆的到來，他慈愛地抱著新生的女兒反覆打量，然後開心地說：

「我的小寶貝，你就是我的形象。」

太陽神輕輕拍著繈褓中的女兒哄她入睡，並溫柔地告訴她：「是我親自創造了你，祝福你，我的寶貝。你是我的孩子，你將做埃及的國王，你會坐在偉大的荷魯斯神的寶座上統治上下埃及。歡迎你呀，埃及未來的女王！我祝福你，我保佑你！」

於是，阿赫蜜絲和哈特謝普蘇特在眾神的照料下生活，哈托爾女神甚至親自變成一頭奶牛，好讓哈特謝普蘇特吸吮著自己的乳汁茁壯成長。

等孩子斷奶後，尼羅河神哈皮賜予哈特謝普蘇特偉大的勇氣和力量，牛奶神伊阿特賜予哈特謝普蘇特用不完的營養。時間飛逝，哈特謝普蘇特長成一個亭亭玉立、婀娜多姿、聰慧過人、體格健美的少女。

於是眾神又把哈特謝普蘇特帶到她父親的宮殿中。太陽神親自檢查了哈特謝普蘇特全身的每一處地方，確信這個孩子是世間最完美的女子。於是他再度賜予她健康、財富、力量和幸福，許諾她未來永久地統治埃及。

在神意的指引之下，哈特謝普蘇特自我加冕為上下埃及的女法老。

為了紀念自己偉大的父親阿蒙─拉，女王建立起巨大的方尖碑。雄壯巍峨的方尖碑上銘刻著女王對太陽神父親的無比敬愛和感激：

我懷著一顆愛心建立了它們，

獻給我敬愛的父親——阿蒙神！
這一切發端於童年的夢想，
全賴他的偉大仁慈才得以實現。
我對他的囑託銘記不忘，
我知道他的神性，
我服從他的指引。
正是偉大的阿蒙神引導著我，
若沒有他的努力，
我便不會有如此計畫。
正是他啟發了我，
若沒有他的神廟，
我夜裡就無法安眠。
我從來不會迷失於他的命令，
因為只有我才如此理解父親的心靈。
我加入他的所思所想，
我不會背離神靈聖城。
因為我知道埃及是光明的國度，

巍峨群山便是眾神明亮的眼睛。
這裡是他喜愛的地方，
這裡孕育了他的美德，
他的後繼者將這種美德發揚光大。

是法老親自宣布，
將來所有的百姓，
都要悉心呵護我父親的紀念碑！
他們將聚在一起敬仰它，
如同他們照顧自己的子孫後代。
與此同時我將坐在荷魯斯的寶座上，
思考理解我的締造者，
我的心驅使我建造兩座方尖碑，
它們的尖端直刺雲霄！
現在我的心搖曳不定，
思考人們會如何評價。
將來的人們看著紀念碑，

將來的人們評價我的作為。
或許他們將不知道為何會有紀念碑，
或許他們會不解為何模仿金光閃爍的高山。
我發誓我是拉神的寵兒，
我的父親阿蒙深愛著我。
我的鼻孔裡呼吸著神靈的氣息。
我發誓要戴上上下埃及的王冠，
兩塊土地都屬於我！
我像伊西絲的兒子那樣，
穩固地統治著埃及的土地！
我像努特的兒子一樣，
如此強壯有力！
當拉神在夜晚的太陽船裡休息，
當拉神在早上的太陽船裡出發，
他在永恆之船裡擁抱自己的兩個母親，
天空不老，正是他創造的永恆。
我像永不隕落的星星，

像阿圖姆神一樣休息。
至於這兩座方尖碑，
是為我父親阿蒙所建造的，
它將使我的名字永恆不朽直到永遠！
它們以堅硬的花崗岩製造，
不存在任何瑕疵和裂縫。

第十二節 拉美西斯的勝利

在拉美西斯大帝統治的第五年，他得知西臺國王穆瓦塔里的卑劣陰謀之後，決定 出兵消滅這個埃及的敵人。

法老在他位於孟斐斯的宮殿裡發出命令後，埃及的軍隊在培爾—拉美西斯周圍集結。法老在幾個王子和大貴族的支持下，制定了整個遠征的軍事計畫——目標就是奪取西臺人控制的敘利亞重鎮卡疊石。

埃及的工坊全力趕工，鐵匠打出成千上萬的箭頭、矛尖、斧頭和短劍，工匠重新加固了藤條編織的快速戰車，士兵的沉重木盾牌上又額外鋪上獸皮，所有的弓都換上新弓弦。

當收穫季第二個月第九天到來時，偉大的法老登上了他的黃金戰車，這輛戰車由全埃及最好的駿馬「底比斯的勝利」和「自豪的姆特」牽引。拉美西斯大帝身穿鍍金的銅甲，頭戴青金石王冠，站在戰車上檢閱了他的勇士。

法老的護衛隊簇擁著他，護衛隊由埃及人和外國戰俘組成。戰俘寧願效忠偉大的拉神之子以換取自由，這些人手持圓形盾牌，戴著裝有兩隻角的頭盔，你一眼就能認出這些與眾不同的戰士。

埃及的大軍邁步開拔接受檢閱了！阿蒙軍團率先出發，其他三個軍團緊隨其後。

埃及最敏捷的戰士駕駛戰車行駛在步兵前方，每輛戰車都由兩匹戰馬牽引，上面站著手持長槍和弓箭的戰士，他們是埃及軍隊的精英。配屬戰車的還有一些腳步敏捷的輕裝步兵，他們負責在戰車衝破敵人陣型之後的掩殺。跟在後面的是普通的步兵兵團，每個軍團四千人，以兩百人為一組，每個組有長官監督著士兵。每個組又分成四個五十人的小部隊，這些人由旗手帶領前進。你能看見他們背著強弓，扛著尖銳的長槍和鋒利的斧子，腰間掛著細長的短劍。

步兵通過之後，一頭頭強壯的公牛拉著牛車出現了。牛車上坐著法老的奴僕、醫生、手藝人等，他們是遠征大軍的後勤部門。

所有人在經過法老面前時都對自己的君王報以歡呼。隨即法老的戰車開始奔馳，他來到隊伍的最前端，帶領他的大軍馬不停蹄地向北前進。在通往敘利亞的進軍路線上，那些侍奉埃及的附屬國首領都被法老的威嚴所折服，紛紛帶著犒勞品前來表達敬意。

一個月後，法老的軍隊抵達奧龍特斯河附近的高地。

斥候部隊穿越拉布依森林捉到兩個貝都因人，他倆跪在法老面前聲稱自己是貝都因首領的兄弟，打算為偉大的埃及法老效力。法老感到好奇，便詢問他們的首領為何不來。兩個貝都因人回答說，因為畏懼埃及大軍的威力，卑鄙的西臺王已經逃往更靠南部的阿勒坡一帶，他們的首領被迫跟隨在西臺王身邊侍奉。

聽說西臺王像狗一樣逃走了以後，拉美西斯大帝頗為愉悅。他一邊下令向卡疊石快速前進，一邊涉水渡過奧龍特斯河。法老身邊除了護衛隊和作為前鋒的阿蒙軍團之外，再也沒有其他兵力，因為拉神軍團、普塔軍團和賽特軍團都被遠遠拋在後面了。

當法老抵達卡疊石平原之後，他在這座叛亂之城的西北部紮營。奴僕支起帳篷放好寶座讓法老休息，士兵挖掘環繞營地的壕溝，將木盾牌深深插入地裡做成防禦牆。於是，法老可以安心休息了。

拉美西斯大帝在他的帳篷裡召見王子和將軍，大家沉浸在一派祥和歡樂的氣氛中。這時斥候又送來兩名剛捕獲的西臺奸細，這兩個賊人被毒打之後終於坦白：「是西臺王派我們來刺探法老營地的！」

法老傲然問道：「那麼這個卑鄙的西臺王現在在哪裡？我聽說他已經逃到了阿勒坡。」

西臺奸細回答說：「我們的王就在卡疊石！他帶著自己的士兵和盟友的士兵已經來到這附近了，他們的人數和海灘上的沙粒一樣多！」

什、什麼？！

偉大的法老被這個突如其來的情報震驚了，就算那些身經百戰的將領也對敵人的接近毫無準備，因為大家都上了那兩個貝都因騙子的當，他們必定是西臺王派來的奸細！

拉美西斯大帝暴跳如雷，他把身邊的每個人都痛罵了一頓，然後厲聲命令自己的維西爾：「快，立刻去通知仍在拉布依森林中磨蹭的後續部隊，讓他們儘快趕來，哪怕跑死所有的馬、跑丟所有的鞋，快，快！」

埃及的軍營內一片混亂，侍從匆忙分發武器，將軍像狗一樣在營地裡飛奔，去召集那些解散休息的士兵。

但是卑鄙凶惡的西臺王已經率軍撲來，沒有給措手不及的埃及人留下準備的時間。兩千五百輛西臺戰車的鐵流自卡疊石平原上洪湧而來，目瞪口呆的阿蒙軍團步兵被瞬間擊潰，那些沒被碾壓和射中的倖存者轉身就逃，甚至沒有朝他們的法老看一眼……

敵人的目標很明確，他們的戰車直奔法老的大本營而來，最前面的戰車已經衝進了營地的大門！

然而，偉大的 並沒有驚慌失措，他召來自己的馴馬師麥納說：「保持冷靜，不要逃，我的馴馬師！你看著吧，我會像鷹隼撲向獵物一樣撲向他們，我會殺死他們，屠戮他們，戰勝他們！」

說完，法老跳上由他那兩匹忠誠戰馬所牽引的戰車，向著兩千多輛戰車、向著無數的敵人衝去！

他的心中滿懷著賽特的怒吼和塞赫麥特的殺氣，他對著阿蒙神說：「我沒有一人一騎跟從，沒有一個將領、一個騎兵、一個步兵，我孤身一人！

「阿蒙神，我的父親，您怎麼了？難道一個父親會忘記自己的兒子嗎？難道我違背過你的命令嗎？難道我沒有為您營建宏偉的神廟，並為您獻上許多的俘虜嗎？

「這些亞洲人算什麼，只是一些不認識神靈的惡徒啊！我呼喚您，阿蒙神，我的父親！當我深陷敵陣之中，當我的步兵拋棄了我，當我的騎兵只顧自己逃亡，當我朝他們呼喊卻沒人回應——但我知道阿蒙神比百萬大軍、千萬戰車更勇猛！」

在一陣震耳欲聾的雷聲中，阿蒙神向法老伸出手說：「阿蒙摯愛的拉美西斯，我與你同在！你的父親就在這裡，握著我的手，我是勝利的主人，我愛勇敢無畏的英雄！」

英勇無畏的法老在西臺人中往來衝鋒，他的勇猛令敵人戰慄不已。在君王的表率之下，喪失勇氣的埃及人恢復了鎮定，他們集結在法老身後隨他一起作戰！但敵眾我寡，埃及的戰士仍無法避免被屠殺的厄運。

就在這時援軍拉神軍團趕到了！

埃及步兵整齊有序地疾步趕來，戰車排成陣型攻向敵陣，西臺人支撐不住，開始向奧龍特斯河方向撤退了。埃及人士氣大振，乘勝追擊，而那些逃避法老復仇的敵人紛紛跳入河流中，並因為身上沉重的鎧甲武器而淹死了。

就連西臺人的盟友阿勒坡王也落入水中，他頭下腳上地被僕從拎起來，好讓他吐出滿肚子的河水。

終於，這場驚心動魄的戰役結束了。

營地裡和平原上屍橫遍野，垂死的傷患掙扎呻吟著祈求幫助。軍官將士兵集合起來看著自己的法老，偉大的拉美西斯大帝站在他的戰車上，他的鎧甲在陽光下反射出金光。

獲勝的埃及士兵發出一陣歡呼，但暴怒的法老不肯原諒他們，這位君王站在戰車上說：「你們是怎麼了，我的軍官，我的士兵，我的騎兵，我的勇士？

「是什麼讓你們拒絕作戰，我對你們不夠好嗎，為何還要將我孤身一人拋棄給敵軍？如果埃及人民聽說你們拋棄了自己的法老，他們又會怎麼說呢？

「在我孤身奮戰抵抗數不清的敵人時，是我的兩匹駿馬『底比斯的勝利』和『自豪的姆特』救了我。以後的每一天，只要我在我的宮殿中，我都會親自用草料餵養牠們！」

說完之後，法老解散了軍隊，讓他們整頓營地打掃戰場。醫生支起帳篷開始搶救傷患；被捆綁起來的俘虜排成長隊被帶往法老面前；士兵將死者集中起來按照宗教儀式安葬；死去的敵人右手被砍下後交給書吏統計……

當夜幕降臨時，普塔軍團和賽特軍團才趕到戰場，於是法老所有的軍隊都到齊了。雖然受到邪惡的西臺王猛攻，但埃及人的損失仍然不算嚴重——拉美西斯大帝決定第二天就與敵軍進行決戰。

清晨，法老親自布置好軍隊的陣型準備迎戰。他被護衛團和戰車簇擁在中央，後面緊跟著長矛手和弓箭手。敵人出現後，法老率軍發動猛攻。陽光照在他的金色鎧甲上，金色的眼鏡蛇在他的青金石王冠上閃耀著，他如同拉神一樣，發出的光芒都可以毀滅敵人。

激戰之後，很多西臺步兵依舊活了下來。但他們的戰車昨天損失慘重，所以雖然人多卻難以發動反攻。眼看勝利無望又難以脫身，西臺王派遣使者向法老傳信說：「你是拉，你是賽特，你是巴力，你是讓西臺人畏懼的人。

「你有無上的榮光，請不要殘暴地對待我們！昨天你已經殺死我不計其數的士兵，今天你又奪走了西臺王國繼承者的生命。

「哦，勝利的王者，請不要過於殘酷。和平遠勝於戰爭，為我們留下一線生機吧……」

仁慈的法老接受了邪惡西臺王的求和，兩國君主帶著各自的軍隊撤離戰場，卡疊石城最終並未易主。

在返回埃及的路上，法老召集他的軍隊向南行進，身後是數不清的戰俘和裝滿戰利品的車輛，所有附屬國的君主都來進獻貢品表達忠誠。

在拉美西斯大帝統治的第六年，氾濫季的第一個月，法老率領凱旋大軍返回培爾—拉美西斯城。法老在阿蒙神廟中向支持他獲得勝利的神靈父親表達敬意，並獻上大筆金銀、成千名戰俘和牲畜。

當法老返回他的王宮，出現在視窗接見前來祝賀的子民時，所有的人都在為他歡呼，表達著上下埃及對他的感激……

Mut　穆特

N

Narmer　那爾邁
Naunet　努涅特
Nefertari　妮菲塔莉
Nefertiti　娜芙蒂蒂
Nefetum　奈夫圖
Neith　奈特
Nephthys　奈芙蒂斯
Nun　努恩
Nut　努特

O

Osiris　奧西里斯
Osorapis　奧索拉皮斯

P

Ptah　普塔

Q

Qebhsenuef　克布塞努夫

R

Ra　拉
Ra-Herekhty　拉—荷拉克提
Raiyet　賴耶特
Ramesses II　拉美西斯二世

S

Satet　薩提特
Sekhmet　塞赫麥特
Serapis　塞拉皮斯
Seth　賽特
Shu　舒
Sobek-Ra　索貝克—拉

T

Tefnut　泰芙努特
Thebes　底比斯
Thoth　圖特
Tutankhamun　圖坦卡蒙

V

Vizier　維西爾

W

Wadjet　瓦吉特

重要名詞對照

A

Akhenaten　阿肯那頓
Amun　阿蒙
Amaunet　阿蒙奈特
Amun-Ra　阿蒙－拉
Ankhesenamun　安珂森阿蒙
Anubis　阿努比斯
Apis　阿皮斯
Apophis　阿波斐斯
Aton　阿頓
Atum　阿圖姆

B

Bast　貝斯特

D

Duamutef　杜阿穆特夫

G

Geb　蓋布

H

Hapi　哈皮
Hapy　哈比
Har-pa-khered　哈波奎特斯
Hathor　哈托爾
Hatshepsut　哈特謝普蘇特
Hauhet　哈烏特
Heket　海克特
Heliopolis　赫利奧波利斯
Hermopolis　赫爾摩坡利斯
Horakhety　哈拉赫特
Horus　荷魯斯
Huh　哈赫

I

Imhotep　印何闐
Imsety　依姆賽特
Isis　伊西絲

K

Kauket　庫克特
Khnum　克努姆
Khonsu　孔蘇
Kuk　庫克

M

Maat　瑪阿特
Manetho　曼涅托
Memphis　孟斐斯

埃及神話：
創造、毀滅、復活與重生的永恆循環

作者 龔琛
美術設計 白日設計
版型設計 陳姿秀
內頁排版 高巧怡
行銷企劃 江紫涓、蕭浩仰
行銷統籌 駱漢琦
業務發行 邱紹溢
營運顧問 郭其彬
責任編輯 吳佳珍
總編輯 李亞南
出版 漫遊者文化事業股份有限公司
地址 103台北市大同區重慶北路二段88號2樓之6
電話 (02) 2715-2022
傳真 (02) 2715-2021
服務信箱 service@azothbooks.com
網路書店 www.azothbooks.com
臉書 www.facebook.com/azothbooks.read
發行 大雁出版基地
地址 231新北市新店區北新路三段207-3號5樓
劃撥帳號 50022001
戶名 漫遊者文化事業股份有限公司
初版一刷 2021年1月
初版七刷(1) 2024年08月
定價 台幣350元
ISBN 978-986-489-420-8

國家圖書館出版品預行編目 (CIP) 資料

埃及神話：創造、毀滅、復活與重生的永恆循環/ 龔琛著. -- 初版. -- 臺北市 : 漫遊者文化事業股份有限公司出版 : 大雁文化事業股份有限公司發行, 2021.01
面； 公分

ISBN 978-986-489-420-8(平裝)
1. 神話 2. 埃及
286.1 109021918